ヨーロッパからみた独島

フランス・イギリス・ドイツ・ロシアの報道分析

閔有基／崔在熙／崔豪根／閔庚鉉［著］
舘野晳［訳］

明石書店

유럽의 독도 인식 . 2012
지은이 민유기 · 최재희 · 최호근 · 민경현
펴낸곳 동북아역사재단

刊行に寄せて

東北亜歴史財団は、歴史・領土問題の紛争原因を正確に診断し、適切な対応をするために努力しており、東北アジア諸国の相互理解と共生のための歴史対話をたゆみなく続けています。しかし、今日のような国際化・グローバル化時代においては、国家間の政治・経済・社会・文化は複雑な関係の網によって相互につながっていて、東北アジアもいまでは単独で存在することは不可能な時代を迎えています。

本書はヨーロッパの主要国家であるフランス・英国・ドイツ・ロシアのメディアが、最近15、16年間に独島問題をどのように報道したかを検討し、独島に対するメディアの認識を分析するために企画したものです。ヨーロッパの伝統的大国が、独島に対して抱いている認識と理解水準がどのようなものなのかを調査することは、国際化時代に生きているわれわれが一度はしなければならないことです。これら諸国が国際舞台においてアメリカに劣らぬ大きな影響力を行使している現実からすれば、いっそうそうなのです。

本書の執筆者たちは揃って西洋現代史を専攻しており、フランス・英国・ドイツ・ロシアの各メディアの独島認識という四つの章で、それぞれが担当した国の独島関連のメディア記事に対して定量的及び定性的分析を試みています。日本が韓国の固有領土である独島に対する領有権を主張し、国際舞台での争点をつくり出そうとする動きを強めている現実において、本書は今後の国際舞台で、韓国の主張がもつ正当性を広めていく広報戦略の樹立に、学術的で専門的な資料提供の役割を果たすと期待されます。

研究期間が十分に確保されなかったにもかかわらず、原稿を提出してくださった閔有基、崔在熙、崔豪根、閔庚鉉の諸先生に深く感謝申し上げます。本書の制作過程でご苦労された東北亜歴史財団の関係者の方々にも感謝いたします。

２０１１年９月

東北亜歴史財団　理事長　**鄭在貞**

まえがき

本書は光云大学校人文社会融合学研究所が、東北亜歴史財団の支援のもとに、２０１０年に約10か月にわたりフランス・英国・ドイツ・ロシアの主要メディアに、最近15年間に掲載された独島関連報道を、収集調査・解題・翻訳・分析し、独島問題に対するヨーロッパの認識がいかなるものかを研究した成果である。

独島問題に対するヨーロッパの認識水準を探ることとの必要性は、国際化とグローバル化時代の、国家間の政治・経済・社会・文化が複合的な関連の網のなかで、相互につながっている事実から始まった。また日本が韓国固有の歴史的・実質的領土である独島に対する領有権を主張し、国際舞台での争点化を策しているのに対し、世界の主要国が独島をどう認識しているかを明確に把握して初めて、国際舞台でのわれわれの主張の正当性を広める努力が効率的になし遂げられる。

国際社会で最も大きな影響力を発揮するアメリカの場合には、各種メディアの関連情報などは、いち早く韓国社会に正確に紹介されている。したがって、本書ではアメリカに劣らず国際舞台で大きな影響力を行使している、ヨーロッパの伝統的大国であるフランス・英国・ドイツ及びロシアにおける独島に対する認識と理解水準の考察を行った。特に独島問題を現在の韓日の領土紛争という当面の外交課題として把握するのか、あるいは日本帝国主義の植民地支配及び過去の歴史と関連する歴史的問題として把握するのか、韓国と日本の主張において、どちらの主張がより信頼性が高く、正当と考えられるのかについても分析した。

本書はフランス史を専攻する光云大学校・閔有基教授の責任のもとに、英国史専攻の崔在熙・高麗大学校研究教授、ドイツ史専攻の崔豪根・高麗大学校研究教授、ロシア史専攻の閔庚鉉・高麗大学校教授が共同執筆している。しかし通常の共同著書においては、複数執筆者の論文をただ羅列し、個別の章としてだけ考察するスタイルであるのに対し、本書においては共同著書のシナジー効果が高まるように努力した。すなわち、フランス・英国・ドイツ・ロシアのメディアの独島認識という四つの章で、執筆者たちはそれぞれ対象国の主要メディアの独島関連記事に対して、定量的分析と定性的分析を併せて行っている。

共同執筆者たちは、それぞれの国の主要メディアの独島関連報道の頻度、報道記事の分量、報道の時点や背景、記事作成者と報道の出所、独島の表記法など、言論報道のフレームを分析し、また、独島関連記事の主要な論議についても分析を行った。すなわち、ヨーロッパの主要国のメディアの報道が、この問題の根源や本質をどれほど理解しているのか、独島問題によって生じている韓日両国の紛争状況や、緊張感形成の触発要因をいかに把握しているのか、さらに政治・外交・国際協力・安全保障・経済・社会・文化、そしてとりわけ日本の右傾化が招来する軍国主義の美化や歴史歪曲問題と、どのように連結しているかなどを分析した。最後に、フランス・英国・ドイツ・ロシア各国の主要メディアの関連報道の内容から、いかなる示唆が得られるかについても追跡している。

フランスは国際舞台においてアメリカに次いで外交的影響力を発揮している。現在、発行されているフランスの主要日刊新聞11紙のうち、スポーツ紙と宗教紙を除いた9紙について、1995年から2010年にわたって調査を実施した。そして5紙のなかから19件の独島記事を確認し、同じ時期の3大週刊誌からは関連記事5件を確認した。これらの記事は1996~97年、2004~06年、2008~09年に登場している。1996年は日本の排他的経済水域の設定と、FIFAの2002年韓日ワールドカップ共同開催の決定があった。2004年は日本が韓国の独島切手発行の中止要請をして騒ぎになり、2005年の報道は日本の教科書の歴史歪曲問題に関係している。

2006年には日本による独島付近の海洋探査と北朝鮮のミサイル発射実験があった。2008年には日本の文部科学省の中学社会科教育指針が触発させた緊張感があり、2009年は韓日トップ会談にかかわるものである。独島報道において中心を占める論調は、日本の右傾化と歴史歪曲に対する批判的認識で、主に進歩系メディアに現れている。他方、これとは異なる論議は独島問題を経済競争や協力、東アジアの安全保障問題と関係させるもので、副次的で比重は高いとは言えないが、主に保守系言論の記事に見ることができる。

英語が世界語の地位を維持している状況において、独島問題に対する英国メディアの記事は、他の言語圏のメディア記事に比べてより大きな国際的波及力をもつ。英国はフォークランド（Falkland）諸島と関連する海洋領土紛争の当事者であり、1982年にはアルゼンチンとのあいだに交戦まで経験した。1995年から2010年までの英国の日刊新聞14紙を調査した結果、独島関連記事は7紙に掲載された54件だった。ここで新聞は独島に対する韓国と日本の領有権主張の根拠を同じ比重で紹介し、中立的立場を堅持している。韓日間の独島紛争の理由としては、豊富な漁業資源と天然ガスを含む潜在的鉱物資源を挙げており、また植民地支配の歴史にさかのぼる韓日間の民族感情を主要要因と見ている。全体的に両国間の紛争と緊張の触発原因は、日本側にあると把握しており、韓日両国の紛争の原因となった事件としては、靖国神社参拝、島根県の「竹島の日」制定、日本の独島領有権を主張する内容を伴った教科書改訂、日本の独島海域探査などが挙げられている。

ドイツは現在も周辺国とのあいだに、過去の歴史に由来する不和の火種を抱えている。こうした経験をもつドイツ・メディアは、東アジア地域の領土紛争にもかなりの関心を示してきた。主要新聞5紙は1995年から2010年までに全97件、週刊誌は6件の独島報道を掲載した。集中的に関心を示したのは1996年、2005〜06年、2008年である。最も頻繁に登場した

2005年に、紛争の震源となったのは、日本の右傾歴史教科書によって触発された過去の歴史の克服問題だった。

報道の特徴は次のとおりである。第1に、断片的性格の事件報道から状況に対する分析、歴史的淵源に対する説明、解釈、そして判断とより高い段階に進んでいる。第2に、独島問題を扱う報道フレームは魚類と海底資源に注目する経済的次元から、過去の歴史・集団の記憶・民族感情・アイデンティティなどの歴史・文化的次元へと拡大されている。ドイツ・メディアは植民地支配と過去の歴史の克服というフレームによって、独島問題を説明する場合が多く、北朝鮮問題が一緒に扱われるケースもかなり多かった。

韓国と日本の独島紛争に対して、ロシアの関心は格別なものがある。その理由は、第1に、独島をめぐる韓日紛争の背景として、日露戦争当時における日本の独島編入があるからである。第2の理由は、ロシアと日本のあいだで争点となっているクリル列島［北方領土］問題が、独島問題と極めて類似した展開をしているためである。1995年から2004年までのロシア・メディアの報道には、独島関連記事は見当たらないが、2005年以後は大幅に増加した。これは東北アジア地域の戦略的重要性と経済的位相が高まった事実を反映するものである。独島と直接関係しない場合はもちろん、韓日関係の改善と協力について報道した記事においても独島問題に言及している。

ロシア・メディアは独島問題の歴史と韓日関係を正しく把握していた。そして独島問題を韓日関係の紛争を象徴する中心軸と見なし、東北アジアの不安定の主要要因のひとつと把握している。これらの記事は、大きく二つの特徴を持っている。第1は、独島問題を韓国と北朝鮮双方の利害関係から把握していること、第2は、独島問題を韓国と日本だけの紛争と理解するのではなく、ロシア・中国・北朝鮮・韓国が共同で日本と対立する東北アジアの多様な問題のひとつと見ていることである。

以上四か国の報道を比べてみると、最近15年間の報道の回数は、ロシアが最も多く、次いでドイツ、英国、フランスの順になっている。これは北方領土問題で日本と対立しているロシアが、独島問題に関して他の三か国よりも、直接的な利害関係をもつからである。ドイツは周辺諸国との過去の歴史問題に大きな関心を示しており、英国は1982年にフォークランド紛争を経験しただけに、領土問題に並々ならぬ関心を抱いている。フランスの場合には、独島紛争は他の三か国ほど自国の歴史に直間接的にかかわる問題ではないが、国際社会において外交的影響力を発揮する国だけに、主要メディアは独島に関連する韓日間の紛争をかなり忠実に報道している。

この四か国のメディアは、独島の表記においては「独島と竹島を併記する」場合が多かった。けれども両者を併記する場合にも、1990年代には竹島を前にすることが多かったのに対し、2000年代になると独島を前に表記する傾向が見られるようになった。また、独島の位置を説明する場合に、過去は日本海という名称だけを使用していたが、最近は東海と日本海を併記する傾向が現れている。

ヨーロッパの主要メディアの独島関連報道は、大部分日本が触発させた排他的経済水域の設定、韓国に対する独島切手発行への中止圧力、歴史教科書の歪曲、独島付近の海洋探査、文部科学省の教育指針などで高まった緊張状況から生み出されたものである。関連報道の内容を分析してみると、最も多いのは日本の過去の歴史の美化に対する批判的認識、次いで、経済及び東北アジア地域の安全保障問題につながる認識である。独島だけでなく日本が東アジアにおいて、ロシア・中国及び台湾と紛争を引き起こしている海洋領土問題を、包括的に理解するなかで独島に言及する論議もあり、これは特に利害関係国であるロシアにおいて目立っている。

ヨーロッパの主要四か国は、みな過去の帝国主義と植民地支配に対して批判的である。したがって独島に関連する言論報道においては、明確に韓国の立場を支持はしなくても、相対的に韓国に好意的と解釈される記事が多くなっている。こうした認識をさらにヨーロッパ全体に広めるためには、独島問題とは日本が自らの帝国主義、植民地支配に対して無反省で、美化していることに由来すると知らせなければならない。東アジアの平和共存と共同体的発展、さらに人類の平和と全世界的共同体の未来は、過去の帝国主義侵略と植民地支配に基づく無理な領土要求を放棄するときに初めて可能となるからである。

本書の共同執筆者たちは、ヨーロッパの独島認識を知ることが、韓国の領土主権の問題だけでなく、東アジアの歴史を正しく理解しようとする際に、より広い視角と展望を提供することになると

信じている。最後に、ヨーロッパの独島認識研究を支援してくださった東北亜歴史財団と、研究に有用な学問的助言をしてくださったユン・ユスク（윤유숙）東北亜歴史財団研究委員、高麗大学校でロシア現代史関連の博士論文を準備しながら、補助研究員として世話をしてくださったキム・ドンヒョク（김동혁）氏に深く感謝する。

２０１１年８月31日

執筆者を代表して　閔有基

＊目次

フランス・メディアの独島認識

閔有基

英国メディアの独島認識

崔在熙

＊各紙（誌）出典の日付・文言は韓国語訳に従った。
＊訳注は〔　〕で囲んで文中に記載した。
＊固有名詞は原語表記とカタカナ表記を適宜併用した。

フランス・メディアの独島認識

閔有基（光云大学校）

Ⅰ．まえがき

20世紀末以来、ＩＴ産業の成長は人類の時空間を狭め、グローバル化を加速させた。いま特定の国の政治・経済・社会・文化などの論点は、瞬時に全世界に広まり、いくつかの国のあいだで発生する紛争や論争は、利害当事国の問題を離れて世界的関心事になる場合もある。特に東アジアで争点となる問題は東アジアばかりでなく、アメリカとヨーロッパでも次第により高い関心の的となっている。なぜなら東北アジア地域の経済力は、アメリカ及び欧州連合（ＥＵ）に匹敵するほど成長しているからである。また、実際に第二次世界大戦以後の個々の国民国家の歴史が、単層的空間を超えて国際地域、世界という多層的空間の次元で展開される多様な歴史の流れと緊密につながっている。

現在、東アジア諸国のあいだに現れる歴史的紛争の大部分は、日本の過去の歴史の清算問題に関連している。過去の帝国主義的侵略行為を否定や美化して、国粋主義的ともいえる歴史教科書が中等課程の検定に通過したこと、文部科学省（以下、文科省）の社会科教育指針が触発した歴史教科書問題、日本の政治家たちが戦犯の祀られている靖国神社を公式参拝する問題、南中国海［南シナ海］の釣魚島（尖閣列島）に対する日本・中国・台湾の領有権をめぐる紛争、独島に対する日本の領有権の主張、ロシアのクリル［千島］列島の南側の島々［北方四島］に対する日本の領有権の主張、東海［日本海］の表記問題などについては、当事国である韓国・日本・中国・台湾・ロシアだけでなく、アメリカやヨーロッパの主要国でも絶えず関心をもち、その推移を見守っている。こうした状況のもとで、ここで考察しようとするのは、独島に対するフランスの認識である。

このためにフランスの主要日刊紙と週刊誌の独島関連報道を分析してみた。民主主義社会においてメディアは外交政策の決定に大きな影響を与える。特定政策に対するメディアの報道が、その国の政策決定者はもちろん、利益集団と大衆に影響を及ぼし、言論報道の影響を受けた利益集団と大衆が、再び政策過程に影響を与えることは、各種の研究によっても立証されている。

フランスの主要メディアにおいて、独島がいかに扱われているかを検討するには、今後の独島に対するわれわれの領土主権の行使と関連してヨーロッパの中心国家であり、国際社会でアメリカに次いで外交的影響力を強く発揮しているフランスの立場が、どうなのかを把握することが必要である。その報道が、われわれの領土主権の主張に肯定的な認識を示しているなら、今後の独島に対する国際協力体制を構築する際に、活用が可能で有用な補助資料を入手したことになる。しかし、否定的な認識をしているなら、その根拠は何であるかを把握し、フランスとフランス語圏諸国を対象に、さらに積極的な対外広報戦略を展開しなければならない。また、報道が利害関係を超えた第三者・観察者としての、独島問題に対する相対的で客観的な視角をもっているなら、それを知ることで、今後の独島研究において役立つ資料とすることもできる。

韓国の学界に蓄積された多くの独島研究の成果のうち、利害当事国の視角ではなく、第三国の立場や認識態度を分析した研究としては、アメリカの独島関連認識と独島政策に関するものがある。[1]また、2007年に韓国海洋水産開発院が刊行した『第三国学者の独島関連の立場分析』は、[2]ハワイ大学の法学者ジョン・M・ヴァン・ダイク（Jon M.Van Dyke）が、2007年に執筆した独島領有権主張と法律的問題に関する論文を、多くの部分で参考または引用しており、そのほか一部の英語圏の研究者の立場を紹介・分析している。[3]とはいえフランスをはじめとするヨーロッパ主要国の独島認識問題については、これまでにきちんと研究されたことはなかった。

アメリカを除くヨーロッパの独島に対する視角を分析した資料としては、在仏の韓国人研究者であるパリ第Ⅶ大学韓国学科の李鎮明教授の研究書がある。[4]彼の研究は西洋の古地図や昔の資料に依拠し、20世紀以前の西洋の独島踏査活動や地図上の表記の実態を究明したもので、極めて重要な意味と価値をもつ。しかしながらこの研究を通して、現在のフランスの独島問題に対する認識について知ることはできない。

1946年のフランスには26の中央日刊紙があり、約600万部の新聞が販売されていたが、現在は11紙、約200万部と大きく減少した。われわれは「フィガロ（Le Figaro）」「ル・モンド（Le Monde）」「リベラシオン（Libération）」「リュマニテ（L'Humanité）」、経済紙の「レ・ゼコー（Les Echos）」と「ラ・トリビューン（La Tribune）」、そしてパリの消息を伝える「ル・パリジャン（Le Parisien）」と、同紙の全国配布版である「オージュルデュイ・アン・フランス（Aujourd'hui en France）」、中央日刊紙のうち最も小規模で約2万部発行の「フランス・ソワール（France Soir）」

と合計9紙について調査を実施した。

中央11紙のうち残りの2紙は、スポーツ紙の「レキップ（L'Équipe）」と、カトリック紙の「ラ・クロワ（La Croix）」である。1995年から2010年までに発行された、これら9紙のうち、独島に関連する記事を1件以上掲載した新聞は、販売部数、主要読者層、政治的傾向などによって、しばしば4大日刊紙として知られる「フィガロ」「ル・モンド」「リベラシオン」「リュマニテ」と、経済2紙のうちでより多くの発行部数をもつ「レ・ゼコー」の計5紙で、掲載数は19件だった。いくつかの日刊紙で扱われた韓国海軍の独島艦に関する記事は、独島についての説明をすることはなく、韓国の防衛産業を取り上げているので、ここには含めていない。独島関連の記事を掲載した5紙は、その他の日刊紙に比べると、世界のフランス語圏における購読やインターネット購読者数は多いほうに属している。

他方、現在、フランスで発行されている中央週刊誌は19誌であり、このうち日刊紙「フィガロ」「ル・モンド」「リュマニテ」の姉妹誌、大衆的娯楽のための週刊誌、極左派や極右派などフランス社会の少数政治集団や宗教集団が発行する週刊誌を除くと、社会的影響力があって発行部数が多いものとして「ル・ポワン（Le Point）」「レクスプレス（L'Express）」「ヌーヴェル・オプセルヴァトゥール（Le Nouvel Observateur）」が知られている。ここでは日刊5紙に加えて、これら週刊誌3誌についても調査してみた。1995年から2010年までに、この3誌は全部で5件の独島関連記事を掲載している。

したがって日刊5紙に掲載された19件と3週刊誌の5件、合計8媒体24件の独島関連記事を分析対象に選んだ。このうち独島問題を直接的に報道した記事は18件、間接的に扱ったものは6件だった。間接的な記事は東アジアの状況を扱いながら独島問題に触れたものが3件、韓日ワールドカップの共同開催との関連で独島に言及したものが2件、韓明淑首相へのインタビュー記事で独島に触れたものが1件である。日本の教科書問題がもたらす緊張感に関する記事は、独島問題に多くかかわっているため直接的記事に分類した。

調査の始点を1995年とした理由は、フランスの主要メディアが1996年2月に、日本が200海里排他的経済水域を設定してから起こった韓日両国の紛争を報道してから現在まで、独島に対する両国の緊張感が醸成されるたびに、関連報道をしているからである。実際、韓国政府は長い間、独島が歴史的にも国際法上でも韓国領土に属するから、領有権紛争は存在しないとの立場を堅持してきた。独島は韓国が実効支配しているので、国際的に紛争の素地があるようには見えないとし、時に応じて提起される日本の領有権主張に、さして注目してこなかった。しかし、1996年に排他的経済水域問題が提起された後には、以前に比べると、より積極的に独島に対する立場を表明している。

フランスの各メディアは明確に政治的立場を明らかにしている。「フィガロ」は1826年に創刊された日刊紙で、現在、フランスの全国紙のうちで最も古い歴史をもち、経済関連の報道が多く保守的立場を堅持する。「ル・モンド」は1944年に創刊された新聞で、いまでは国際的な政論紙として名声を博している。19世紀の代表的な共和主義新聞だった「ル・タン（Le Temps）」が、ナチ占領期にナチに協力的な記事を掲載し、解放直後に廃刊されたので、この新聞社に所属する記者たちのうち、ナチへの協力を拒んだ人々が中心になり「ル・モンド」が誕生した。同紙はおおむねフランス社会党に同調的で、社会民主主義的な中道左派の立場に立つ。「フィガロ」と「ル・モンド」は今回検討した15年間に、毎年35万部前後の発行部数を記録した。「リベラシオン」は１９６８年の５月革命以後に、中道左派知識人たちが独立的新聞として創刊した日刊紙で、「リュマニテ」は１９０４年に社会主義新聞として創刊され、１９２０年のフランス共産党創立以後、共産党機関紙の役割を担ってきた左派系新聞である。「リベラシオン」は５万部前後の発行部数をもち、「レ・ゼコー」は１９０８年に創刊された経済紙で、同じ期間に12万部前後の発行部数を記録している。

週刊誌「ル・ポワン」は１９７２年に、アメリカの時事週刊誌「タイム（Time）」と「ニューズ・ウイーク（Newsweek）」をモデルに創刊された。保守的な傾向で約43万部を発行する。「レクスプレス」は１９５３年に創刊された中道系雑誌で、約54万部を発行している。１９５０年に創刊された「ヌーヴェル・オプセルヴァトゥール」は知識人が主な読者層で、中道左派系で約53万部を発行している(5)。

ここでは最近15年間の主要日刊紙と週刊誌の独島報道フレームを、独島関連記事の回数、各記事の単語数、記事作成者あるいは情報の出所などに分類して定量的分析を試みた。続いてメディアが独島に対していかなる名称を使用しているか、名称使用上の変化についても調査をした。最後に、報道内容に込められた論議を、日本の過去の歴史問題や歴史の歪曲に対する理解と批判の水準、東アジア経済と安保問題などに区分して考察を試みた。

Ⅱ．フランス・メディアの独島報道フレーム

1995年1月から2010年10月までの15年間、主要日刊5紙に掲載された独島関連の直間接的な報道は19件だった。〈表1〉は、これを年度別に整理したものである。週刊誌は独島問題の扱いが多いとはいえず、15年間に三つの主要週刊誌に登場した記事は5件にすぎなかった。〈表2〉は、これを紹介している。

〈表1〉フランスの主要日刊紙の独島報道（1996～2010年）

日付	新聞名	タイトル	単語数	記事作成者
1996・2・13	レ・ゼコー	日本、中国・韓国との争いを回避せず	130	情報なし
1996・2・16	ル・モンド	日本海の島紛争が日韓両国の激しい反発を触発	660	Philippe Pons 東京特派員

1996・2・21	ル・モンド	日本海の島をめぐる日本と韓国の緊張	150	AFP通信
1996・2・21	レ・ゼコー	日本の韓国と中国に対する挑戦	320	情報なし
1996・2・24	ル・モンド	アジア諸国の経済的活力が隠せない政治的紛争	1318	Francis Deron, Jean-Claude Pomonti, Philippe Pons バンコク、北京、東京特派員
1996・6・1	ル・モンド	日本と韓国に緊張をもたらした2002年W杯開催	852	Philippe Pons
2004・1・14	レ・ゼコー	切手はどうなるのか	380	David Barroux 東京特派員
2005・4・7	ル・モンド	地域に波紋を投じた日本の教科書	577	Philippe Pons 東京特派員
2005・4・7	リュマニテ	日本の記憶喪失	195	情報なし
2006・4・19	ル・モンド	海洋領土論争で日本と韓国に緊張高まる	496	AFP通信
2006・4・19	フィガロ	アジアの海洋資源をめぐる緊張拡大	600	情報なし
2006・4・21	フィガロ	韓国と日本の関係を麻痺させる島	340	Régis Arnaud 東京特派員

2006・6・7	フィガロ	韓明淑首相、〃われわれは北朝鮮と戦争を避ける道を望む〃	480	Arnaud Rodier
2006・7・12	フィガロ	アジア戦略的競争国の近親憎悪	790	Arnaud de La Grange 北京特派員
2006・8・22	リベラシオン	日本、フランス5のドキュメント放送に反対	151	情報なし
2008・7・14	フィガロ	韓国の駐日大使召還	79	AFP通信
2008・7・19	リベラシオン	韓国と日本のあいだの島の争い	358	Francis Temman 東京特派員
2008・7・23	リュマニテ	日本と韓国のあいだの葛藤の島	366	Anne Roy 東京特派員
2008・7・24	ル・モンド	日本と韓国を混乱させる領土紛争	516	Philippe Mesmer 東京特派員

〈表2〉フランスの主要週刊誌の独島報道（1996～2010年）

日付	雑誌名	タイトル	単語数	記事作成
1997・1・16	レクスプレス	日本・韓国：反感のW杯	434	Epstein Marc

2005・5・5	ヌーヴェル・オプセルヴァトゥール	中国－日本：記憶の溝	1513	Bruno Birolli
2005・5・5	ヌーヴェル・オプセルヴァトゥール	アジアで歴史は科学ではない	419	チュ・ソビル（주섭일）
2008・7・17	ル・ポワン	韓国で日本製コンドームが領土紛争の代価を支払う	288	AFP通信
2009・1・11	ル・ポワン	危機に直面した日韓の和解追求	238	ロイター通信 Yoko Kubota

フランス・メディアはいつ、どの時点で独島問題に関心をもち報道したのか？〈表1〉に示されているように、15年間のうち1996年、2004〜06年、08年だけに独島関連記事が登場している。1996年に「レ・ゼコー」2件、「ル・モンド」4件で計6件。2004年に「レ・ゼコー」に1件。05年に「ル・モンド」と「リュマニテ」に各1件で計2件。06年「ル・モンド」1件、「リベラシオン」1件、「フィガロ」4件で計6件。08年に「フィガロ」「ル・モンド」「リベラシオン」「リュマニテ」が各1件で、計4件の記事が掲載された。

1996年は、2月に日本が200海里排他的経済水域を設定し、韓国から強い反発を買い、同年6月にFIFA［国際サッカー連盟］が2002年のワールドカップを韓日両国で共同開催すると発表すると、両国の紛争に関心を示し報道をしたのである。

2004年1月には、日本が韓国に独島切手の発行中止を要請したことで発生した紛争に関しての報道がなされた。

2005年4月に報道された2件の記事は、日本の歴史歪曲問題と関連している。日本では1997年1月に、右派系の人々が使用中の歴史教科書の内容を「自虐史観」だと批判し、「新しい歴史教科書をつくる会」（以下「つくる会」）を結成した。「つくる会」が執筆し扶桑社が出版した「新しい歴史教科書」は、皇国史観に基づき過去の日本の帝国主義的侵略を否定し、「慰安婦」問題を教科書で扱わないなど、歴史の歪曲をしているが、2001年に文科省はこれを検定合格とした[(6)]。けれども、日本の市民団体などの反対や、韓国と中国の抗議と反発などで、教科書としての採択率は著しく低かった。当時、フランス・メディアはこの問題に大きく注目することはなかった。「つくる会」が極めて保守的な歴史観をもったまま、2001年版の一部について、それほど重要ではない部分だけを修正した新版歴史教科書は、2005年の再検定を通過した。これに韓国側が2001年のときよりも強く反発し、過去の歴史の清算問題に大きな関心をもつフランスの進歩系メディアが、これを大きく報道したのである。

2006年の報道には多様な背景がある。まず、4月に報道された3件はいずれも、独島付近での日本の海洋探査活動に対する韓国の強力な対応に関連している。6月には同年4月に就任した最初の女性宰相、韓明淑氏とフランス人記者とのインタビュー記事において独島への言及がなされた。7月には北朝鮮のテポドン・ミサイル発射実験による東北アジア情勢の緊張にともなう報道に独島問題が登場した。8月にはフランス公営放送が放映した日本の右傾化を批判するドキュメンタリー番組との関連で、独島問題が扱われた。

２００８年の報道はすべて7月に登場している。7月13日には日本の文科省が中等課程の社会科学習指導指針において、独島に対する日本の領有権を強調したことに対する韓国の反発を紹介している。

３種の主要週刊誌は１９９７年に1件、２００５年に2件、０８年と０９年に各1件の記事を掲載した。１９９７年の記事は、１９９６年にＦＩＦＡが決定した２００２年の韓日ワールドカップ共同開催の準備過程で表面化した、韓日間の軋轢を説明するなかで独島問題に言及したもので、２００５年の記事は前述の歴史教科書問題に関係している。２００８年の記事もやはり中等課程の社会科教育指針による歴史問題の葛藤にかかわるもので、２００９年の記事は麻生首相の韓国訪問と李明博大統領との首脳会談に関連している。次の〈表３〉は、フランスの主要メディアの独島関連報道の時期と背景を一目瞭然にしてくれる。

〈表3〉フランスの主要メディアの独島関連報道の時期と背景

日付	件数	背景	韓国の大統領／日本の首相
1996・2、6	6件	日本、排他的経済水域設定、韓日W杯共同開催決定	金泳三／橋本龍太郎
1997・1	1件	韓日W杯準備過程の問題	金泳三／橋本龍太郎
2004・1	1件	日本、韓国の独島切手発行に中断圧力	盧武鉉／小泉純一郎
2005・4、5	4件	日本、歴史教科書歪曲の波動	盧武鉉／小泉純一郎
2006・4、6〜8	6件	日本、独島近海で海洋探査、韓国初めての女性総理誕生、北朝鮮ミサイル発射実験	盧武鉉／小泉純一郎
2008・7	5件	日本、中等社会科教育指針、独島領有権強調	李明博／福田康夫
2009・1	1件	日本首相ソウル訪問	李明博／麻生太郎

フランスのメディアでは、週刊誌よりも日刊紙が、とりわけ「ル・モンド」が最も多くの報道をしており、次いで「フィガロ」である。〈表4〉は各メディアが1996〜2009年に、いつ独島関連の報道をしたのか、14年間に何回報道したかを示したものである。

〈表4〉フランス主要メディアの独島関連報道の年と頻度

メディア名	1996年	1997年	2004年	2005年	2006年	2008年	2009年
フィガロ					4	1	
ル・モンド	4			1	1	1	
リベラシオン					1	1	
リュマニテ				1		1	
レ・ゼコー	2		1				
ル・ポワン						1	1
レクスプレス		1					
ヌーヴェル・オプセルヴァトゥール				2			

フランスの主要メディアの独島関連報道の頻度は、どの程度だったのか？　欧米の新聞や雑誌に掲載された記事の大きさは、一般的に記事に用いられた単語数によって表される。〈表1〉と〈表2〉に示された主要新聞と雑誌に掲載された独島関連記事を、単語数について調べてみると、日刊紙19件、週刊誌5件の計24件の記事のうち、「300語未満」が7件、「300～500語未満」が

9件、「500~900語未満」が6件、そして「1000語以上」が2件だった。

「300語未満」の記事としては、まず「レ・ゼコー」(1996年2月13日付)に掲載された130語の短信があり、日本の200海里排他的経済水域設定の動きが韓国及び中国と摩擦を引き起こしていると伝えている。「150語使用」の「ル・モンド」(1996年2月21日付)の記事は、やはり排他的経済水域の設定が招いた紛争に関する内容であり、「79語を使用」した「フィガロ」(2008年7月14日付)の記事は、中等課程の社会科教育指針に抗議するために、韓国政府が駐日韓国大使を召還したことを紹介したニュースである。「195語を使用」した「リュマニテ」(2005年4月7日付)は、日本の過去の歴史清算問題を批判した含蓄あふれる分析記事であり、「151語を使用」した「リベラシオン」(2006年8月22日付)は、フランスで放映された日本の右傾化を批判する映像ドキュメンタリー番組に関する記事である。週刊誌「ル・ポワン」(2008年7月17日号)は288語を、同じ雑誌の2009年1月11日号は238語を使用し、日本文科省の社会科教育指針が惹起した問題と、両国の首脳会談について紹介している。

「300~500語未満」は9件で、この事件の前後の脈絡について紹介する分析記事8件と、韓明淑総理へのインタビュー記事が1件であり、「500~900語未満」の6件と、「1000語以上」の2件は、すべて深層的分析をした記事だった。

独島関連の記事は、短いニュースのときは通信社の配信記事を活用するケースがあり、全部で24件のうちAFP通信のものが3件、AP通信のものが1件、ロイター通信のものが1件、合計5件だった。この5件と記事作成者を明示していない4件を除いた15件の場合は、記事作成者を明示している。それを詳しく見ると、「ル・モンド」東京特派員によるものが4件、「リベラシオン」東京特派員によるものが2件、「フィガロ」東京特派員によるものが1件、「リュマニテ」東京特派員によるものが1件、「レ・ゼコー」東京特派員によるものが1件、「フィガロ」北京特派員によるものが1件、「ル・モンド」の北京・東京・バンコク特派員3名の共同記事が1件、「フィガロ」東アジア担当記者がソウルで韓明淑総理に行ったインタビューが1件、「レクスプレス」東アジア担当記者によるものが1件、「ヌーヴェル・オプセルヴァトゥール」東アジア担当記者によるものが1件と、彼が韓国人ジャーナリスト・チュ・ソビルの文章を監修したものが1件となっている。

フランスの主要メディアは東京や北京に常駐特派員を置いているが、ソウルには配置していないため、大部分の署名入り記事は東京特派員によって書かれている。けれども明らかに日本の立場や主張を受け入れる偏向的な立場ではない。ほとんどは客観性、あるいは中立性を維持しており、韓国に対して肯定的な記事も多い。記事の内容に関しては次項で詳しく扱うことにしたい。

Ⅲ．フランス・メディアの独島名称の使用

フランス・メディアにおいて独島に関する名称の使用はどうなっているのか？　われわれが調査した15年間、関連報道24件において使用された名称がどうだったかについては、次の表によって確

認できる。主要日刊紙別には〈表5～9〉を、3種の週刊誌の場合はまとめて〈表10〉を作成した。これらの表においては「独島」「竹島」、また西洋で19世紀半ばから20世紀半ばまでに、一般的に使用された「リアンクール岩礁」という三つの名称のうち、どの名称を使用したのかを分析した。それとともにこれらの名称を同時に使用したときには、どちらが前になっているのか、同等に使用しているのか、一方の名称の後に括弧を付けて表記しているのかなどについても確認した。以下の表に収めた数字は名称使用の回数である。

〈表5〉「ル・モンド」の独島表記

日付	独島	独島・竹島	竹島・独島	竹島	リアンクール言及
1996・2・16	2 一度は引用符				1 独島、リアンクール並列
1996・2・21		1 独島（竹島）			
1996・2・24				1	
1996・6・1		1 並列			
2005・4・7			1 竹島（独島）	1 日本の主張を説明する文章	
2006・4・19				1 引用符	

２００８・７・24			２並列	１〝竹島の日〟制定を伝える	１竹島、独島リアンクール並列

「ル・モンド」は、１９９６年２月16日付で独島としたり、独島とリアンクールを併記したりしたが、１９９６年２月24日付と２００６年４月19日付は、竹島の名称だけを使用した。２００５年と２００８年の記事で竹島という名称が使用されたのは、日本の主張を説明しながら、そして日本の「竹島の日」制定のニュースを伝えながらである。各種名称を併記する場合、１９９６年には独島を前に置いていたが、２００５年と２００８年の記事では竹島を前にしている。独島の表記においても、最初はTokdo（１９９６年２月16日、２月21日付）、Tokto（１９９６年６月１日付）、Dokto（２００５年４月７日付）と表記していたが、２００８年の記事ではDokdoとしている。

〈表６〉「フィガロ」の独島表記

日付	独島	独島・竹島	竹島・独島	竹島	リアンクール言及
２００６・４・19	１			１	２
２００６・４・21	１			１日本の主張を紹介する文章	

2006・6・7	1韓明淑インタビュー	1独島（竹島、編集者注）		1	
2006・7・12					1
2008・7・14			1並列		1日本の主張を説明する文章

「フィガロ」の場合、関連記事は2006年から報道されるが、独島という名称を使ったときには、混同することなくDokdoと表記している。同紙はひとつの記事でも内容に応じて「独島」、あるいは「竹島」としている。つまり、韓国に関連した文章では「独島」、日本に関連した文章では「竹島」という具合である。2006年6月7日付の韓明淑総理とのインタビュー記事では、「独島」と表現した後に、括弧をして新聞編集者が表記したことを明らかにしながら「竹島」と併記している。フランス人には独島よりは竹島の名称がより広く知られていることを示す事例である。

〈表7〉「リベラシオン」の独島表記

日付	独島	独島・竹島	竹島・独島	竹島	リアンクール言及
2006・8・22			1並列		

日付	独島	独島・竹島	竹島・独島	竹島	リアンクール言及
2008・7・19		1 独島（竹島）		1 日本外務大臣の暴言を引用	

〈表8〉「リュマニテ」の独島表記

日付	独島	独島・竹島	竹島・独島	竹島	リアンクール言及
2005・4・7	1				
2008・7・23	1	1 並列			

〈表9〉「レ・ゼコー」の独島表記

日付	独島	独島・竹島	竹島・独島	竹島	リアンクール言及
1996・2・13					
1996・2・21	1		1 並列	1	
2004・1・14		1 独島(竹島：編集者注)		1	

フランスの主要日刊紙のうち最も進歩的な「リュマニテ」は、「独島」という名称を使用する

か、「独島」の後に「竹島」という表記を併記している。併記する場合に、「リベラシオン」は2006年には「竹島」を前にし、後に「独島」と表記していたが、2008年には「独島」を前にし、その後に「竹島」と表記した。「レ・ゼコー」は、1996年には「竹島」を前にし、その後に「独島」と表記していたが、2004年には「独島」を前にし、すぐ後に括弧して「竹島」と表記した。「レ・ゼコー」は1996年に、独島をTokdoとしていたが、2004年にはDokdoと表記している。

次に、週刊誌の「レクスプレス」も、1997年に独島をTokdoと表記した。全般的にフランスの主要メディアは1990代半ばには、独島の表記を発音に従ってTokdo、Toktoとしていたが、2000年代半ばからはDokdoを使用している。これは韓国語の外来語表記法が変わったためと見られる。パリ第Ⅶ大学韓国学科の李鎮明教授も、1998年に刊行した著書においてTokdoと表記している。

週刊誌は日刊紙に比べて相対的に報道回数が多いとはいえない。〈表10〉のように「竹島」の名称だけを使うことはなく、「独島」とだけ表記したり、「独島・竹島・リアンクール」と併記したりしている。

〈表10〉フランスの主要週刊誌の独島表記

日付	週刊誌名	独島	竹島	リアンクール言及	独島・竹島	竹島・独島	独島・リアンクール・竹島
1997・1・16	レクスプレス				1並列		
2005・5・5	ヌーヴェル・オプセルヴァトゥール						1並列
2008・7・17	ル・ポワン	1★				1並列	
2009・1・11	ル・ポワン	1韓国人引用				1★★	

★韓国人記者作成
★★日本人記者作成後にフランス人が翻訳

独島と関連する記事のほとんどは、その位置についての情報を直間接的に説明しているので、東海［日本海］に対してフランス・メディアがいかなる名称を使用しているのかを把握することは可能である。独島関連の24件の記事のうち、東海や日本海という名称を直接使用した記事は「ル・モンド」5件、「フィガロ」2件、「レ・ゼコー」1件の計8件だった。残りの記事には位置を知らせる情報がなかったり、「韓国と日本のあいだに置かれた」のように間接的な表現が用いられている。

「ル・モンド」は5件の記事のうち3件で、独島の位置に対して「日本海」という名称を使用した（１９９６年2月16日付、2月21日付、6月1日付）。２００５年4月7日付は独島の位置について「日本海」と表記してから、すぐ後に括弧して「東海」と書き入れていた。２００６年4月19日付は独島の位置を説明する文章に、「日本海」の表記だけを使用したが、同じ記事のなかで、韓日間に関連海域の名称表記をめぐる紛争が存在することを知らせ、日本海とまず表記した後に括弧なしに東海という名称を併記した。つまり、「ル・モンド」では、１９９０年代半ばには「日本海」という名称を使用していたが、２０００年代の半ばからは「東海」の名称も併せて表記するようになったのである。

「フィガロ」（２００６年4月19日付）は、独島の位置を説明し、「日本海」という表記を使用したが、すぐにこれを覆し4月21日の記事では、韓日間の「東海」の名称表記に関する紛争を紹介した。「日本海」という名称を用いたすぐ後に、「東海」という名称を併記し、別の文章では日本の主張を説明し、引用符を付けて「日本海」という名称を使用した。この記事は「韓国は日本海を東海と呼び、自己の深海名にすることを望んでいる。韓国側の立場によれば、日本が軍事的に韓国を占領したときに、海洋に自分の痕跡を残すことで韓国の名誉を失墜させた」と書いている。これを通じて間接的にではあるが、日本の軍事的支配期に「日本海」という表記が一般化したことを知らせている。[7]「レ・ゼコー」は２００４年1月14日付の独島の位置を紹介する文章で、「東海」とまず表記し、次いで「日本海」と併記している。

結論的に言えば、フランスの主要メディアは１９９０年代には、「日本海」という名称のみを使用していたが、名称をめぐる韓日間の紛争を知るようになった２０００年代半ばからは、「東海」と「日本海」の二つの名称を併記している。

独島が西洋人に初めて知られたのは、１８４９年1月にフランスの捕鯨船、リアンクール（Liancurt）号が測定した位置が、フランス海洋水路誌に収められてからである。19世紀後半に英国・ロシアの船舶が近隣を探査した後に、それぞれ異なる地名で呼ばれたが、フランス捕鯨船の名前を付けたリアンクール岩礁という名称が、20世紀半ばまで西洋各国で最も多く、最も優先的に使用された。われわれが調べた記事において、「リアンクール」という名称は「独島・竹島」と並列にされたもの、三つの名称がすべて並列されたものを含めて5件だった。「独島・竹島」という名称はなく、「リアンクール」のみを使った記事は「フィガロ」（２００６年7月12日付）の1件にすぎなかったが、この記事は独島問題を直接的に扱ったものではなく、韓国・北朝鮮・中国・日本が東北アジアで展開する戦略的競争に関する地政学的、国際政治的、深層的分析として北京特派員が書いた記事である(8)。

一方、「フィガロ」（２００６年4月19日付）は、独島と竹島という名称をめぐる紛争が「１８４９年、この島を発見したフランス捕鯨船の名前を付けた『リアンクール岩礁』と命名して解決されたかもしれない」としながら、すぐその後に「そうだとしても問題は依然として残されている」と書いている。紛争を避けるために「リアンクール岩礁」なる名称を使用したらどうかという、こうした提案は、独島が歴史的にも国際法上にも実効的にも、韓国の固有の領土である点を明白に認識していないことを表している。[9]

フランスの主要メディアが、独島について取り上げた24件の記事のうち、独島に対する韓国の実効的支配を伝えているのはどれほどだったか？　韓国の実効的支配と統治関連の情報を提供する記事は全部で9件あり、これらの記事がいつどのような媒体で、また、いかなる表現で韓国の実効支配を叙述しているかについては、〈表11〉において確認できる。韓国の実効的支配に対して日本側が不当と主張しているのは、全24件の記事のうちわずか1件だけで、「日本外務省によれば、竹島は日本の固有の領土の一部」で、韓国が「不法占拠」していると引用符を付けて直接引用の形で紹介している。[10]

〈表11〉フランスメディアの独島記事のうち、韓国の実効支配を記述

日付	媒体	記事の記述内容
1996・2・16	ル・モンド	韓国は1950年代から小規模の守備隊を島に送り込む
2004・1・14	レゼコー	1954年以来、警備隊を駐屯させている韓国
2006・4・19	フィガロ	韓国によって統治される島
2006・4・21	フィガロ	韓国の軍隊が掌握している

2008・7・14	フィガロ	韓国が管理している島
2008・7・17	ルポアン（週刊誌）	韓国が管理し小規模の海洋警察隊が駐屯
2008・7・19	リベラシオン	島に対して韓国は海洋警備隊を維持
2008・7・23	リュマニテ	韓国の警備隊
2008・7・24	ル・モンド	韓国海岸警備艦、兵力配置　民間人2名が居住

定量的分析を終えるにあたって、最後に独島が韓国と日本から地理的にどれほど離れているかを叙述している記事のいくつかを見てみよう。24件の関連記事のうち、「リベラシオン」（2008年7月19日付）の記事は「韓国からは217km離れており、日本からは250km離れて位置する」と書き、韓国と日本本土からの距離を明らかにし、独島が韓国に近いという情報を提供している。[11] さらに「フィガロ」（2006年4月19日付）の記事は「日本の隠岐の島は論争対象の島から157kmのところに位置している。海峡の西岸に位置する韓国の鬱陵島はわずか90kmしか離れていない」と叙述し、「リュマニテ」（2008年7月23日付）は「韓国の最も近い島からは約80km、日本の最も近い島からは、その2倍ほど離れたところに位置」すると説明し、独島が地理的には韓国に近接した領土という認識を読者に印象づけている。[12]

Ⅳ．フランス・メディアの独島関連論議

フランス・メディアの独島問題に対する報道の大部分は、日本が触発させた紛争と、これに対する韓国や中国の対応状況として登場した。葛藤、論難、緊張感、反感、反目などを引き起こした一次的主体を日本と見ている。韓国の強硬な対応が緊張感を高めている状況が、新たな局面に追いやっているとの叙述もあるが、こうした叙述の前後には必ず日本が起こした葛藤の要素に言及している。例を挙げると、「ル・モンド」（1996年2月16日付）は、前日に独島付近で挙行された韓国海軍と空軍の合同軍事訓練が、両国関係に「強い緊張をもたらしており」と書いているが、まさにこの前の部分で、この軍事訓練は独島「近海で、日本の巡視船の活動を探知した後に組織」されたと書き、少し後になると「日本の排他的経済水域の設定により、海洋法条約を確定したことで触発された」と述べている。[13]

フランス・メディアの大部分は、日本がたびたび点火する紛争の火種が、韓国人の日本に対する反感によってたちどころに広まると見ている。全24件の独島関連記事のうち、韓国首相へのインタビューや記事作成者が韓国人である2件を含む8件が、日本の1910年から45年まで韓国を占領「日本の植民地支配のこと」したために、韓国人の日本に対する反感が始まったという点に直間接的に触れている。[14] 韓国人の日本に対する反感は、日本帝国主義の支配、それ自体からだけ生まれる

ものではなく、日本がこうした過去に対する反省をしないからである。フランス・メディアはこれをどれほど理解しているのか？　そして独島問題の歴史的根源や本質が、日本の軍国主義の時期とつながっていることを、どれほど正確に把握しているのか？

日本が独島を竹島と呼んで領有権を主張し、紛争地域化しようとしていることの本質は、過去の歴史的事実を否定し、帝国主義的侵略を正当化しようとする行為である。事実、日本は1904年に勃発した日露戦争以前までは独島を自国領土と見なしていなかったが、日露戦争がはじまっていた1905年1月28日に、独島を竹島と命名し島根県に編入した。日露戦争で勝利した日本は同年11月に、乙巳保護条約を強制し、大韓帝国の外交権を剝奪した。1910年8月には強制的に韓国併合条約を締結し、1945年8月15日までは韓国を武断支配した。日本帝国主義の支配のもとで、韓国は独島が島根県に編入されても抗議はできなかった。1945年の解放とともに、朝鮮半島の付属島嶼は韓国に返還され、韓国はそれ以後、独島などの付属島嶼を実効支配している。こうした歴史的事実にもかかわらず、日本は独島を紛争地域と見なして国際司法裁判所に提訴することは、日本が過去の帝国主義的膨張と周辺国に対する植民地支配を正当化しようとするものにほかならない。

1995年から2000年までに、フランスの主要日刊紙と週刊誌に報道された独島関連記事24件を見てみると、独島と関連し日本の右傾化と過去の歴史の歪曲を批判する中心的な論議、そして水産資源と地下資源などの経済的価値と東アジア安保問題を連結させる副次的論議という二つの大きな認識が存在することがわかる。これら二つの認識のうち、前者の認識を示す記事は独島問題の本質に対してかなり正確な知識をもち、理解をしている。

1．日本の右傾化と歴史歪曲の批判

いちばん最初に日本の右傾化をその背景から指摘した記事は「レ・ゼコー」（1996年2月21日付）である。この報道は「第二次世界大戦期間の態度が周辺の国々から忘却されていない国、そして新しい総理が果敢に民族主義的傾向を示している」日本が、排他的経済水域の設定を通じて「明らかに地域の不安感を醸成した」と書いている。(15) 同紙は2004年年頭に日本が韓国に独島関連の切手の発行中止を求めたことを紹介した記事でも、「日本の名もない戦没兵士の栄誉を記憶する場所であるが、同時にここにはアジア人数万名を虐殺した多くの戦争犯罪者も含まれている。この悲しくも有名な靖国神社を訪問することでしか、新年のスタートを切ることができなかった首相に、道徳的指導性は失われた」と靖国神社参拝を批判した。(16)

「ル・モンド」（2005年4月7日付）は、「地域に波紋を投じた日本の教科書」という見出しの記事を掲載した。この記事は初めから「文科省によって採択された現代史教科書の新しい改訂版が、それでなくても緊張状態にあった隣国の中国及び韓国との関係に火に油を注ぐ結果になった」と指摘する。(17) そして歴史教科書の歪曲で、南京大虐殺を単純な「事件」と叙述した点、「大東亜戦争」に対して「侵略」という表現を避けている点、「日本軍慰安婦」を扱わない点に言及した。この記事はこうした歴史歪曲が、1980年代の「〝自虐的史観〟を変更させようとする日本の右派が主導したキャンペーンの結果」と分析し、教科書歪曲に加え、小泉首相が戦犯の位牌を祀る靖国神社に参拝したことが、東アジアの地域的緊張をさらに高めていると指摘する。この記事は中国と魚釣島をめぐる摩擦と、独島に対する韓国との摩擦についても併せて紹介する。[18] 同時に、島根県の「竹島の日」制定と教科書に独島の領有権主張を掲載したことが、韓国人の怒りを募らせたと書いており、教科書問題によって中国のいくつかの都市で、反日デモが起こり、日本の商業施設を攻撃したという記事で最後を結んでいる。

「リュマニテ」(2005年4月7日付)の記事は、日本に強い批判を加えている。見出しを「日本の記憶喪失」としたこの記事の冒頭は、「日が昇る国では、しばしば真実を正面から見つめることが難しい」[19] である。この記事は同じ日に発行された「ル・モンド」の記事と同様に、日本の新しい教科書が南京大虐殺を「多くの中国人」が死んだ「事件」と縮小視していること、アジア諸国に対する占領を「侵略」と規定しないこと、「戦地の慰安所で搾取された性奴隷」の女性に対して沈黙することを批判している。また、東アジア地域の外交上の雰囲気は、「日本の右翼がはばかることなく民族主義を公然と標榜するときに最も緊張する」と書き、最後の部分で批判の対象となっている日本の教科書が、特に独島に対する日本の領有権の主張をしているとしている。記事の前半では日本の右傾化を鋭く批判し、最後に触れている独島に対する日本の領有権の主張も、過去に対する正しい歴史認識ではないという点を、読者に想起させる効果がある。

週刊誌「ヌーヴェル・オプセルヴァトゥール」(2005年5月5日号)に掲載された韓国人チュ・ソビルの文章は、日本が独島領有権を主張することが、過去の日本帝国主義の侵略の歴史につながる点を、次のような表現を通じて明確に知らせている。「あるドイツの外交官がパリの真ん中で、アルザスとロレーヌがドイツの領土と発言することを想像してみよ! あるいはドイツでナチの軍隊が、ポーランドを侵略しなかったと教育することを想像してみよ! あるいはドイツの総理が、毎年、ナチ戦犯者を埋葬している墓地を参拝すると想像してみよ! こうした場合に、激怒するヨーロッパの世論を想像してみよ!」。[20] チュ・ソビルは、ここで解放以後の李承晩による親日派の登用と、「満州国」軍隊の将校だった朴正煕の独裁に触れ、過去の韓国の親日的な人物らが、植民地時代の歴史に対する活発な調査研究活動を妨害したために、韓国も過去の歴史問題から自由ではないと述べている。

「ヌーヴェル・オプセルヴァトゥール」(2005年5月5日号)に、東アジア担当記者のブルノ・ビロリが書いた1500字ほどのかなり長い深層分析記事も、東アジアの領土紛争を第二次世界大戦の産物と把握している。この記事は「中国—日本:記憶の溝」という見出しのように、中国と日本の緊張を韓日間の緊張よりも、いっそう強調しているが、最初から最後まで日本が過去の歴史を正しく認識していないことに対して、強く批判的な視角を維持している。特に日本では過去の「戦争を導いたイデオロギーの根本は問題視されなかった」とし、「日本はドイツではない」と強調する。この記事は日本の政治家たちの靖国神社参拝を批判しており、過去の歴史をめぐる論争を超え

て「再武装化のための日本のひそやかな野心」が東アジアで特に問題視されていると書いている。(21)

「リベラシオン」（2006年8月22日付）は、日本がフランス公営放送局のドキュメンタリー映画の放映に反対したことを暴露する興味深い記事を掲載した。それ以前にも、フランス公営放送は独島に関連する内容の一部を含む放送をしたことがあった。フランスとドイツの合作放送局として、主に文化芸術、歴史、教養プログラムなどを放送するアルテ（Arte）が、「地図の内幕（Le dessous des cartes）」というプログラムで、日本を扱った4部作を放映することになり、第1部は2002年5月18日に「日本：時間」、第2部は6月1日に「日本：空間」、第3部は6月8日に「日本：領土」、第4部は6月15日に「日本：軟弱な地盤」というタイトルで放映された。問題になったのは第3部の「日本：領土」で、独島が竹島と表記されて日本の領土と紹介され、日本の排他的経済水域内にあると示す地図が映像に挿入されていた点である。プログラムの内容が日本の領土についての紹介だったため、制作者たちは日本側の資料だけを参考にしたからである。

「地図の内幕」プログラム、日本4部作は2002年に放映されたが、2005年2月と3月にも再放映された。第3部の「日本：領土」の再放映は2005年3月2日だった。この日の放送を観たフランス留学生が、放送内容に含まれている独島歪曲の事実をVANK（Voluntary Agency Network of Korea）に知らせた。VANKのアルテ放送局に対する抗議とともに、韓国のネチズンによるサイバー空間でのフランスの放送局に対する糾弾が続いた。第3部は3月9日にも放映される予定だったが、VANKと在仏韓国大使館の公式抗議などで、アルテ放送局は予定された再放送を取り止め、「ネパール、国家の終末?」という別のプログラムを放映した(22)。

このように独島歪曲に対する韓国人の抗議で、フランスの放送局は独島に対する日本の主張が誤っていることを認識するようになった。アルテ放送局はフランスとドイツの合作放送局として夕方の時間帯に放映し、フランスで韓国のEBSのような機能を果たすFrance5放送が、夕方の時間以前に使用するチャンネルを共有する。チャンネル共有はプログラム共有に続き、アルテ放送局とFrance5放送は、互いにプログラムをしばしば再放映する。

2006年に「リベラシオン」が報道した日本の放映中止圧力を受けた放送とは、2006年8月18日にFrance5放送が放映した「日本、過去の影：軍国主義は復活するか?」というドキュメンタリーである。これはFrance5放送が直接制作したものではなく、フランスのドキュメンタリー専門制作会社のアンソニー・デューファー（Anthony Dufour）が、ヒカリプロダクションで制作したもので、日本の右傾化と軍国主義の亡霊に対して鋭く批判する52分ほどの番組である。France5のチャンネルを通じて放映されたこのドキュメンタリーは、06年9月2日に韓国のEBSでも放送され、07年3月にフランスで開かれた国際ドキュメンタリー映画祭において「青年審査者賞」を受賞し、世界的な名声を手にした。

ドキュメンタリーは東京の中心地において、街宣車で宣伝扇動活動をする日本極右派の姿から始まる。続いて靖国神社参拝、南京大虐殺に対する日本右派の歪曲、歴史教育の歪曲、日本の教育現場での君が代斉唱をめぐる論争、日本の平和憲法と自衛隊の海外派遣に関する論争、柳明桓外相の日本を批判するインタビュー、日本の右翼が自己を合理化するインタビューなどを紹介してから、終了直前に独島を取り上げる。このドキュメンタリーは独島を韓国の領土と紹介し、独島を訪問して現場撮影をしたもので、独島警備隊と観光客も登場する。こうした場面は韓国が独島を実効支配している様子を確認させてくれる。このドキュメンタリーは独島を取り上げた後に、現在の日本の海上自衛隊と過去の帝国主義軍隊のイメージを交差させ、日本の軍国主義の亡霊を批判して終わりとなる。

ドキュメンタリーが放送されてから4日後の8月22日に、「リベラシオン」は、この放送の中止を求める日本大使館からの圧力があったことを記事にし、これは韓国のメディアでも紹介された[23]。「リベラシオン」は日本大使館がこの放送で取り上げた独島、靖国神社、教科書の内容について「誤り」があるので、「問題を提起」してきたが、France5 放送はドキュメンタリー作家らとの検討の結果、何ら問題がないと判断し、予定された日に放映したと報じた[24]。

「リベラシオン」のこの報道は、日本政府が外交チャンネルを通じて自国の右傾化と、過去の帝国主義の黒い影から逃れられずにいる内容の放送を、中止させようと圧力を加えた事実を詳しく知らせた。この事例は独島問題と関連して日本の主張が歴史的に正しいものではなく、日本の歴史歪曲や右傾化と軍国主義化現象とが結びついていることを、西洋の主要国に積極的に知らせねばならない必要性を認識させてくれた。こうすることによって、ナチと戦争犯罪に対して鮮明な批判意識をもつ西洋の人々が、日本の独島領有権主張が誤っていることを明白に認識し、独島の主権を守ろうとする韓国人の努力を支持してくれるのである。

独島を日本が日露戦争のあいだに、日本領に編入させた事実を記事にしたものはいくつあったのか？　合計24件の独島関連記事のうち3件で、「ル・モンド」が2件、「リュマニテ」が1件だった。まず、「ル・モンド」（1996年2月16日付）は、独島について「日本は独島を1904〜05年の日露戦争の直後に占有したが、韓国ではこの島に対する主権は6世紀までさかのぼると主張しており、1950年代からは小規模の守備隊を島に派遣している」と書いた(25)。「リュマニテ」（2008年7月23日付）は、「日本と韓国のあいだの葛藤の島」と見出しを付け、東京特派員の記事を掲載した。東京特派員が作成した記事なのに、記事においては、まず「韓国人が独島と、そして日本人が竹島と呼ぶ島」と書いてあり、2006年に日本の海洋探査の際には、当時も物理的衝突の起こる危険性があったということ、日本文科省の教育指針が両国のあいだの反目を争点化させたと述べる。駐日韓国大使の召還、ソウルの日本大使館の前でのデモ、韓国政府の独島巡察の強化を紹介してから、独島問題に対する歴史的視角を示す次のような表現で終えている。「韓国にとってこの問題は、極めて象徴的な重要性を帯びている。それは日本人が1905年にこの島を掌握したのは、韓国の占領（1910〜45年）を準備するためだったからである。韓国側では日本に対する反感が相変わらずとても強い。日本の民族主義者たちは、過去の植民地主義に対する〝自虐的史観〟にけりをつけようと圧力を加える。最も望ましいのは深刻な事実を緩和させること、そして最も悪いのはそれを否定したり、正当化することである。こうした歴史観は日本と隣国とを定期的に衝突させる[26]」。

「ル・モンド」（2008年7月24日付）は、日本文科省の教育指針に対する韓国の強力な対応を紹介した後に、李明博前大統領が「未来志向」の新しい関係を結ぶことを希望しながらも、歴史的問題が韓日両国のあいだに依然として強く刻印されていると分析する。この記事は独島問題と関連して次のように書いている。独島は「日本の韓半島植民地化の初期にあたる1905年に島根県に編入された。島根県は編入百周年を記念し、2005年に『竹島の日』を制定した。韓国にとってこの島は、過去の植民地支配を強く象徴するもののひとつとなった[27]」。

フランスのメディアは政治的志向を明白に表明する。独島問題が日本の過去の帝国主義的膨張と関連し、日本の独島領有権の主張が現在の日本社会の右傾化と、軍国主義の復活を夢見る右派の圧迫によるものと認識している記事は、経済紙の「レ・ゼコー」を除けば、中道左派や左派系の進歩的な日刊紙「ル・モンド」「リベラシオン」「リュマニテ」、そして週刊誌「ヌーヴェル・オプセルヴァトゥール」にも掲載された。これらメディアのうちでも最も進歩的な「リュマニテ」が、日本の歴史歪曲に対していちばん辛辣な批判を加えている。

2. 経済と東アジア安全保障に関連する論議

フランス・メディアの独島に関するもうひとつの論議は、この問題を両国間に存在する、あるいは東アジアの次元で存在する経済競争とのかかわりで把握したり、東アジア地域の安全保障問題との関係で把握するものである。もちろん前述のように独島関連の中心論議である日本の右傾化や、歴史歪曲批判問題が支配的な記事においても、いくつかの記事は独島付近の漁獲量や海底資源に対する韓国と日本の利害関係、そして韓国・北朝鮮・中国・日本など東アジア四か国の地域安保問題に触れてもいる。日本の独島領有権主張が歴史の歪曲と関連する点に言及しながら、同時に経済及び安保問題を扱っている記事を、まず見てみよう。

日本が日露戦争の時期に独島を占有したとの情報を含む「ル・モンド」(1996年2月16日付)の記事は、1996年の日本の排他的経済水域設定が引き起こした地域紛争が、「アメリカの重要な両同盟国のあいだの関係悪化」をもたらしたと述べ、同月24日に日本総理のアメリカ訪問とアメリカ大統領との面談が予定された状況で、「アメリカが最も懸念する材料になっている」と分析し、独島問題が東アジアの米韓日同盟体制の懸念材料であるとの認識を示した(28)。

中国と日本の緊張を中心に、東アジア全般にわたる各種の葛藤要素を分析した「ヌーヴェル・オプセルヴァトゥール」(2005年5月5日号)の長文の深層的分析記事は、独島問題を含む地域内の多様な緊張要素に関するアメリカの立場をうかがい知る次のような引用文を掲載している。「危機があるときは、これを解決する審判が必要である。アメリカ以外に、この役割を担当できる審判役はどこにもいない。この緊張がわれわれの助けになったと語るものではないが、とにかくわれわれに決して害を及ぼしはしない」。記事によれば、これは当時、日本を訪問したホワイトハウスのある高官の発言である。この記事を作成した記者は、こうした発言のすぐ後に「あるいはそうなのかもしれない」という表現を使ってその蓋然性を認めている。[29]
独島が韓国と日本本土からどれほどの距離にあるのか、そして韓国の実効支配に対する情報を記事にした「リベラシオン」（2008年7月19日付）は、独島周辺海域は「漁業資源が豊富と見なされており、海底には天然ガスが埋蔵されている」との情報を同時に紹介している。[30]
2006年、日本の独島付近の海洋探査が触発させた韓国政府と国会の対応を伝える「ル・モンド」（2006年4月19日付）は、独島付近の海域を「海洋資源が豊富で、多くの天然資源をもつ」と紹介し、「外交的緊張にもかかわらず経済的で商業的な接触は、両国が北朝鮮の核開発に反対するのと同様に、この危機から何ら支障を受けることはない」と述べ、両国の葛藤が暴発しない背景に、北朝鮮の核プログラムのような東アジアの安全保障問題があると紹介している。一方、日本が1905年に独島を島根県に帰属させたとの情報を伝えた「ル・モンド」（2008年7月24日付）は、東海を「豊富な漁場を形成する海域」と表現した。[31]
さて、ここで日本の独島に対する誤った歴史認識についての紹介ではなく、さらに独島を地理的・実効的に韓国の領土であることを直間接的に言及する内容でもなく、韓日間の経済競争や協力、そして東アジア安保問題と関連する記事について見てみることにしよう。
週刊誌「レクスプレス」（1997年1月16日号）は、1996年夏に決定した2002ワールドカップ韓日共同開催の準備過程で、両国の組織委員会が見せた感情のもつれを紹介しながら独島に触れている。この記事では「地球上の最後のスターリン主義的体制が辛うじて維持されている北朝鮮が、もしも暴発したら」韓国は日本の支援が必要になるので、反感を超えて「日本と韓国はもう少し協力しなければならない」と主張する。[32]

麻生首相のソウル訪問と李明博大統領との会談予定を紹介した週刊誌「ル・ポワン」（2009年1月11日号）は、「海洋資源が豊富と推定され、漁獲量の多い海域に位置する」島に対する日本の領有権の主張は、韓国の反発を買ったが、両国首脳は紛争に拘泥するよりも「経済的協力に集中」し、トップ会談は「本質的に金融危機と関連する」ものとしている。[33]

「フィガロ」（2006年4月19日付）の見出しは「アジアの海洋資源をめぐる緊張拡大」である。同紙は独島が「なぜ、この岩礁がこれほど強い緊張をもたらすのか？　それは島に近接する排他的経済水域内の水産資源がとても豊富だからだ」と書いている。この記事は韓国人の反発と韓国政府の対応措置を紹介しているが、日本は海洋の独占権問題で「中国と韓国が強い同盟関係を結ばないように牽制するために、韓国との外交的緊張関係を緩和させようと努力」しているとし、地域安保問題と関連づけているとも述べている。[34]

同じように「フィガロ」（2006年7月12日付）は、東アジア各国の戦略的な競争構図のなかで独島問題に触れている。この記事は北朝鮮のミサイル発射実験直後に書かれたもので、この実験が引き起こした韓半島の危機が東アジアで「台湾問題、中国と日本、インドと中国、韓国と日本のあいだの競争という、強力な緊張関係の脈絡に登場した最後のスペクタクルの具現」であると分析する。そして独島を含む東アジアの岩礁に関する葛藤は「強大国の根深い競争の痕跡」と分析している。[35]

日本の独島に対する領有権の主張が誤った歴史観に基づくという点は取り上げずに、現在の状況から経済と安保問題を関係させて議論を展開する記事は、独島問題の背景と根源に対する正確な認識の欠如を示すものである。これらはみな保守系で、右派的な傾向を示す日刊紙と週刊誌の記者たちの手によるものである。それでも幸いなことは、経済競争や協力、あるいは東アジア安保問題に言及し独島を扱った記事は、日本の右傾化と誤った歴史認識を批判的に紹介しながら、独島問題に焦点を合わせた記事に比べて極めて少ないという点である。

V. むすび

われわれはこれまで国際舞台で、アメリカに次いで影響力を発揮してきたフランスが、独島問題をどのように理解しているかを、主要日刊紙5紙と週刊誌3誌が報道した記事の報道フレームによって定量的な分析を行った。そしてさらに、そこで論議された内容の分析をし考察を試みた。その結果、1995年から2010年までの15年間に、この8種の媒体は合計24件の独島関連の報道をしたことがわかった。日刊紙が19件、週刊誌が5件だった。これらの記事のほとんどは日本の排他的経済水域の設定、独島郵便切手発行の中止要請、歴史教科書の歪曲、独島近隣海域の踏査、独島領有権を主張する教育指針など、日本が独島との関連で引き起こした各種の論議と、これにより東北アジアの緊張が高まった時期に集中していた。

フランスの独島関連記事は、独島と竹島を同時に表記する場合が多かった。独島について知らせる際には、「東海」よりは「日本海」の名称をより多く使用しており、長きにわたって「日本海」の名称だけを使用していたが、最近では「東海」と「日本海」を併記している。フランス・メディアが「独島」と「竹島」を併記しているのは、歴史的・地理的・国際法的に韓国固有の領土である独島を実効支配している韓国の立場からすれば、国際司法裁判所にこの問題を提訴しようとしている日本に積極的に対応すると、独島が紛争地域であるように見なされてしまうので、日本の対外宣伝活動に大きな関心を払わなかったためである。けれども1990年代の半ば以降は、より積極的な韓国の対応に力を得て、メディア報道でも「独島」を「竹島」よりも前のほうに表記するという小さな変化が現れている。「東海」ではなしに「日本海」という表記が大部分である理由は、日本が帝国主義の膨張期に、国際社会でそのときまで主に使用していた「東海」や「韓国海」ではなく、「日本海」という名称を広めたからである。けれども韓国の「東海」を、という積極的な対応によって、最近ではフランス・メディアも「東海」と「日本海」を併記するようになった。

フランスの主要メディアの独島関連記事は、韓国が独島を実効的に支配しているとしばしば報道しており、各種の記事は独島の位置が地理的に韓国に近接すると伝えている。関連記事の作成者はほとんど当該メディアの東京特派員であるが、客観的な記述が増えており、なぜか日本の主張を紹介するときには直接引用方式を用いている。24件のうち日本の独島領有権の主張に、無条件に同調する記事は1件も見当たらなかった。

フランスの独島関連報道には、メディアの政治的傾向を反映した小さな認識の差が見られる。報道において中心を占めているのは、日本の右傾化と歴史の歪曲を警戒する批判的な認識である。日本の過去の帝国主義と軍国主義を美化している、過去の歴史を正しく認識していないと批判する論議のなかで、独島問題に言及している場合が多い。これらの多くは中道左派や左派系の進歩的言論の報道に一貫して現れている。

もうひとつの論議は、独島問題を経済競争や協力、そして東アジアの安全保障問題とのかかわりで論じるものであり、やや副次的であり相対的比重は低いほうに属する。これらの論議はほとんどが保守的メディアにおいて展開されていた。

フランス・メディアの独島認識と理解の度合いに関するこのような分析は、今後のフランス人やヨーロッパ人を対象とする独島の広報戦略が、どうあらねばならないかについて示唆する点が大きい。

第1に、独島問題に対して過去の消極的な対応や、日本の主張に対して無関心だった態度から、より積極的な対応や明確な立場の表明をし、変化した対応方式を持続的に推進すべきである。フランス・メディアの「独島」と「東海」の表記は、これまでは日本に好意的だったが、徐々に中立的に、さらには韓国に好意的なものに変わっていく流れが感知されるからである。けれどもあまりにも騒がしく対応し、日本の意図するとおりに、第三者に独島を紛争地域と認識させてはならない。

第2に、自国民だけでなく、海外で多くの読者に広く読まれている欧米の主要メディアを対象に、独島問題の根源である歴史的背景と本質についての広報活動を強化すべきである。フランス・メディアの場合、独島問題を日本の右傾化や過去の帝国主義と軍国主義を美化しようとする動きのなかで見つめようとする認識が高まっている。けれども、歴史的事実である日露戦争当時の日本の独島占有に言及した記事は3件だけであり、韓国が日露戦争以前から領土主権を行使していた事実を紹介した記事は1件にすぎなかった。したがって、独島と関連する客観的な歴史的事実を積極的に海外に知らせる努力が必要とされる。

第3に、日本の独島領有権の主張は、日本の右傾化や帝国主義的侵略を美化しようとする動きのなかで提起されている。したがって、人類史の発展的展開に悪影響を及ぼした日本の否定的な過去に対して、無反省な行為という点を強調する広報活動が必要になる。また独島問題を過去の歴史よりも、現在の経済協力や安保問題にかかわらせた視角も存在する点を考慮に入れた、緻密な広報戦略が必要とされる。フランス保守系メディアの一部の報道内容のように、現在と未来の経済成長と安全保障のために、独島問題の根源である日本の過去の帝国主義侵略の事実を強調することを躊躇してはならない。独島を経済や安保の脈絡で認識する、こうした考えに対しては、究極的には過去の歴史問題に帰結するという点を、明確に認識できるようにサポートする広報が必要ということである。

「ル・モンド」（1996年2月24日付）に掲載された「アジア諸国の経済的活力が隠せない政治的

紛争」との見出しの記事は、世界で第3の発展軸として浮上した東アジアが、恒久的平和のための保障を提供できずにいると分析する。この記事は「東アジアは領土紛争、鎮静しない争い、誤った判断がもたらす傷跡、強い敵対感を自らに強いた過去に直面しなければならない」ために、経済成長の軸からすると「強い不安定性を潜在させている地域」であると主張する。[36]

この記事が登場した1996年から15年が経過した現在の東アジアは、地域の経済・文化協力の進捗と共同体的発展への論議にもかかわらず、依然として不安定的な要素を抱えており、日本の独島領有権の主張はそのなかのひとつである。

「フィガロ」（2006年4月19日付）は、独島問題に関連して「日本と韓国とのあいだの紛争についても、同様に平和的な解決が期待される」と述べている。両国の平和は東アジアの平和共存と共同体的発展のために重要である。だからこそ平和の方法は決して断絶されることのない時間の連続性のなかで、すなわち、過去と現在の、そして未来の時間のなかで模索していかねばならない。未来の成長と平和のために、現在の協力をよりいっそう促進させるには、過去の帝国主義的な侵略と植民地支配に基づく、一方的な日本の独島領有権の主張は放棄されねばならないのである。

注

（1）チョン・ビョンジュン（정병준）（2010）『独島1947：戦後独島問題と韓米日関係』ソウル：トルベゲ、チョン・ビョンジュン（2006）「韓日独島領有権論争とアメリカの役割」『歴史と現実』60号、チョ・ソンフ

ン（조성훈）（2009）「1954年ベン・フリート使節団報告書とアメリカの独島認識」『東洋学』46号、チョ・ソンフン（2008）「第二次世界大戦後のアメリカの対日戦略と独島帰属問題」『国際地域研究』17巻2号、キム・テギ（김태기）（（2009）『アメリカの独島政策立案研究：1942〜1946年を中心に』ソウル：韓国海洋水産開発院、ホ・ヨンラン（허영란）（2008）『独島関連韓国及びアメリカの資料調査・解題：解放後〜1950年代』ソウル、韓国海洋水産開発院

（2）イ・ソギョン（이석용）、パク・チャンホ（박찬호）（2007）『第三国学者の独島関連の立場分析』ソウル：韓国海洋水産開発院

（3）Jon M. Van Dyke (2007) "Legal Issues Related to Sovereignty over Dokdo and its Maritime Boundary," *Ocean Development and International Law*. vol. 38.

（4）李鎮明（2005）『独島、地理上の発見』ソウル：サミン［初版1988］。李鎮明［Li. JinMieung］（1998）。『西洋資料で見た独島』（Les ilots Tok-do (Take-shima. Liamcourt)) dapres les documents occidentaux). Paris: P.A.F. パリで出版された本書は韓国語とフランス語で同時に書かれた。

（5）各言論メディアの発行部数は、1922年につくられたフランスの言論媒体管理と配布協会（Association pour le controle de la diffusion des medias）の統計に拠っている。

（6）2001年と2005年、日本の歴史教科書の歪曲問題については、多くの研究が蓄積された。代表的なものに次の論文がある。慎鏞廈（2001）「日本歴史教科書の歴史歪曲の問題点」『哲学と現実』49号、ハ・チョンムン（하종문）（2001）「日本の歴史教科書歪曲の実態とその意図」『歴史と現実』41号、チョン・ジェジョン（정재정）（2002）「日本の歴史教科書問題とその展望」『韓国史研究』116号、ホ・ドンヒョン（허동현）（2005）「日本の中学校歴史教科書（扶桑社版）問題の背景と特徴――歴史記憶の歪曲と省察」『韓国史研究』129号、パク・チャンスン（박찬승）（2005）「日本の中学校歴史教科書近現代史（1910年以後）叙述と歴史観の分析――扶桑社版教科書の〝戦争〟〝植民地〟関連の叙述を中心に」『韓国史研究』129号、シン・チュペク（신주백）（2005）「日本中学校歴史教科書2005年度検定本分析」『韓国近現代史研究』33号

（7）"Ces rochers qui grippent les relations entre Séoul et Tokyo", *Le Figaro* (Avril. 21, 2006).

（8）"L'inquiétante montrée des rivalités stratégiques en Asie", *Le Figaro* (Juillet. 12, 2006).

（9）"Tensions croissantes autour des richesses maritimes en Asie", *Le Figaro* (Avril. 19, 2006).

（10）“Querelle d'archipel entre la Corée du Sud et le Japon”, *Libération* (Juillet. 19, 2008).

（11）“Querelle d'archipel entre la Corée du Sud et le Japon”, *Libération* (Juillet. 19, 2008).

（12）“Tensions croissantes autour des richesses maritimes en Asie”, *Le Figaro* (Avril. 19, 2006). “Les îles de la discorde entre Tokyo et Séoul”, *L'Humanité* (Avril. 23, 2008).

（13）“Un contentieux autour dîlots en mer du Japon provoque une pussée de fièvre entre Tokyo et Séoul”, *Le Monde* (Février. 16, 1996).

（14）*Le Monde* (Février. 16, 1996, Février. 24, 1996, Juin. 1, 1996). *L'Express* (Janvier. 16, 1997). *Le Monde* (Avril. 19, 2006). *Le nouvel Observateur* (Mai. 5, 2005). *Le Figaro* (Juin. 7, 2006). *L'Humanité* (Juillet. 23, 2008).

（15）“Tokyo défie Séoul et Pékin”, *Les Echos* (Février. 21, 1996).

（16）“De quoi devenir timbré”, *Les Echos* (Janvier. 14, 2004).

（17）“Des manuels scolaires japonais scandalisent la région”, *Le Monde* (Avril. 7, 2005).

（18）１９９５～２０１０年、フランスの主要メディアの独島と関連する報道は24件、うち6件が日本の実効支配している尖閣列島、中国語で魚釣島に対する日本・中国・台湾の葛藤に言及している（*Les Echos* Février. 13, 1996, Février. 21, 1996: *Le Monde* Février. 16, 1996, Février. 21, 1996, Avril, 7, 2005: *Le Figaro* Juillet. 12, 1996）。また、4件の記事がロシア領土であるクリル列島南側の島々に対する日本の領有権主張が、引き起こした葛藤に言及している（*Les Echos* Février. 21, 1996: *Le Monde* Février. 24, 1996: *Le nouvel Observateur* Mai. 5, 2005: *Libération* Juillet. 19, 2008）。尖閣とクリル紛争の双方に言及した記事もある（*Les Echos* Février. 21, 1996）。

（19）“Les trous de memoire du Japon”, *L'Humanite* (7 avril 2005).

（20）“En Asie, l'histoire n'est pas une science”, *Le nouvel Observateur* (Mai. 5, 2005).

（21）“Chine-Japon: Les poisons do la memoire”, *Le nouvel Observateur* (Mai. 5, 2005).

（22）「仏ＴＶ、〝独島は日本の地〟再放送取り消し――別のプログラムに代替」「国民日報」（２００５・３・10）

（23）「日本大使館、放映中止圧力――独島は韓国の島」フランスＴＶドキュメント」「中央日報」（２００５・３・31）

（24）“Le Japon contre un documentaire de France 5”, *Libération* (Août. 22, 2006).

（25）“Un contentieux autour dîlot en mer du Japon provoque une poussée de fièvre entre Tokyo et Séoul”, *Le Monde* (Février. 16, 1996).

(26) “Les îles de la discorde entre Tokyo et Séoul”, *L'Humanité* (Juillet. 23, 2008) .
(27) “Un difféend territorial perturbe les relations entre Séoul et Tokyo”, *Le Monde* (Juillet. 24, 2008) .
(28) “Un contentieux autour dîlot en mer du Japon provoque une poussée de fièvre entre Tokyo et Séoul”, *Le Monde* (Février. 16, 1996) .
(29) “Chine-Japon: Les poisons de la mémoire”, *Le nouvel Observateur* (Mai. 5, 2005) .
(30) “Querelle d'archipel entre la Corée du Sud et le Japon”, *Libération* (Juillet. 19, 2008) .
(31) “La tension monte entre le Japon et la Corée du Sud pour une dispute territoriale maritime”, *Le Monde* (Avril. 19, 2006). “Un difféend territorial perturbe les relations entre Séoul et Tokyo”, *Le Monde* (Juillet. 24, 2008) .
(32) “Japon-Corée: la coupe de l'inimitié”, *L'Express* (Janvier. 16, 1997) .
(33) “Séoul et Tokyo cherchent un rapprochement face à la crise”, *Le point* (Janvier. 11, 2009) .
(34) “Tensions croissantes autour des richesses maritimes en Asie”, *Le Figaro* (Avril. 19, 2006) .
(35) “L'inquiétante montrée des rivalités stratégiques en Asie”, *Le Figaro* (12 Juillet 2006) .
(36) “La vitalité économique des pays d'Asie dissimule mal les contentieux politiques”, *Le Monde* (Février. 24, 1996) .

参考文献

〈日刊紙〉
「レ・ゼコー（Les Echos）」
「ル・モンド（Le Monde）」
「フィガロ（Le Fidaro）」
「リベラシオン（Liberation）」
「リュマニテ（L'Humanite）」

〈週刊誌〉
「レクスプレス（L'Epress）」
「ヌーヴェル・オプセルヴァトゥール（Le Nouvel Observateur）」

「ル・ポワン（Le Point）」

〈単行本及び論文〉

キム・テギ（김태기）（２００９）『アメリカの独島政策立案研究：１９４２〜１９４６年を中心に』ソウル：韓国海洋水産開発院

パク・チャンスン（박찬승）（２００５）「日本の中学校歴史教科書、近現代史（１９１０年以後）叙述と歴史観分析――扶桑社版教科書の〝戦争〟〝植民地〟関連叙述を中心に」『韓国史研究』１２９号

愼鏞廈（２００１）「日本歴史教科書の歴史歪曲の問題点」『哲学と現実』49号

シン・チュベク（신주백）（２００５）「日本の中学校歴史教科書２００５年度検定本分析」『韓国近現代史研究』33号

イ・ソギョン、パク・チャンホ（２００７）『第三国学者の独島関連立場分析』ソウル：韓国海洋水産開発院

李鎮明（２００５）『独島、地理上の発見』ソウル：サミン、初版１９９８

李鎮明（１９９８）『西洋資料で見た独島』[Les ilots Tok-do（Take-shima,Liamcourt）d'aptesles les documents occidentaux] Paris: P.A.F

チョン・ビョンジュン（정병준）（２０１０）『独島１９４７：戦後独島問題と韓米日関係』ソウル：トルベゲ

チョン・ビョンジュン（２００６）「韓日独島領有権論争とアメリカの役割」『歴史と現実』60号

チョン・ジェジョン（２００２）「日本の歴史教科書問題とその展望」『韓国史研究』１１６号

チョ・ソンフン（조성훈）（２００９）「１９５４年ベンフリート使節団報告書とアメリカの独島認識」『東洋学』46号

チョ・ソンフン（２００８）「第二次世界大戦後のアメリカの対日戦略と独島帰属問題」『国際地域研究』17巻2号

ハ・チョンムン（２００１）「日本の歴史教科書歪曲の実態とその意図」『歴史と現実』41号

ホ・ドンヒョン（２００５）「日本の中学校歴史教科書（扶桑社版）問題の背景と特徴――歴史記憶の歪曲と省察」『韓国史研究』１２９号

ホ・ヨンラン（２００８）『独島関連韓国及びアメリカの資料調査・解題：解放後〜１９５０年代』ソウル：韓国海洋水産開発院

Jon M. Van Dyke（2007）"Legal Issues Related to Sovereignty over Dokdo and its Maritime Boundary," *Ocean Development and International Law*. vol. 38

資料［フランス・メディア13編］

（巻末367ページより原文掲載）

ル・モンド――〈1996年2月16日付〉

日本海の島紛争が日韓両国の激しい反発を触発

フィリップ・ポーン

韓国は2月15日（木）に、独島近海で海空両軍の共同軍事訓練を実施した。この短期間の軍事訓練は、日韓両国がともに領有権を主張する独島近海で、日本の巡視船の活動を探知した後に組織された。独島紛争は日韓関係に強い緊張をもたらしており、ソウルではデモ隊が日本国旗を燃やした。中国と台湾のあいだの危険な武力示威に加えて、日本海の竹島、韓国では独島、ヨーロッパの地図ではリアンクール岩礁と呼び、韓国と日本が領有権を主張するこの島の周辺で展開された韓国の軍事作戦は、この地域内の領土紛争に新たな幕を開いた。駆逐艦1隻、海洋監視用航空機、戦闘機4機、さらに多数のヘリコプターを動員した海空両軍の訓練は短期間に終わった。けれども日本の橋本首相のワシントン訪問の直前で、2月24日にクリントン大統領との会談が予定されている時点だったので、この地域でのアメリカの重要な両同盟国の関係悪化は、アメリカが最も懸念する材料になっている。

この新たな領土紛争は（南中国海のスプラトリー群島の領有権問題は、これまでの紛争においてよく知られている）日本の排他的経済水域の設定により、海洋法条約を確定したことで触発された。この決定に対して韓国は「受け入れられない。韓国の内政に対する干渉」と反論、怒りにみちた反応を示した。

生きている記憶

韓国の金泳三大統領は、ソウルを訪問中の日本の政府議会合同代表団との面会を拒否し、また、3月初旬にバンコクで開かれるASEAN首脳会談での橋本首相との会談も取り消すと発表、緊張感はさらに高まった。ソウルでは週末にかけて多くのデモが街頭に繰りだし、デモの途中で日本国旗を燃やした。日本のメディアは韓国メディアの興奮ぶりを誇張して伝え、韓国人の「前例のない」過激な反応を印象づけた。韓国国会は火曜日に、日本が大胆にも島の領有権を主張したことに対して謝罪を求める決議案を採択した。

日韓関係は伝統的に日本の朝鮮半島占領［植民地支配＝1910～45年］に対する過酷な記憶のために微妙なものがある。しかし、日本側では誰もがこうした激しい反発を予想してはいなかった（日本は独島を1904～05年の日露戦争の直後に占有したが、韓国はこの島に対する主権は6世紀までさかのぼると主張しており、1950年代からは小規模の守備隊を島に派遣している）。この島に対する双方の主張の正当性はともかく、この問題の内部には相当部分、韓国の政治的宣伝が存在する。

韓国の国家元首が直面した難関（元大統領の逮捕に含まれるスキャンダルによって起こった公然たる危機）は、彼の強硬姿勢と無関係ではない。執権与党は4月に悪い結果が予測される選挙に臨まねばならない。金泳三大統領は旧植民地支配者である日本に対する韓国人の根深い反感を刺激し、世論の受けを狙う戦術に出たのである。日本は「この島の領有権に対する日本の立場に変更はない」と確認し、火に油を注ぐことにならないよう気遣っている。日本は排他的経済水域の設定に関する決定を延期したこともあったのである。

日本と韓国のあいだの領土紛争は、中国・台湾、そして日本がかかわる東中国海の尖閣列島（中国語では魚釣島）に関連し、また他の紛争を触発させもする。韓日間の紛争に言及しつつ、中国の外交部長官は尖閣列島が中国に帰属することを強調した。中国は現在この地域で石油探査活動に乗り出している。

ル・モンド――――――――――――――――――〈1996年2月24日付〉

アジア諸国の経済的活力が隠せない政治的紛争

プリンシス・ドロン、ジャン・クロード・ポーモンディ、フィリップ・ポーン

大規模の軍備増強を促進させる富裕勢力

安保問題と経済問題は、アジア主要国と西洋同盟国との多くの会談で核心を占めてきた。クリントン大統領は2月23日（金）に、カリフォルニアで日本の首相と会談した。タイで3月1日と2日に開催されるASEAN会議を前にして、フランスのシラク大統領は、シンガポールでフランスのアジア政策に関する目標を発表した。

いまは過去の歴史になった日本の敗北と朝鮮戦争、そしてインドシナ戦争以後、東アジアの国家間経済は成長軌道を描いている。安全保障による平和的安定のなかで、ユーゴスラヴィア解体以前のヨーロッパのように、各国はそれぞれ自立を目指して努力してきた。

この地域の両大国、中国と日本は、1972年に国交正常化をした後に、相互の関係を強固にしようと努め、安定的な展望を定着させるべく協力してきた。豊かな経済的実用主義で、実際は反日精神を抱いた韓国と中国の究極的接近が、こうした状況に寄与した。同様に、ASEANの最近の変化についても言及しなければならない。この連合は1967年にヴェトナムに対するアメリカの

軍事介入を支援するために創設されたため、当初はかなり反共的色彩を帯びていたが、1995年にヴェトナムをメンバーに迎え入れたことで、地域内内戦の要素は取り除かれた。

しかし、こうした相対的平穏は虚像にすぎなかった。新たな経済成長と貿易、そして相互関係の軸としての東アジアは、強い不安定性を潜在させている地域なのである。東アジアは領土紛争、鎮静しない争い、誤った判断がもたらす傷跡、強い敵対感を自らに強いた過去に直面しなければならないからだ。先頃、竹島関連で日本と韓国のあいだに生じた危機が示すように、小さな島々といえども緊張の根源になりもする。付け加えると、よく知られたロシアと日本の千島列島をめぐる葛藤、そして少なくとも六か国が領有権の主張をする南中国海のスプラトリー群島の紛争に対して、いかに語らねばならないのか?

冷戦の終結を待つ前に、外部資源を喪失した分離主義者、あるいは「革命的」ゲリラは地域政府と協議しなければならない。フィリピンでのモスリム独立主義運動、ミャンマーの少数民族蜂起の穏やかな「弾力」、東チモールでの示威、さらにチベットでの散発的騒乱などは、ますます関連領土と住民を支配する国家の成熟問題に直面している。各地に現れた近代化及び尊重と寛容への努力は、まさしく状況を進展させるのに十分である。いずれにせよ各国政府は、全体的にこれ以上周辺諸国に体制転覆の根拠地が維持されないようにしなければならない。

他方、経済的な相互関連性の驚異的な活力が、目前に展開する地域安定の主要要因になっている。現在、日本・韓国・台湾及び香港を媒介とする中国人が中国本土に投資をするのと同様に、東南アジアの「驚くべき」中継商人の華僑は中国本土に投資しており、南中国海周辺の国々の加速化した成長を絶えず支援している。

ところで、こうした全般的な富裕さは外部から危険の可能性がほとんどない地域で、大規模な軍備増強、あるいは再武装の動きに財政支援をしている。深刻な相互不信や強大国の意志によって起こった葛藤は地域内部の問題である。

国境の不一致

活力を取り戻した中国海軍は、フィリピンのパラワン島に近接した岩礁に自国の拠点を設置し、毎年、南中国海での自国の拠点を拡大している。陸地と海洋の国境線の大部分は多かれ少なかれ深刻な不一致を示しており、当事者の利害関係と国民のあいだの反感によって憂慮されるものになった。

さて、最も優先して考慮されるべきは東北アジア、厳密にいえば極東アジアに集中している。ソ連邦の解体以後、誰もが北朝鮮で何が起きているかを知らない。いま北朝鮮の逼迫は、核威嚇戦略により国民経済の必然的な破綻に追い込んでいる。もし、北朝鮮の体制崩壊が韓国の誰もが望まないドイツの統一方式のように進行するなら、朝鮮半島の新しい統治者は吸収統一がもたらす脅威に直面し、日本に対する反感にある種の突破口を見いだそうとするだろう。韓国人は１９１０〜４５年の日本の占領［植民地支配］を決して忘れてはいない。

一方、より長期的には中国と日本の共存が重要な問題になってくる。両国の経済は相互補完的であるが、類似した経路を目指してはいない。中国が地域内安保の中心軸として登場する考えを、放棄すると信じるだけの根拠はほとんどない。中国がそれを望むか否かにかかわらず、日本は国連安保理事会への被選挙権があり、中国は日本が安保理の非常任理事国の地位に就くことに対して、疑いもなく強い不満を表明している。中国民族主義の潜在的爆発力を抑制するために、日本は毎年20億ドルの支援をしている。しかし、日本のこうした慎重さは、決してその代償を得ることができない。中国は核実験を続けており、いつでもこの地域で過去の日本軍隊のように、目立つ行動をする準備ができている。

もちろん、依然として誰も証明してくれはしないが、このドラマのようなシナリオから完全に抜け出ることは難しい。日本が中国に目にあまる脅威を感じ核武装へと進むなら、韓国もやはり急いで同じ道を選ぶだろうし、そのあいだに望まなくとも統一を通じて核大国になることもできる。この最悪の状況は決して確実ではないにしても、中国の脅威はすでに日本・韓国、そして多くの東南アジア政府が、この地域内でのアメリカの戦略的存在を希望するほどになっている。だからヴェトナム戦争を別にすれば、パクス・アメリカーナ［アメリカの力による平和］はひとつの公式であり、全体的に極東で肯定的な役割を果たしている。けれども冷戦終結後に現状維持を主張する立場は、アメリカの景気後退と地域内不均衡を同時に隠蔽するには困難である。

安保の費用

ところで、東アジアは以前のパクス・アメリカーナのような役割を代行するほどの、いかなる安保体制も選択できないでいる。1994年に創設されたASEAN地域安保フォーラムは、アメリカ・欧州連合・ロシアを含むこの地域の主要国が、毎年、この問題を論議するものである。しかし、依然として協議の成果のない会合に終始している。他方、ワシントンは1979年に中国の脅威から台湾を守る米華（台湾）相互防衛条約を失効させた。従ってこの地域で唯一の真の仕組みは、戦略的協定の永続性に対して最も明確な要因だった日米安全保障条約である。経済関係の発展がこれを変化させたというのであり、そのようなときが到来した。加えて沖縄で3名のアメリカ兵による少女強姦事件が起こり、これが大きな危機の警鐘になった。

アメリカは財政赤字による予算削減に悩まされている。今後どれほどの期間にわたり、この地域の安保費用が負担できるだろうか？　こうした質問をし始めたのは日本人だけではない。また別の理由で太平洋は国境だけでなく、関係という姿を帯びている。自由貿易を好むアメリカ人の十字軍は、すでに浮上する無限競争の法則を受け入れている。しかし、西洋の概念にほとんど影響を受けないシステムによって運営されるアジア経済の必要性のために壁に突き当たった。トップレベルの対話が初期の状況なのであり、ヨーロッパはこの明らかに特別な可能性に満ちた東アジアで、補完的省察の余地を発見するだろう。ところで全世界で第3の発展軸として浮上したこの地域には、恒久的平和のための保障が提供できないでいる。

ル・モンド――――――――――――――――――――――――――――――――〈2005年4月7日付〉

地域に波紋を投じた日本の教科書

フィリップ・ポーン

日本の高等学校用教科書の改訂が状況をいっそう悪化させたようだ。4月5日（火）に、文科省によって採択された現代史教科書の新しい改訂版が、それでなくても緊張状態にあった隣国、中国及び韓国との関係に火に油を注ぐ結果になった。4年ごとに行う教科書改訂は全科目に及んでいる。特に科学の教科により多くの比重が置かれたが、歴史を扱う「社会科」教科書が、また論議を呼び起こしている。

日本がこの地域でくり広げた膨張戦争について記述した部分が、中国や韓国の人々の感情を周期的に傷つけている。これらの国は日本が犯罪的行為を明白に認めずに、事実を否認し美化していると考えている。また表面化した主題として、1937年に南京で起きた住民大虐殺を「事件」として扱っており、30年代から日本が主導した「大東亜戦争」に言及するときにも、「侵略」という表現を避けているとして中国と韓国から告発された。また別の敏感な問題として「日本軍慰安婦の女性」問題がある。これは主に韓国の女性たちで構成された20万名のアジア女性を指す言葉で、彼女らは日本軍の慰安所で売春を強要された。

２００1年にいくつかの教科書でも問題となった、この不名誉なエピソードは、新しい教科書でさらに言及されることはなかった。80年代に歴史の〝自虐的史観〟を変更させようとする日本の右派勢力が主導したキャンペーンの結果である教科書内容のこうした歪曲は、東アジアにおいて新たな民族主義的感情を煽っており、領土紛争はこの地域に周期的に緊張を強いている。最近の数年間、小泉首相が戦犯を含む国のために亡くなった英霊を祀る靖国神社を参拝したことが緊張をさらに深めた。

中国と韓国は、こうした行為を日本軍国主義の正当化と解釈している。日本は東中国海の天然ガス資源が豊富な地域である排他的経済水域と、日本が尖閣列島と呼び、中国が魚釣島と呼ぶ無人島に境界線を引き、中国と領土紛争をくり広げている。最近は韓国と新たな領土紛争を引き起こしているが、日本海（韓国では「東海」と呼ぶ）に位置する竹島（韓国では「独島」と呼ぶ）に関係するものである。

攻撃された商業施設

島根県が、現在、韓国統治下にあるこの無人島に対して日本の領有権を主張する声明を発表すると、韓国から強い抗議を受けた。これで最近ほぐれた両国の関係が急にまた冷却した。日本は自国の教科書で竹島に関する領有権を再主張したため韓国側の怒りをかき立てた。

一方、中国との円滑な経済的関係にもかかわらず、２００1年4月の小泉首相の就任以降、中国トップとの相互訪問が途絶えた事実は、両国関係の冷却を示すものである。日本右派勢力の「中国の脅威」なる毒舌に刺激されて広がった相互の敵対感情は、中国内の反日感情を強めている。週末には深圳と青島で「民族主義」青年グループが日本の商業施設を攻撃した。彼らはこの過程で、日本が中国に国連安保理事会の非常任理事国の席を要求したことに抗議し、日本商品不買のスローガンを叫んだ。

リュマニテ――――――――――〈2005年4月7日付〉

日本の記憶喪失

日が昇る国では、しばしば真実を正面から見つめることが難しい。日本だけでなくアジアの他の国でも、大きな反響を引き起こす歴史教科書の刊行がそれを証明する。批判者たちは日本帝国主義が軍隊によってアジアの一部を占領した事実を示すのに、「侵略」という用語を決して使用しないと強調する。同様に、多くの歴史家によれば、少なくとも30万名が亡くなった南京大虐殺は「多くの中国人」が死んだ「事件」と規定された。教科書は戦場の慰安所で搾取された性奴隷の女性に対して、やはり徹底して沈黙する。中国と韓国は20世紀前半の50年間の日本帝国主義の過酷な行為を、破廉恥にも覆い隠そうとする教科書の版元に抗議するため、自国の駐日大使を本国に召還した。外交上の雰囲気は、半世紀にわたる平和主義以後にも、日本右翼勢力が大手を振って民族主義を公然と標榜するときに最も緊張する。加えて教科書は独島に対する日本の領有権の主張を唱えている。

ル・モンド――〈2006年4月19日付〉

海洋領土論争で日本と韓国に緊張高まる

AP

韓国は4月19日に、公式的な立場をとおして両国のあいだで領有権紛争が起きている〝竹島〟に対する日本の科学的探査計画の中止を強く要求した。日本海の真ん中に位置する、この突き出た岩礁は韓国と日本の紛争の対象である。日本がこの島を目的地とする2隻の探査船によって科学的探査計画を発表すると、緊張のトーンは急激に高まった。第1次探査船は水曜日に日本の東方海岸を出発するという。

韓国の潘基文外務部長官は、日本探査船の接近を困難にするために、島の周囲に巡視船艦隊を配置するよう水曜日に指示した。日本は航路と探査期間に関する情報を韓国の海洋当局に提供することを拒否した。日本の共同通信はこの探査が4月20日（木）に開始されると簡略に報道した。

潘基文外務部長官は、日本が挑発の意図をやめるように要求し、より詳しい情報はなく「あらゆる事態に備えて」準備しているとだけ発表した。記者会見で彼は、韓国が「国際法と国内法を尊重しながら、強力に対応していく」と明らかにした。

韓国の盧武鉉大統領は、4月18日、この問題を論議するために安保関係長官らによる緊急会議を招集した。韓国メディアは韓国が探査船の拿捕まで検討していると報道した。

領有権紛争さなかの科学調査

自らの領土要求を合法的と見なす日本当局は、譲歩することなく科学調査活動は計画のとおり続けると予告した。水曜日に高位官僚の安倍晋三は「調査活動をする権利は、国際法によって認められ保護を受ける」と確言した。

外交的協議に対する訴えが、敵対者のあいだの緊張を緩和させる試みとしてあった。けれども状況は行きづまったようにも見える。両国は海洋資源が豊富で、多くの天然資源をもつ海上の火山島の領有権をめぐって長らく反感を露にしてきた。

紛争は連続する展開過程を通じて広まった。この島に対する日本の領有を認定する日本の公立学校教科書の刊行は、韓国で鋭い反感を引き起こした。他方、日本による植民地化と朝鮮半島の占領

（1910～45年）は、韓国人の根深い反感の根源である。韓国人は両国のあいだの海を〝日本海〟とする名称を拒否し〝東海〟と呼んでいる。

6月にドイツで開催される国際会議のために、海洋資料を収集したいとする探査活動の意図は、大きく損なわれたと見られる。その反面、外交的緊張にもかかわらず経済的で商業的な接触は、両国が北朝鮮の核開発に反対するのと同様に、この危機から何ら支障を受けることはない。

ヌーヴェル・オプセルヴァトゥール――〈2005年5月5日号〉

アジアで歴史は科学ではない

チュ・ソビル

2か月前に、ソウル駐在の日本大使は独島が日本の領土であるとくり返し主張した。あるドイツの外交官がパリの真ん中で、アルザスとロレーヌがドイツの領土と発言することを想像してみよ！あるいはドイツでナチの軍隊が、ポーランドを侵略しなかったと教育することを想像してみよ！あるいはドイツの総理が、毎年、ナチ戦犯者を埋葬している墓地を参拝すると想像してみよ！こうした場合に、激怒するヨーロッパの世論を想像してみよ！　アジアにおいて歴史学は客観的科学の法則に依存する学問ではない。それは民族主義者たちの立場で政治的解釈の対象になる。韓国もその例外ではない。

韓国人にとって日本の唯一の罪は自国を占領したことである。日本人は韓国を35年間、日本の植民地にしたことを認めるのを拒否する。なぜならば、フランスのヴィシー体制のように、自分の国を売った人物と植民地化が持続されるのに利益を得る人物が存在していたからだ。もし、こうした歴史の一部が隠蔽されたとすれば、それは戦争が終わってから、日本でも韓国でも粛清［植民地支配協力者への責任追及］が起こらなかったためなのだ。日本では1952年にアメリカ軍政が終わるやいなや、日本政府が取った最初の措置のひとつは、監獄に収容されていたすべての戦争犯罪人を釈放することだった。そのうちの一人が岸信介で、1957年から60年まで総理大臣のポストに就いた。韓国では1945年の解放直後に親日派の追放がなされた。しかし、1949年に全面的赦免を命じた李承晩大統領の布告によって、それは中断された。

戦争中に上海臨時政府は、アメリカ軍の承認を受けることはできなかった。しかし、アメリカ人は臨時政府を代弁した李承晩を好んだ。自己の権力を確立するために、李承晩は金九らの独立英雄を排除し、日本の植民地行政体系を担当した過去の親日協力者を自分の周囲に配置した。続いて朴正煕大統領の独裁があったが、彼はまさしく歴史の連続性を象徴している。彼は中国の一地域であり、日本ファシズムの実験室でもあった「満州」において、「満州国」軍の中尉として服務し、この地でイデオロギー教育を受けた。だから解放以後の韓国は、親日協力に積極的にかかわった彼らの統治を受けることになった。彼らは過去の行跡が調査されることを恐れ、人々が過去を探求するのを妨害してきた。

ヌーヴェル・オプセルヴァトゥール――――――〈2005年5月5日号〉

中国－日本、記憶の溝

ブルノ・ビロリ

「日本が日の昇る帝国の犯罪的な過去を再評価しようとしている」と中国が非難したのは初めてのことではない。けれどもこのたびの危機は、この地域で民族主義の衝突を改めて見せてくれた。「わが国は過去に多くの国々、特にわが隣邦のアジア諸国の国民に莫大な苦痛を与えました。……私たちはこうした歴史的事実に謙虚に向き合うものです」。ジャカルタで開かれたアジア・アフリカ首脳会談で、小泉首相が述べたこの懺悔的発言は、最近の何週間か中国と日本のあいだでくり広がった新たな葛藤を緩和させるためのものである。だが、それはかつてのアジアで、日本の近代が恣行した暴力の残酷性を薄めようとするものだ、と批判する中国や韓国の怒りを鎮められるか？それは疑わしい。なぜならば日本の首相が植民地の残酷な過去に対する謝罪をくり返し述べた瞬間にも、日本の国会議員160名や彼らの代表団が東京の真ん中で、またしても靖国神社を参拝したからである。

皇居からいくらも離れていない場所に位置するこの聖地は、まさしくアジア各国が日本に向けた批判の中心に置かれている。1853年以来、祀られた250万名の兵士の「霊魂」が、烏たちがまわりを飛び交う濃密な木々に取り囲まれた、この陰鬱な神社に眠っていると推定される。ところが故人の名前が一つひとつ刻まれている位牌のなかに、連合国によって刑死または獄中死した14名の戦争犯罪人も混じっている。まさにこうした理由で韓国と中国は、ここを訪ねる政治指導者に、日本の過去の犯罪行為を隠蔽する意図があると主張するのである。また、日本右派の最高権力者である自民党急進派のボス［現在は次世代の党所属］藤井孝男が、靖国参拝の儀式の後に行った発言は、小泉首相の穏和な発言とは大きな距離があった。「国ごとに異なる宗教があり、歴史を見つめるにも異なる方式がある。われわれは自国の歴史観を他の国に強要はしない。だからわれわれは韓国と中国を含む周辺の国々から、理解が得られないことを遺憾に思う」。

他国に対する日本の謝罪は、日本政府の真の信念を反映するものなのか？　あるいは緊張が高まりすぎたので、これを緩和するための外交的修辞だったのか？　日本人は自分の考えることとは反対に語る「真心」と「体面」という、繊細な技術を基本的な美徳として身につけている。不必要な摩擦を避け、調和を維持するための謙譲の美徳は、いま反対効果をもたらしている。それはアジア諸国の疑心を増幅させる二重言語との印象を強めている。だが過去に対するこうした批判以上に、最も要《かなめ》になるものは、再武装化のための日本のひそやかな野心ではないだろうか？

アジアは潜在的には地球上で最も危険な地域であり、現在は民族主義の衝突の場である。中国の台頭はアジアの政治的・軍事的均衡を脅かしている。中国の軍事的侵略にいつも威嚇されている台湾をみると、中国外交が自国の目的のためには暴力を排除しないことが考えさせられる。日本の場合は相対的に衰退状態に置かれている。13年ものデフレによって日本は70年代末の経済状態に立ち戻った。これまで世界の銀行の役割を果たしてきた日本だが、現在は地球上で最も借金の多い国になった。けれども日本は過小評価された軍事大国である。日本の海上艦隊の力量は世界第2位を誇る。この艦隊は中国海軍が欲しがっている最南端のマラッカ海峡までミサイル発射ができる。そして数年前、中国の核潜水艦の登場により、日本の南方に位置する沖縄とその周辺で戦闘準備の状況が展開されるようになった。この両大国のあいだで、韓国は長いあいだ北朝鮮との冷戦が続いていたため日本に同調せざるを得なかったが、現在は中国に接近している。韓国にとって中国は第1の市場であり、特に北朝鮮問題を緩和させるには不可避の中継者でもあるからである。

成長する中国と衰退する日本は、様々な局面で衝突している。最近では石油問題である。中国は日本を追い越して世界第2の原油輸入国となった。この時点でロシアの石油に向けた静かで現実的な競争関係が始まった。送油ラインに関する二つの計画が競い合っている。第1の計画は、日本の財政支援を受ける送油ラインが200kmの長さでアムール河のロシア側に沿ってつながり、ウラジオストック近郊に達するものである。それでまさにオイルタンカーが黒い金を日本に送ることができるのだ。中国は旧満州を通じる、そしてかつてダルニーと呼ばれた大連の海と出合うプランを提示する。だがこのコースは日本の立場では、自己の生活必需品が中国の意志に左右されるという問題を引き起こす。

この競争で勝利するために、日本と中国は先を競って幾多の恩恵を約束している。日本は財政的にはかなり寛大である。日本は160億ドルを交渉のテーブルに置く準備ができている。けれども中国はロシアと戦略的同伴者であるという点と、ロシアの軍需産業体から武器を買いつける最高の札を握っている。「理論的に、中国の台頭は経済的な側面でいうと中国の周辺諸国が多くのことを得ているように、協議を通じて調節可能な問題である」と、アジアのある外交官はいう。「しかし、アジアの人々は世界を優位と劣勢としてだけ読む方法にとらわれている。相補関係を基盤とした平等関係は存在しない。これはある国は別の国々を支配しなければならない、という思考である。中国人にとっては、まさに中国がこうした位置を占めねばならないが、日本人にとって中国の優位を認めるのは侮辱的なことなのである」。

日本はドイツではない。日本の右派勢力が1955年以来、ほとんど独占的に権力を握っている自由民主党において、太平洋戦争が非難を受けねばならないとすれば、それはあの戦争を当時予想した勝利に導くことができなかった点なのだ。あの戦争を導いたイデオロギーの根本は問題視されなかった。30余年が経過して、こうしたイデオロギーは、民族アイデンティティの核心のひとつになり、漸進的に台頭するほどまでに復権されている。1970年代に戦犯の名前が靖国神社に安置された兵士の名簿に添加された。1982年に、韓国と中国を侵略した日本の責任を美化した教科書の版元によって、第1に、教科書問題が発生した。1985年には当時の中曾根首相が強い抗議を受けたにもかかわらず、靖国神社を公式参拝する前例をつくった。しばらく前にはアメリカが与えた平和憲法が新たな批判を受けている。自民党首脳部は1945年の敗北の象徴を廃止することを骨子とする憲法改正を主張している。

日本と周辺諸国を引き裂く列島紛争も、やはり戦争の産物である。第二次世界大戦が終息した60年後にも、日本は依然としてロシアと技術的に戦争をしている。敵対視を終わらせる平和条約の署名は、クリル列島、あるいは1945年にスターリンが占領した日本の北方に位置する四つの島を指し示す「北方領土」の日本再帰属の条件いかんにある。善良なプーチン大統領はそのうち二つの島を譲渡する用意があると述べたが、日本はこの小さな列島全体の返還を求めている。韓国とのあいだには、独島問題、すなわち世界地図にはリアンクール岩礁となっており、日本では竹島と呼ぶ島の問題が懸案事項になっている。日本と台湾のあいだには海洋空間問題が存在し、中国はこの問題から依然として引き下がってはいない。ここの深海には石油だけでなく天然ガスが存在する。

これらの紛争は確かに、具体的にひとつの結果をもたらすだろう。日本は望んでいる国連安保理の非常任理事国の席には就けないだろう。韓国が、とりわけ中国が日本を候補から排除しようとしている。なぜならば、中国も自国の世論動向を考慮しなければならないからだ。共産党によって管理されているとはいえ、反日運動はその激しさにおいて中国の権力を驚かせた。「すべてはアメリカ在住中国人のインターネット請願から始まった」と、中国の主要サイトのある責任者が説明している。「この運動は3月末に中国本土にも広がった。何日か経つと2200万名もの請願署名が集まった。その内容は日本が過去の誤りを認めないので、1945年に日独のファシズムに対抗して作成された国連憲章の精神に反するとし、したがって安保理事会の席に就く資格はないという事実を全世界に知らせたのである」。

アジアは爆発寸前の状況にあるのか？　日本を訪問したホワイトハウスのある高官は、これを本当に心配しているようには見ていない。「危機があるときは、これを解決する審判が必要である。アメリカ以外に、この役割を担当できる審判役はどこにもいない。この緊張がわれわれの助けになったと語るものではないが、とにかくわれわれに決して害を及ぼしはしない」と語った。あるいはそうなのかもしれない。この間、中国人はひたすら日本領事館の壁に卵を投げつけ、彼らなりの怒りを表しているのだ。

フィガロ――――――――〈2006年4月19日付〉

アジアの海洋資源をめぐる緊張拡大

中国海［東中国海］と日本海は、隣国のあいだに発生する外交的緊張関係の周期的な公演の場である。最も近い衝突は金曜日に始まった。日本はこの地域に関する新たな海洋地図を作成するための海洋調査船の派遣を予告した。この船の目的地がほぼ180平方mの小さな島なのが問題となった。韓国海域の中央に位置し、韓国に統治されているこの島は、韓国では「独島」と呼ばれている。けれども日本もやはり領有権を主張し、この島を「竹島」と命名している。島の名称は紛争の島であるため種々用いられたことがある。1849年、この島を発見したフランス捕鯨船の名前を付けた「リアンクール岩礁」と命名して解決されたかもしれない。だがそうだとしても問題は依然として残されている。

日韓両国が署名した国連海洋法条約によれば、ある国家の海洋領土は海岸から12マイル以内であり、排他的経済水域は200マイルに及ぶ。ところが論争対象であるこの島は、韓国からほぼ200マイル以内の地点に位置する。さらに近くの別の島々が状況をいっそう複雑にする。日本の隠岐の島は論争対象の島から157kmのところに位置している。海峡の西岸に位置する韓国の鬱陵島はわずか90kmしか離れていない。

海洋独占権のために、この島は長らくピンポン外交の玉みたいだった。ひどく荒涼化したこの岩礁が、観光潜在力をもつと判断した韓国は、2005年3月末に自国民の島への訪問を許可した。これに対し日本は激しい抗議を行った。

なぜ、この岩礁がこれほど強い緊張をもたらすのか？　それは島に近接する排他的経済水域内の水産資源がとても豊富だからだ。金曜日以降、緊張はいちだんと高まった。日本は「韓国の強力な対応を避けるため」海洋調査の作業計画を公開しないことを希望した。日本メディアによれば、それは水曜日と推測される。韓国では数十名の抗議デモが起こり、デモ参加者の一人が割腹する事件が起きた。警察は割腹者の生命に支障はないと明らかにした。韓国の18隻の海洋警備艦が出動し航空監視が強化された。「超緊張状態」となったのだ。こうした危機は日本に悪い材料として作用した。

日本側は海洋独占権をめぐって日本と関係をもつ巨大な隣国、中国と韓国が強い同盟関係を結ばないように牽制するために、韓国との外交的緊張関係を緩和させようと努力した。なぜならば、リアンクール岩礁がアジアの国々での唯一の紛争対象ではないからだ。中国と日本のあいだの争点はこれとは異なり戦略的である。それは天然ガスが埋蔵された三つの場所と関連している。この場所は中国海にある日本の排他的経済水域内に位置し、1999年現在、200億立方メートルと推定される天然ガスの宝庫である。

しかし、中国もまた海洋権の行使を望むために、排他的経済水域200マイル規定が海岸から適用されるものではなく、大陸棚の境界から適用されねばならないと主張し、日本の領有権を認めないとしている。月曜日に中国はこの地域に関する接近禁止を公式に発表した。これに伴い2隻の日本漁船がこの地域から排除された。日本の激しい抗議が続くと、中国の海洋関係者らは火曜日に、日本の排他的経済水域に対する侵害が「技術的な誤りによるもの」と宣言することによって、彼らの決定をくり返した。日本と韓国のあいだの紛争についても、同様に平和的な解決が期待される。

フィガロ――――――――――〈2006年4月21日付〉

韓国と日本の関係を麻痺させる島

レージス・アルノー

「物理的衝突の可能性は明らかにある。しかし、一方で外交的努力も続けられている」。警告も混じった語調のこうした声明は、近東に該当することでも、核をめぐる西欧とイランのあいだの紛争を指すものでもない。これは独島の属地問題で韓国と日本が対立する紛争問題について、昨日、韓国外務部の報道官が語った言葉である。

日本は日本海の真ん中に孤立し、韓国の軍隊が掌握しているこの小さな岩礁を竹島と呼び、絶えずその権利を主張してきた。先週、この地域で海洋調査をする日本側の計画が明るみになると、韓国政府は緊急会議を開いた。潘基文外交部長官は「あらゆるシナリオ」が準備されていると説明し、日本の船舶2隻の航路を遮断するために、18隻以上の艦船に出動を命じた。日本は暫定的に計画を延期した。壊れた外交の解決策を見いだすためだった。

こうした状況は深海をめぐって10年前から両国を対立させた紛争の象徴である。韓国は日本海を東海と呼び、自己の深海名にすることを望んでいる。韓国側の立場によれば、日本が軍事的に韓国を占領したときに、海洋に自国の痕跡を残すことで韓国の名誉を失墜させたというのである。韓国は6月にドイツで開催される国際海洋会議で、自国の権利をクローズアップしようとする。日本は「日本海」という名前は100年以上も各地で使用されており、国際法上でも海峡は隣接した島の名前をもつようになっていると応酬する。

日本は韓国がこの海峡の名称を変更しようとする試みを中断すべきであり、日本の海洋警備隊の探査を中断するという。この紛争は2001年以来、10余名の韓国と日本の学者たちによって、海峡の命名根拠を探すためにヨーロッパの国立図書館の地図を収集するまでになった。

フィガロ――――〈2006年7月12日付〉

アジア戦略的競争国の近親憎悪

アルノー・ドゥ・ラ＝クランジェ

金正日の銃を発射するジェスチャーは、地球上でスターリン主義のまさに最後の見せかけのようにみえる。北朝鮮の危機は地域の多様で根深い緊張を悟らせてくれる。アジアがヨーロッパと同様に、巨大な紛争に巻き込まれはしないと確信する一部の人々は、まさしくこれに勝る深刻な事態はないと考える。

北朝鮮の体制は生き残るために地域の緊張状態を必要とする。アジア研究所の所長フランソア・コードモンは、次のように説明する。「体制を維持するための唯一の機会は、新たな冷戦を触発させることだ。金正日は東アジアで対話が難しいことを知っている。もし、中日間の和合や地域統合がなされるならば、彼らの挑発は何も得られなくなる」。今回の場合は異なる。北朝鮮のミサイル実験はそれに関係する一連の反応を引き起こした。中国は特別に北朝鮮に対する制裁を提案しながら、日本が外交的主導権をもつことに反対した。日本はミサイル防衛システムへの参加を重視しており、日本の選挙での重要な争点である外交政策と関係している。これは本質的に中国の立場から見ると、予見できなかった変化である。さらに遠く離れたインドは時宜にかなったミサイル実験を実施し、台湾は同じ実験ができる可能性をほのめかした。

朝鮮半島の危機は、台湾問題、中国と日本、インドと中国、韓国と日本のあいだの競争という、強力な緊張関係の脈絡に登場した最後のスペクタクルの具現である。ブルーノ・テルトレーは戦略研究所（ＦＲＰ）の刊行物に、「このすべての事件はそれぞれが分離されてはいない。これらはアイデンティティ確認の論理で、そして強力な軍備増強をともなう経済的競争から始まった結果である」と書いた。冷戦の終息とともに、そして植民地の最後の痕跡が消え去るにつれ、「アジアはアジア人に帰属した」と、この研究者は確認する。そして中国の存在感に対する鏡の効果によって、国民国家の再浮上と国民アイデンティティの新たな追求が目撃されている。

中国中心のアジアビジョン

中国と日本を反目させる尖閣列島と、日本と韓国を反目させる「リアンクール岩礁」のような領土紛争は、周期的に事件を引き起こしている。しかし、これら「岩礁」についての紛争は、中日関係の中心要素である強大国の根深い競争の痕跡であるだけだ。

アメリカとインドのあいだに締結された核心的な戦略的同盟関係に、すぐさま激昂した中国は、日本が政治的・軍事的強国に浮上するのを妨げようとする。こうした目的で中国は国連安全保障理事会の拒否権をもちカードゲームをしている。日本が昨年、安保理の非常任理事国の資格を申請すると中国はいきりたった。「中国は中国を中心とする全体的なアジアというビジョンをもっており、多中心的地域という考えには我慢できない。彼らは世界の異なる地域に重みのある対処をする、中国を中心に調和している体系が落ち着き、安定したアジアを擁護する」と、フランス国際関係研究院（ＩＦＲＩ）のアジアセンター責任者のバレリー・ニケーは語っている。

日本は慎重であるが、粘り強い外交と安全保障の領域に再投資している。日本は兵力をイラクに送り、海上自衛隊をインド洋に派遣した。「自衛隊」は少なくとも武器の水準においては、次第により本格的な軍隊の姿を示している。２００５年に日本がアメリカのように、台湾の安全保障に関心をもっていることを示す声明を発表すると、中国の指導者たちは当惑した。中国の指導者たちは口を揃えて、ワシントンとの協力によって主導されるミサイル防衛システムにおける、日本の野心に満ちたプログラムに、極めて批判的な視線を投げかけている。このシステムの動機は北朝鮮の弾道ミサイルであるが、やはり中国の潜在的危険性を考慮したものであるのは確かだからである。

それならばアジアは燃え上がる方向に向かっているのか？「いかなる方式であれ、この緊張は一方では巨大な吸引力をもった中国が、そして別の側では日本からインドまで、すべてアメリカと相互同盟を結んでいる東南アジア各国の海洋同盟勢力が、作り出す地域内部の新たな均衡によって流れていくのである」と、フランソワ・コードモンは予見する。

核競争

地政学的再構成は、大量殺傷兵器に対する警戒心の広がりによって緩和された。これまでは核競争から外れていた東南アジアの多くの国々が、いまはインド、パキスタン、そして北朝鮮が実施した核実験に魅力を感じている。最近、ヴェトナムとインドネシアは、核の非軍事的利用に関するイランの権利を擁護している。「弾道ミサイルの領域で連鎖的な対応効果が現れているのであり、弾道ミサイルを核兵器類似の誘導体ではないのかと心配している」と、フランソワ・コードモンが確言する。

北朝鮮の「親愛なる指導者」のミサイルに対して警告する呪文のほかには、ヨーロッパの人々は極東アジアのこの巨大なゲームに対して、無力な観客に留まっている。反面、アメリカ人はこの問題に確実な仲介人として残っているのだ。

リベラシオン――――――――――――〈2008年7月19日付〉

韓国と日本のあいだの島の争い

フランシス・テーマン

拳をぐっと握りしめ日本に対して敵意に満ちたスローガンを叫び拍手をする。韓国教総〔韓国教員団体総連合会の略称〕と市民団体の会員数百名が、ソウルの日本大使館正門前に参集した。日本の文科省が教育課程に独島（日本では竹島という名前で知られる）を自国領土と表現することを決定し、韓国の長く潜在していた反感を呼び覚ました。「これは宣戦布告だ！」。大勢の同僚と大きなプラカードをもった教師は興奮して叫んだ。プラカードには「日本は根拠のない主張を放棄せよ！」と書かれている。

「あきれ果てたものだ！」。韓国人たちはさらに悪しざまに、日本との紛争のなかにある島を、50年代以来、ロシアが日本に返還することを拒否する千島列島の四つの島と比較する。「これは常識知らず、言語道断の愚かさ、日本の重大な過失である」。政治学教授で政治外交史学会会長の李昌勳教授は声を荒げた。「この突然の主張は韓国に衝撃を与えた。これは憂慮すべきことだ。なぜならば日本は新国家主義を捨てられないからだ。政治地盤の弱い福田康夫首相は、自民党の最も過激な分子と保守主義者たち、そして古い派閥に捕らわれている」。韓国の最初の対応措置は、外交通商部による駐日韓国大使の本国召還だった。

日本が韓国を植民地支配していたときに日本で生まれた李明博大統領と福田首相は、かねて両国関係を改善する意思を表明し、和解が期待された瞬間に今回の危機が訪れた。両国が領有権を主張する小さな（０・１８平方km）火山島は、二つの主要な島と30個ほどの岩礁からなっている。島の周辺海域は漁業資源が豊富と見なされており、海底には天然ガスが埋蔵されている。韓国からは２１７km離れており、日本からは２５０km離れて位置するこの島に、韓国は海洋警備隊を配置すると公表した。日本の外務省によれば「竹島は日本の固有領土の一部」であり、韓国側が「不法占拠」しているという。

リュマニテ――――〈2008年7月23日付〉

日本と韓国のあいだの葛藤の島

アンヌ・ロア

韓国人が独島と、そして日本人が竹島と呼ぶ島は面積18ヘクタールである。韓国人と日本人が互いに権限を主張するこの島は、韓国の警備隊がいなければ無人島であるが、韓国の最も近い島からは約80km、日本の最も近い島からは、その2倍ほど離れたところに位置している。付近海域には水産資源がとても豊富である。両国の主権を刺激する紛争は周期的に起きているが、日本が2006年に島の周辺で科学的探査活動を行ったときは、相互に物理的衝突の起こる危険性もあった。先週、日本政府は韓国当局に、この島を日本領土と主張する教育指針（2010年の新学期から適用）を通達したと通告し、両国の反目に再点火をした。

反応は即刻だった。韓国政府は直ちに駐日韓国大使を召還した。そしてソウルではデモ参加者たちが、日本大使館に向かって卵やトマトを投げつけ、日本首相への反対スローガンを叫び抗議をした。日本の首相はこうした状況が発生する1週間前に、G8会談において李明博大統領とのトップ会談をもち、この島に対する主権主張をやめるように要求した。こうした新たな状況の展開に続いて、韓国政府は日本がこの島の問題を扱うことを求めた会議への参加を拒否した。そして「独島側に向かってくる日本極右派の潜在的意図に警告するために」巡察を強化すると発表した。
韓国にとってこの問題は、極めて象徴的な重要性を帯びている。それは日本人が1905年にこの島を掌握したのは、韓国の占領（1910～45年）を準備するためだったからである。韓国側では日本に対する反感が相変わらずとても強い。日本の民族主義者たちは、過去の植民地主義に対する〝自虐的史観〟にけりをつけようと圧力を加える。最も望ましいのは深刻な事実を緩和させること、そして最も悪いのはそれを否定したり、正当化することである。こうした歴史観は日本と隣国とを定期的に衝突させる。

ル・モンド――〈2008年7月24日付〉

日本と韓国を混乱させる領土紛争

フィリップ・メスメール

竹島／独島問題に対する韓国の突然の強硬な態度表明は、年頭に就任した李明博大統領の人気が低下したときに登場した。竹島／独島の問題がまたしても日本と韓国の関係を悪化させている。7月20日、ソウルでは政府と執権与党のハンナラ党が会合を開き、両国が領有権を主張する日本海のこの島に、特別にホテルを建設し居住性を高めることを決定した。日本に関する「緩和外交」原則を拒否することも決まった。こうした選択は7月13日、日本の文科省が中等教科書でこの島——日本は竹島、韓国は独島と命名し、過去にヨーロッパではリアンクールという名称で知られていた——を、日本領土の一部と記述するように勧告して以来、両国の緊張状況の高まりを反映している。

韓国側は直ちにこれに対応した。韓国はその翌日に抗議文を送り、駐日韓国大使を召還した。国会議員団はヘリコプターで問題の島を訪ねた。そして韓国は両国学生の交換プログラムを手はじめに、予定されたあらゆる行事を取り消し、多くの民間団体が日本商品のボイコットを開始した。

実際、両国関係はアジアの隣国と日本との親善を求める福田首相と、新たに当選した李明博大統領がとった行動によって改善するように見えた。盧武鉉前大統領とは異なり、李明博大統領は「過去のことを問題にはせずに、未来に目を向けて」日本と新たな関係を結ぶことを望んだ。けれども今回の厳しい対応は、歴史的問題がどれほど日本と韓国のあいだに依然として強く刻印されているかを知らせてくれた。島に関する問題で両国の歴史学者と活動家は、激しくときには相手国に敵対的な態度で、その島に関する自国の所有が、どれほど長かったかを立証しようと努めている。

最近世の歴史によれば、荒々しくも黄金の漁場を形成する海域の中央にある210㎡の岩礁は、日本の韓半島植民地化の初期にあたる1905年に島根県に編入された。島根県は編入百周年を記念し、2005年に「竹島の日」を制定した。韓国にとってこの島は、過去の植民地支配を強く象徴するもののひとつとなった。所有権を明らかにするために、韓国はここに40余隻の海岸警備艦と兵力を配備した。また、民間人2名が島の居住者として選ばれた。

２００６年、日本による島付近での海洋調査計画が明らかになると、韓国側は強力な対応措置に出て、武力行使をも辞さないと警告した。それ以後、緊張は一時的には緩和されたように見える。けれども新たな紛争の登場は、それが決して緩和されるものではないことを示唆している。この時期はまたアメリカ産牛肉の輸入再開の決定で、5月と6月にわたり激しい反対示威行動が広がった。人気の急落した李明博大統領にとって、これはチャンスになるのかもしれない。

独島に関するフランスの認識――報道から見えるもの

本調査の目的は、国際社会で米国に次ぐ外交的影響力をもつフランスに、独島がどのように理解されているかを確認することである。調査は、フランスの主要な日刊紙及び週刊誌における独島の記事を観察することで行われた。分析対象は、1995年から2010年までの記事であり、日刊紙では、「フィガロ」「ル・モンド」「リベラシオン」「リュマニテ」、日刊経済紙「レ・ゼコー」、週刊誌では「ル・ポワン」「レクスプレス」「ヌーヴェル・オプセルヴァトゥール」である。独島に関する記事は、全部で24件あった。19件は日刊紙の記事であり、5件は週刊誌のものである。多くの記事は、日本により引き起こされた一連の独島論争によって、北東アジアの緊張が高まったときに書かれていた。一連の論争というのは、日本による排他的経済水域（EEZ）の発表、独島記念切手発行の中止要求、歴史教科書における歴史の歪曲、島周辺への海洋調査団の派遣、独島は日本の領土であると指導するよう文部科学省が通達を出したことなどである。

本調査で、フランスの多くのメディアが「独島」「竹島」の両方の名前を使用していたことが明らかになった。そして、島の位置する場所を示す際には「東海」ではなく「日本海」という記述をより多く使用していた。しかし、最近においては、「独島」という表現がいっそう増えており、また「東海」と「日本海」の両方を記載するようになっている。記事では、独島は、韓国によって支配されていると報告されているものが多く、なかには、地理的には韓国に近いという記述もあった。記事を書いた記者は、ほとんどが東京にいる特派員であった。ただし、彼らの記述は、極めて客観的であり、日本側の意見を伝える際には、直接の引用が用いられていた。24件の記事のうち、一方的に、日本の主張に同意しているものは1件もなかった。

その論説において最も大きく重要な部分を占めているのは、日本の右翼が感情的になることや、歴史を歪曲することに対して批判的な見方をする記事である。独島論争は、しばしばこのような論調で語られており、過去の歴史に対する正しい認識を欠き、帝国主義や軍国主義を美化する日本を批判している。そのような認識は、進歩的なメディアのすべてにおいて見られた。他の論説、つまり独島問題を経済競争や経済連携と絡めているもの、また、北東アジア地域の安全保障と関連づけて述べている記事は、報道のなかで副次的または、相対的に少なかった。そして、このような論説は、保守系の日刊紙や、週刊誌にも見られた。

フランス・メディアの独島に関する認識を分析すると、島の宣伝をしていく韓国の将来戦略に三つの予測がたてられる。第1に、継続的に宣伝に努める必要がある。第2に、独島論争の本質と歴史的バックグラウンドの広報を西側諸国に対して強化することが大切である。第3に、これが極めて重要なのだが、独島に関する日本の主張は、日本が極右化し帝国主義的侵略を美化する空気のなかで常に持ち上がるというメッセージを広く発信することである。その意味において、独島論争は、経済や安全の問題として認識するのではなく、過去の歴史問題にさかのぼらざるを得ないという点を明確にしていくことがさらに重要である。

英国メディアの独島認識

崔在熙（高麗大学校）

Ⅰ．まえがき

その昔、英国は世界最大の海上貿易国であり帝国主義国家であった。英国は１５８８年にスペイン無敵艦隊を撃沈し、１６００年に東インド会社を設立して帝国の基礎を築いた。17世紀後半には世界の海上貿易を独占し、植民地を拡大させた。１６９４年に英国銀行を設立し、ペンシルベニア（１６８３年）、ジョージア（１７３３年）など、新大陸に相次いで植民地を建設し、１７６０年にはフランス領カナダを接収した。同じ時期に南アジアに進出してオランダ・ポルトガル・フランスとの競争を展開し、１７５７年にはプラッシー（Plassey）戦争を起点にインドを手に入れ、１７７０年にはオーストラリア大陸を発見した。

このように全世界に版図を広げた英国は、その位相に見合う世界各地の現況と歴史に関する豊富な記録を保有している。朝鮮半島及び独島関連の現況図もかなり蓄積されている。例を挙げると、英国の中央記録物管理機関である国立公文書館（The National Archives）は、韓国・中国及び日本の国境と都市・河川・水路を示す１８９４年の外務省地図を所蔵している。(1) この地図に独島はリアンクール島（Liancourt Rocks）と表示されている。英国がもつ記録のうち、独島をリアンクールと表記したものは、１８６６年に製作された海軍省の地図が最初である。(2) 韓国独立の後に、英国外務省は１９５３年と１９５４年に独島問題に関する報告書を作成したことがある。(3) これら英国政府の公式文書は、今後、国家記録院・国史編纂委員会・独島研究所などによる体系的収集によって分析・整理されると期待されており、独島領有権問題において重要な歴史的根拠として活用されるだろう。

けれども国境及び領土問題には、公式文書による歴史的・地理的・国際法上の証拠とともに、この問題に対する一般の認識が極めて重要である。問題解決の最終手段として武力を行使した過去とは異なり、現在は国際的調整によるものが一般的になっているからである。すなわち、領土問題において世界的に正当性を確保することが極めて重要なのである。こうした正当性にはメディアが伝達し主張する内容が反映される。メディアの主張は世論に影響を及ぼし、世論は再びメディアを通じてその政府の立場に反映される。

大英帝国は解体されたが、国際政治で英国が占める重みを無視することはできない。特に注目すべきは英語が世界の公用語として使用されてきたため、独島問題に対する英国メディアの基調は、他の言語圏の記事よりも大きな国際的影響力と波及効果をもつという事実である。たとえば英国の主要新聞のひとつである「ガーディアン（The Guardian）」のホームページは、英語で発刊される新聞のうち「ニューヨーク・タイムズ（New York Times）」に次いで世界で最も多くの読者が接するウェブサイトとして知られている(4)。

本章の一次的目的は、英国のメディアが独島問題について、いかなる論調と立場であるかを比較分析することである。そしてそこに現れた問題点を指摘し、独島が韓国領土である事実についての、正当性を広めるための見解を提示することである。

独島問題と関連して英国のメディアの論調が重要なもうひとつの理由は、英国が海洋領土紛争の当事者であり、戦争まで経験したという事実である。英語でフォークランド（Falkland）、アルゼンチンではマルヴィナス（Malvinas）と呼ばれる島は、英国から1万4000㎞、アルゼンチンから500㎞ほど離れて位置している。アルゼンチンは、16世紀初めにポルトガル人とスペイン人で構成する探検隊がこの島を最初に発見し、その延長線上でこの島が自国の領土だと主張する。そして独立4年後の1820年に、マルヴィナスの自国領土への編入を公式に宣言した。他方、英国は17世紀末に自国の探検隊が最初にフォークランドに足を踏み入れたと主張する。これを根拠に英国は1833年に軍事力を動員して、この島を占領し自国民を移住させた。アルゼンチンは1946年、国連にフォークランドの返還を正式に提起し、国連は1965年に両国の平和的協議を勧告した。結局、こうした紛争は1982年4月から6月までの70余日にわたる戦争によってアルゼンチン軍649名、英国軍255名の戦死者を出したフォークランド紛争へと発展した。

現在もフォークランド問題は解決されない両国間の主要懸案事項である。フォークランドに埋蔵されている膨大な量の資源も、両国の紛争の原因になっている。この島には石油35億バレル、天然ガス9兆立方ピットが埋蔵されていると推定されている。

このようにフォークランドは歴史的起源、天然資源、関連する国の対立など、多くの面で独島問題と共通する部分がある。さして遠くない過去にフォークランド紛争を経験し、それを報道した英国メディアは、独島問題に対しても多数で多様な、そして深みのある分析と解釈を提供している。

ここで分析する英国のメディアは新聞に限定した。英国の場合、主にガーデニング・乗馬・サッカーなどの趣味、娯楽、スポーツなどを専門的に扱う雑誌は数が多く人気も高いものの、政治、とりわけ海外ニュースの専門雑誌はほとんど影響力がないと見てもいい。その代わりに各新聞の日曜版が専門的な役割を果たしている。だから英国の新聞に対する分析をしても、英国メディアの独島認識の把握や比較が可能であろう。

調査対象の新聞は、発行部数と政治的傾向を基礎にして選定した。まず、発行部数を基準に10位内に入る新聞を選んだ。発行部数の正確さを知るために「発行部数公査機構ABC（Audit Bureau of Circulations)」の統計を参考にした。発行部数10位内の新聞と発行部数は〈表1〉のとおりである。

〈表1〉英国の新聞発行部数及び順位[5]

順位	新聞名	2010年	2009年	2002年	1997年
1	ザ・サン	300万6565	314万6006	350万2923	387万7097
2	デイリー・メール	212万0347	220万0398	248万9264	234万4183
3	デイリー・ミラー	121万8425	136万6891	216万4576	244万2078
4	デイリー・スター	77万9376	76万8534	70万6554	112万9777

5	デイリー・テレグラフ	69万1128	78万3210	101万3653	72万9991
6	デイリー・エクスプレス	67万4640	73万6340	99万1560	124万1336
7	タイムズ	50万8250	61万7483	71万1295	82万1000
8	フィナンシャル・タイムズ	39万0315	42万6676	47万5474	32万6516
9	デイリー・レコード	32万3831	35万4302	58万4290	70万3090
10	ガーディアン	30万2285	35万8844	41万1386	42万8000

（単位：部）

また、発行部数が10位以内ではなくても、政論新聞としての長い伝統と影響力、そして政治的傾向などを考慮し、「インデペンデント（The Independent）」及び「モーニングスター（Moring Star）」を追加した。さらに、21世紀の英国メディアの特徴のひとつに挙げられているフリーペーパー（freesheet）の「メトロ（Metro）」と「イブニング・スタンダード（Evening Standard）」も対象に加えたので、調査対象は合計14紙となった。

14紙のうち独島関連の記事を1件以上でも掲載した新聞は7紙だった。「ガーディアン」「インデペンデント」「タイムズ（The Times）」「デイリー・テレグラフ（The Daily Telegraph）」「フィナンシャル・タイムズ（Financial Times）」「デイリー・メール（Daily Mail）」、そして「モーニングスター」である。これ以外の7紙からは、独島関連記事を探し出すことはできなかった。発行部数の多いタブロイド（tabloid）新聞は、娯楽性が強く扇情的な報道をしているので、まったく独島問題を扱っていない。独島問題を掲載した新聞の現況と政治的傾向を整理すると、次のとおりである。

「タイムズ」は、1785年に「デイリー・ユニバーサル・レジスター（Daily Universal Register）」という名称で創刊された。世界的な言論財閥ルパート・マードック（Rupert Murdoch）率いるニューズ・コーポレーション（News Corporation）の子会社である。(6)「タイムズ」は伝統的に穏健中道右派の立場にあり、保守党支持を標榜している。世論調査機関モーリー（ＭＯＲＩ）の調査（２００５年）によれば、同紙読者の40％は保守党を、29％は自由民主党を、26％は労働党を支持するという。(7)

「ガーディアン」は、１８２１年に「マンチェスター・ガーディアン（Manchester Guardian）」としてスタートした日刊紙で、１９５９年に現在の名称に変わった。創刊当時、「中間階級の機関紙」として名声を得た同紙は、中道左派的な政治傾向を代表している。前述のように同紙のＨＰは世界で最も多くの読者が訪れるウェブサイトのひとつである。発行部数もさることながら、「ガーディアン」が英国内外に及ぼす影響力については疑う余地がない。

１８８８年に創刊された「フィナンシャル・タイムズ」は、世界的な名声を誇る経済専門日刊紙である。この新聞は１９８０年代にサッチャー（Margaret Thatcher）政府とレーガン（Ronald

Reagan）大統領府の新自由主義政策を支持したが、１９９０年代以降は労働党政府を支持するようになった。政治的立場とは別に、自由市場経済とグローバル化を支持する確固たる立場を堅持している。発行部数も重要であるが、この新聞は「ウォールストリート・ジャーナル（Wall Street Journal）」と肩を並べる経済専門紙として、世界的に多くの読者を擁する点で重要な意味をもつ。

１８９６年に創刊された「デイリー・メール」は、タブロイド新聞で国内外の問題では伝統的に保守的立場を堅持し、政治的にも保守党を支持する堅い読者層を維持しつつ、英国第２の発行部数を記録している。

「インデペンデント」は１９８６年に創刊され、英国の主要新聞のうちでは比較的に歴史が短い。元来は大判紙であったが、２００３年からタブロイド判に変わった。同紙は進歩的左派系と見なされており、経済問題など一部の問題については親市場的であり、伝統的な自由主義政策を支持している。ＭＯＲＩ調査（２００５年）によれば、読者の39％は自由民主党を、36％は労働党を支持するとなっている。２００９年1月の発行部数は21万５５０４部、翌年2月現在では18万３５４７部を記録しており、これは英国の新聞発行部数では12位に該当する。

１８８５年に創刊された「デイリー・テレグラフ」は代表的な大判紙である。１９０８年にドイツ帝国のウイルヘルム2世（Wilhelm II）とのインタビューを掲載し、英独関係の悪化と国際緊張の高まりに影響を与えたことでも知られている。保守的論調で退職官僚層に人気のある「モーニングポスト（The Morning Post）」を１９３７年に吸収し、英国を代表する新聞のひとつに成長した。

創刊初期にグラッドストンの自由党を支持した「デイリー・テレグラフ」は、現在、政治的には保守性を明確に示しており、「トリファー（保守）新聞（Torygrapy）」の別称も得ている。前述の世論調査によれば、読者の64％が保守党を支持しているという。

「モーニングスター」は代表的な左派日刊紙で、1930年に英国共産党機関紙として創刊された。最初は「デイリー・ワーカー（Daily Worker）」と称していたが、1966年に現在の名称に変わった。第二次世界大戦直後の1947年当時が全盛期で、発行部数12万2000部を記録するほどだったが、その後は次第に減少し、2005年には1万3000～4000部程度と見られる。発行部数こそ少ないものの、進歩的知識人・労働組合・環境運動家などが主要読者層を形成し、発行部数に比べて相対的に影響力の大きい新聞である。

以上、独島問題を扱った7紙の政治傾向をまとめると、〈表2〉のとおりである。

〈表2〉調査対象新聞の政治的傾向

進歩	中道	保守
モーニングスター	ガーディアン	タイムズ、デイリー・テレグラフ
インデペンデント	フィナンシャル・タイムズ	デイリー・メール

次は分析期間である。英国新聞の多くは長い歴史をもっているが、ここでは分析期間を1995年から2010年までに限定した。しかし、最も影響力の大きい「ガーディアン」と「タイムズ」については、1850年から現在までにわたる記事のなかから、独島関連記事を検索した。

分析内容は、大きく独島問題に対する定量的分析と内容分析に分けられる。定量的分析には、独島関連記事の数と記事の分量、記事作成者、記事のタイトル、記事の掲載時点などを含んでいる。対象の記事に独島という名称が使用されているか、竹島となっているか、あるいは併記しているかについても確認した。これは英国メディアが独島問題に対して、どれほど深い関心を示しているかを把握するのに好都合だからであり、その後の内容分析のための補助データとしても活用することができた。

内容分析においては、韓国と日本の独島所有権の主張、または両国が提示する根拠に対しての診断内容を調査した。次いで独島問題による韓日関係の問題とその背景の理解程度、最後に、これらの記事が独島問題を解決するために提言をしている場合、その内容と意味についての分析を行った。

分析方法は、基本的にオンライン検索による資料収集と内容分析とした。これらの新聞はすべてアーカイブを運営しており、オンライン検索が可能だった。「インデペンデント」紙については、技術的な問題によって2000年以前の記事のオンライン検索が不可能だったため、検索期間を2000年以降に限定した。キーワード（検索用語）としては「リアンクール（Liancourt）」「独島（Tokdo/Dokdo）」「竹島（Takeshima）」を用いた。

Ⅱ．独島関連報道の戦略的分析

1．報道回数と分量及び出所

ここでは調査対象である独島問題報道の回数・時期・記事の出所・タイトル・分量などを定量的な側面から比較分析し、その結果を提示している。具体的に見ると、関連記事を掲載した7紙のうち「フィナンシャル・タイムズ」が17件で最も多かった。続いて「タイムズ」が14件、「ガーディアン」が13件だった。さらに「モーニングスター」が6件、「デイリー・テレグラフ」が2件、「インデペンデント」と「デイリー・メール」がそれぞれ1件だった。したがってこの15年間に掲載された独島関連記事は合計54件である。経済専門紙の「フィナンシャル・タイムズ」が17件、進歩的傾向で規模がさほど大きくはない「モーニングスター」が6件だったのは意外だった。これらの記事件数を整理したものが〈表3〉である。

〈表3〉英国新聞の独島関連記事

新聞名	記事数
フィナンシャル・タイムズ	17

タイムズ	14
ガーディアン	13
モーニングスター	6
デイリー・テレグラフ	2
インデペンデント	1
デイリー・メール	1
計	54

これをさらに細かく見てみよう。全54件の記事のうち、独島問題を集中的に扱ったものは31件（57％）だった。「タイムズ」は14件のうち9件（64％）がそれに該当し、「フィナンシャル・タイムズ」は17件のうち7件（42％）で、「デイリー・メール」の1件は、独島問題にともなう駐日大使の召還問題を扱っている。「デイリー・テレグラフ」と「インデペンデント」は、独島問題を直接取り上げてはいない。

また、他の事案との関連で独島問題に言及したのは23件だった。このうち日本の教科書改訂問題が5件で最も多かった。これは、最近、教科書改訂が韓日及び中日関係を悪化させる主要原因であることをうかがわせる結果であった。これらの記事では、日本の独島領有権の主張が韓日間の教科書問題の核心要因であると指摘している。したがって日本の教科書改訂と関連した記事は、独島問題を直接扱った記事と同じ比重をもつと考えられる。

「フィナンシャル・タイムズ」は、東北アジアの経済統合など経済関連ニュースを伝えながら、独島問題を論じる場合が多い。その他の新聞は日本の韓流ブーム、靖国神社、日本の軍事的役割の拡大、東アジアの民族主義の台頭、「東海」をめぐる海域の名称問題、韓日ワールドカップ共同開催などを報道しながら独島問題を紹介している。

〈表4〉独島関連記事の主題別分類

新聞名	独島	教科書	その他	計
フィナンシャル・タイムズ	7	1	9	17
タイムズ	9	1	4	14
ガーディアン	10		3	13
モーニングスター	4	2		6
デイリー・テレグラフ			2	2
インデペンデント		1		1
デイリー・メール	1			1

計	31	5	18	54

ここで新聞別に、独島関連記事の定量的側面を整理する必要がある。独島関連記事の掲載紙と記事の分量（単語数）、そしてタイトルを整理してみよう。

〈表5〉「フィナンシャル・タイムズ」の独島関連記事

日付	タイトル	単語数
2005・3・19	日本との島の紛争で韓国が怒る	743
2005・4・1	日本の国連安保理非常任理事国進出を韓国が妨害する	565
2005・4・2	韓国は日本の国連安保理非常任理事国進出に反対する	365
2005・4・7	韓国も日本の教科書紛争に加担	271
2005・5・13	漂流	79
2005・7・19	民族主義の紛争と地域経済統合	1991
2005・8・17	引き続き高まっている北朝鮮への敵対感	575
2005・12・14	東北アジアの地域統合を推進しよう	601

2006・4・25	日本と韓国の海洋紛争が激化している	4509
2006・4・28	韓国と日本の領土紛争	385
2006・5・1	韓国と日本が島紛争、解決のために会同を	371
2006・5・15	独島紛争で韓国に民族主義の熱風が吹いている	702
2006・5・24	艦砲外交	98
2006・9・8	紛争調停	99
2006・7・10	国連の北朝鮮決議案	773
2008・7・14	燃料費上昇に対する日本漁民の罷業	564
2008・8・2	韓国が輸出でアジア経済の回復をリード	565

この表でわかるように「フィナンシャル・タイムズ」の関連記事は、その数がとても多い。記事の内容も短信（3件）よりは、主にソウルや東京駐在記者の深層的な分析記事になっている。ソウル駐在記者のアンナ・フィフィールド[8]（Anna Fifield）が単独で5件、東京駐在記者のディヴィット・フィーリング（David Pilling）が単独で1件、また、この二人が共同で書いた記事が5件だった。とくにフィフィールドの2006年5月15日付の記事は、独島から送稿したものである。これらのほかに日本人記者の中本（M. Nakamoto）、「フィナンシャル・タイムズ」アジア版編集人のビ

クター・マレー（Vicotr Mallet）、国連駐在記者M・ターナー（M. Turner）らが記事の作成に参加している。これらの記事は、その分量が他紙と比べるとかなり多く、掲載時期は２００５年と０６年に集中している。

次に、１８２１年の創刊号から現在までの全記事をオンライン検索できる「ガーディアン」を見てみよう。同紙に「独島」が最初に登場したのは１９０５年の日露戦争とのかかわりによってである。大韓海峡［対馬海峡］と東海［日本海］で展開された海上交戦について紹介分析した記事において独島に言及している。(9) 以後、しばらくは独島問題についての記事は見当たらない。光復［１９４５年8月15日］以降、独島問題の記事が掲載されたのは、１９７７年２月12日の「韓国と日本間の紛争爆発（Row bursts over Korea and Japan）」という記事だった。80年代に入ると、１９８５年11月12日に、日本の右傾化を憂慮する記事「日本で民族主義が復活（Nationalism gains ground in japan）」のなかで再び独島問題が扱われた。この二つの記事は「ガーディアン」の東京特派員ロバート・ウェイマント(10)（Robert Whymant）が取りまとめたものである。

独島問題は１９９６年を前後して再び注目されたが、１９９６年２月14日、２月16日、２月21日、6月3日と、相次いで独島問題が取り上げられた。２月14日と16日付の記事は数行の短信であるが、残りの記事は相当な量で構成されている。また、１９９７年6月30日でも独島問題に触れている。これは１９９６～９７年にあった排他的経済水域の宣言と日本軍慰安婦問題、教科書改訂問題と、これに対する文民統制［シビリアン・コントロール、金泳三政権が採用、文民の政治家が軍隊を統制する政軍関係の基本方針」の強硬な対応にかかわるものである。「ガーディアン」の東京駐在記者だったケビン・ラファティ（Kevin Rafferty）[11]が1990年代の記事を担当した。

2000年代になると、「ガーディアン」の独島関連記事は独島切手の発行や教科書改訂問題、そして島根県の独島領有権主張や、日本の独島探査などから生じる韓日関係の緊張と直接に関連している。2004年1月13日、17日、19日に相次いで独島問題にともなう両国の紛争が紹介されているほか、翌年の3月15日にもうひとつの記事が追加された。2008年2月15日付の記事は、海外ゴシップの性格をもつ。2000年代以後の独島関連記事はすべて東京駐在記者のジャスティーン・マックリィ（Justin McCurry）によって書かれている。

このように「ガーディアン」は、合計18回にわたって独島問題を扱っており、1995年以降は13回だった。独島問題は韓日間、または極東地域において緊張の高まった時期に集中的に取り上げられている。これを表にまとめると次のとおりである。

〈表6〉「ガーディアン」の独島関連記事

日付	タイトル	単語数
2005・3・19	金大統領は島の防禦を指示	131
2005・4・1	ソウルの機動訓練	29

2005・4・2	島問題で東京とソウルが衝突	485
2005・4・7	W杯共同開催は可能なのか？	501
2005・5・13	日本の軍事役割増大に過去が障害になる	640
2005・7・19	珍しい切手	707
2005・8・17	No. 2422	288
2005・12・14	切手が島紛争を促す	241
2006・4・25	韓国と日本の島紛争	319
2006・4・28	日本が韓国に〝平和のトンネル〟を提案	547
2006・5・1	島紛争中の韓国の地下鉄が日本コンドーム広告を禁止した	565
2006・5・15	ソウルで日本コンドームの広告禁止	161
2006・5・24	島紛争をめぐる日本と韓国の不安な関係	1150

「ガーディアン」と双璧をなす「タイムズ」もまた、1785年の創刊号から全紙面をオンライン検索できるデジタル・アーカイブスを運営している。調査対象期間の1995年までに「タイムズ」に掲載された独島関連記事は12件だった。[12] 1995年から現在までに独島問題が掲載された記事は14件である。これらの記事が掲載された時点も、独島切手の発行、日本教科書の独島領有権の

主張、そして日本の独島海域探査の実施などによって、韓日関係が悪化し、緊張の高まりを見せた時期と深く関連する。したがって他の新聞と同様に、同紙の独島関連記事も２００４年から０６年に集中している。

これらの記事の大部分は同紙のアジア駐在記者によって作成されている。同紙のアジア版編集長のリチャード・ロイド・パリィー（Richard Lloyd Parry）が８件の記事を執筆しているので、彼が事実上「タイムズ」の独島関連記事の論調を主導したものと見られる。彼のほかにアジア経済の専門記者であるレオ・ルイス（Reo Lewis）が単独で１回、教科書改訂問題との関連で北京駐在記者のクリフォード・コーナン（Clifford Coonan）と共同で１回をまとめている。そしてソウル滞在の韓半島専門記者で「タイムズ」「ワシントンポスト」「サウスチャイナ・モーニングポスト」に寄稿するアンドリュー・セルモン（Andrew Salmon）が共同記事の作成に加わった。東北アジア問題に精通した専門記者の手でまとめられているため、記事の分量は多く内容も充実している。

〈表７〉「タイムズ」の独島関連記事

日付	タイトル	単語数
1996・2・21	日本と韓国の島紛争と排他的経済水域の宣言	475
2003・10・21	アジア時代が遅れている	1433

2004・1・14	島紛争で〝切手戦争〟が始まった	553
2004・11・26	宿敵の新たな矛盾に日本が熱狂する	961
2005・3・2	韓国は日本の謝罪を通じて韓日友好を試験する	840
2005・3・15	荒涼たる島のために広がった流血デモ	446
2005・3・24	島紛争で岩礁に対する愛情が深まる	493
2005・4・11	教科書紛争による隣国との争い	650
2005・5・3	小さな島が大きな葛藤を招く	372
2006・4・20	日本は島のための衝突を覚悟する	179
2006・4・21	日本が島紛争でたじろぐ	156
2006・4・24	韓国が領土紛争に突破口を探す	260
2006・4・25	経済成長の秘密は人工珊瑚	506
2010・8・28	靖国神社がくすねた霊魂を取り戻すための訴訟	678

分析対象の新聞のうち最も進歩的な性格をもち、発行部数はそれほど多くない「モーニングスター」から、独島関連記事が発見できたのはいささか意外だった。同紙に掲載された独島関連記事は6件で、すべて2005年以降である。これらの記事は、みな国際面に掲載されており、記事作

成者や通信社は明示されていない。分量は相対的に少ないほうではあるものの、２００５年４月６日付、２００６年４月21日、２００７年３月30日付の記事は適切な分量であった。同紙の独島関連記事目録を整理すると、次のとおりである。

〈表８〉「モーニングスター」の独島関連記事

日付	タイトル	単語数
２００５・４・６	戦争犯罪を美化する日本の教科書	２８８
２００５・４・７	韓国が日本の島に対する権利主張を批判	１１０
２００６・４・21	韓国と日本が島紛争に取り付かれる	３９４
２００６・７・６	日本を怒らせた韓国の海洋調査が中止に	１２７
２００７・３・30	日本が第二次大戦の歴史の修正に着手	４１４
２００８・７・14	韓国、駐日大使を召還	２１８

「デイリー・テレグラフ」は、独島関連記事を掲載した新聞のなかで最も保守的である。同紙は２００２年と０５年の２回にわたって独島問題に言及しているが、これらは短信ではなく相当な分量の記事であった。東海［日本側の呼称は〝日本海〟］との関連で独島に触れた２００２年の記事

は、同紙のパリ支局長だったフィリップ・ブロートン（Philip Delves Broughton）が執筆したもので、2005年のものは中国を中心とする東北アジアの民族主義への憂慮を示しながら、独島問題を扱った論評（comment）である。

〈表9〉「デイリー・テレグラフ」の独島関連記事

日付	タイトル	単語数
2002・8・17	〃名前のない海〃をめぐる日本と韓国の争い	398
2005・4・23	粗削りの民族主義が東アジアを脅かす	575

「インデペンデント」は、独島関連記事を掲載した7日刊紙のなかで最も進歩的な性格をもつ。記事の作成者デビット・マクニール（David McNeill）は同紙の極東専門記者で、2005年に教科書改訂問題との関連で、韓日間の紛争を記事にしている。[13] この記事は、931単語で54件の関連記事のうちでは比較的分量が多いほうである。

〈表10〉「インデペンデント」の独島関連記事

日付	タイトル	単語数
2005・4・11	日本教科書の歴史修正と中国と韓国の怒り	931

「デイリー・メール」は、独島問題を扱った新聞のうち最大の発行部数をもつ。同紙は独島問題を1回だけ扱っている。しかし、この記事は、少なくない分量で、独島全景の航空写真を掲載したほか、当時、韓国の第一野党だった民主党の鄭世均代表と党幹部らが、独島を訪問して殉職警察官を追悼する写真を紹介した。これの作成者は、「デイリー・メール」の記者（reporter）とだけ表示されている。

〈表11〉「デイリー・メール」の独島関連記事

日付	タイトル	単語数
2008・7・14	韓国が島の紛争で駐日大使を召還	416

以上、1995年から2010年までに、独島問題を記事にした7紙の定量的側面を分析した。

調査対象14紙のうち7紙に、15年間に54回にわたり関連記事が掲載されているのは何を意味するのか？

まず、英国のメディアは独島問題についてそれほど大きな関心をもっていないと言えるだろう。前述のように、編集方針から見ると、興味と扇情性の強いタブロイド新聞とフリーペーパーに、独島関連記事を発見できないことがこれを立証している。タブロイド新聞やフリーペーパーが大衆に愛読されていることを考えると、英国人がこれらの新聞から独島問題に対する特定の認識及び多くの情報を得ることはできないであろう。しかし、独島問題を報じた7紙は、それぞれ専門性をもつ政論紙であり、世論の方向に大きな影響力を行使していることは無視できない。

また、それぞれの記事の分量と出所に注目する必要がある。大部分の独島関連記事は、韓日関係に精通した韓国や日本に駐在する記者が作成したもので、かなりの分量で構成されている。これらの記事は通信社の記事をそのまま使用したものではなく、それ自体の専門性と視角によって意味ある内容にまとめられている。

独島関連の記事は、1996年と2004年から06年に集中して掲載されている。これは金泳三政府と盧武鉉政府の時期に、独島をめぐる韓日両国の紛争が相対的に多かったことを物語っている。また、2008年の李明博政府のもとでも独島問題で駐日大使の召還という事態が生じている。

2. 英国新聞の独島名称

次に、英国の新聞が「独島」の名称をどう使用しているかを整理してみよう。英国の新聞は記事の見出しに独島や竹島のような代名詞ではなく、主に島（islands または islets）なる一般名詞を使用している。そして記事のなかには、「竹島／独島（Dokdo/Tokto）」と併記するほか、「リアンクール島」を追加使用し、三つを同時に使用する場合もあった。

新聞別に細かく調べてみると、「ガーディアン」は13件の記事のうち1件のなかで「リアンクール・独島・竹島」の三つの名前をすべて使用している。また、「独島と竹島の併記」が11件、「独島のみ」を使用した場合が1件である。最後の1996年2月16日の記事は、海外短信でロイター通信の報道をそのまま使ったものであり、同紙に「竹島のみ」を使用した記事はなかった。

「フィナンシャル・タイムズ」は全18件の記事のうち、「独島のみ」の単独表記が4件、「独島と竹島の併記」が14件だった。「タイムズ」は「リアンクール・独島・竹島」の三つをすべて使用した場合が1件、「独島のみ」が1件、「竹島のみ」が1件、「二つを併記」したのが11件だった。「デイリー・メール」「モーニングスター」「デイリー・テレグラフ」「インデペンデント」は、すべて「独島と竹島」と併記している。

7紙に掲載された全54件の独島関連記事を見ると、「リアンクール・独島・竹島」の三つの名称をすべて使用した場合が2件、「独島のみ」を使用した場合が6件、「竹島のみ」を使用した場合が1件だった。反面、「独島と竹島を併記」は45件だった。独島と竹島を併記した場合に、どちらが先になっているかは重要であるかもしれないが、実際の使用順序は新聞によっても、記事によっても異なっているため、さほど大きな意味はもたないと判断される。

このように英国の新聞では、独島の名称は竹島よりも独島がより多く使用されているか、あるいは竹島とともに併記されている。1995年以前の独島関連記事では相当の部分が竹島のみを使用するか、あるいは独島と併記するにしても記事本文では竹島をより多く使っていた。しかし、現在はその状況が変わっている。それは、この間、独島の実像を知らせるために、韓国の市民団体と政府が努力してきた結果であり、それが一定の効果を上げたからであろう。

Ⅲ. 英国の新聞の独島問題認識

1. 独島領有権と独島問題の原因

独島領有権問題に対する英国新聞の認識を見てみよう。まず、英国の新聞のなかに、独島を韓国領土、または日本領土であると明示した新聞は皆無だった。その代わりに独島をめぐる「領土紛争(dispute または row)」が存在し、現在、韓国が独島を「占有(under control または occupied)」しているとの表現が大部分を占めた。「独島は領土紛争の対象にはならない」とする韓国の公式的立場とはかなりの距離がある。

英国の新聞は独島に対する韓日両国の所有権主張の根拠を、同じ比重で紹介している。まず、韓国側の主張を伝える報道内容を見てみよう。

「ガーディアン」の2010年8月18日付の記事は、シン・ヨンソン（신영선）東北亜歴史財団事務総長（当時）へのインタビューをもとに、韓国の主張に多くの紙面を割いている。ここには1877年に作成された地図など、独島が韓国領土とする各種資料と、独島が512年の新羅時代に初めて言及されている事実や歴史的証拠があるとの主張が紹介されている。[14] 別の報道も「独島は6世紀から韓国固有の領土だったが、たまたま日本の植民地支配開始直前の1905年に、強圧的な条約によって日本が強制占有をしていたが、解放後のサンフランシスコ平和条約によって当然のこととして韓国へ返還された」[15] と見るのが韓国の主張であると紹介する。

一方、同紙に掲載された独島領有権に対する日本の主張を見ると、「日本は17世紀に独島に対する支配権を確立したが、第二次世界大戦後に、領土主張を放棄せざるを得ない状況のもとで、韓国が強制的に占有した」というものだった。また、韓国と締結した「1905年の条約は、独島が日本領土であることを証明」する根拠だというものである。つまり「歴史的にも、国際法上でも竹島は日本の領土」とする日本の主張を紹介している。[16]

「タイムズ」は「日本はロシアとの戦争中であった1904年に、竹島に対する軍事的統制権を掌握した」という日本側の主張と、「西暦512年以来、この島は韓国領土だったのであり、第二次世界大戦の後に日本から解放される際に、この島に対する主権を回復した」との韓国側の主張をともに紹介した。[17] その他の新聞の場合は、所有権主張の根拠を具体的に示してはいない。

このように「ガーディアン」及び「タイムズ」に掲載された独島に対する両国の主張は、概して相互の公式的立場をそのまま反映したものになっている。しかし「ガーディアン」は、両国の主張が「歴史的に明確ではなく（historical ambiguity）」何度もの名称変更と多様な地図などで、「複雑な（complicated）」状況にあると述べている。[18] こうした報道姿勢は、両国の独島領有権主張に対して中立的な立場を維持していることを示すものである。

それでは、英国のメディアは住民が暮らすにも小さな岩礁の独島に対して、韓国と日本がその所有権を執拗に主張する理由をどう見ているのだろうか？ これについて「ガーディアン」「タイムズ」及び「フィナンシャル・タイムズ」は、寒流と暖流が出合う独島周辺の豊かな漁業資源と、天然ガスを含む潜在的鉱物資源が豊富という点を挙げている。とくに「タイムズ」は200海里排他的経済水域を指摘し、独島を占有する国が、1万6600平方マイルに達する海域と大陸棚を占有するうえに、この無限の潜在力を活用できると強調した。天然資源の不足を敏感に考える両国としては、独島の経済的位置が重要な意味をもつとの指摘である。[19]「フィナンシャル・タイムズ」は漁業資源としてタラとイカを具体的に明示し、独島周辺海域に6億トンに達する天然液化ガスが埋蔵されることで知られていると紹介した。[20] つまり、戦略的な理由というよりは、経済的理由が極めて重要な背景であると見ている。

さらにこれら各紙は、両国の民族感情の高まりが植民地支配の過程で起きた独島問題にさかのぼることを葛藤の要因と指摘している。「ガーディアン」は、特に韓国人が独島に対して象徴的な重要性を付与し、幼い頃から学校で独島に感情移入する教育を受けていると指摘した。韓国の民族主義者たちが世界を回り、独島に対する自分の主張を広めているという内容も加えている。また、こうした独島の象徴性のために、韓国においてはかつての植民地支配国である日本の主張に同意することが「国家的な恥辱」であり、それがどんなに正しくても「政治的自殺」になるとも言及している[21]。「ガーディアン」は1996年6月3日付の記事で、日本人の多くは韓国人が洗練された優雅なアジアの美徳を身に付けていない劣等民族と考えており、大部分の韓国人は逆に日本が韓国とアジアで行った残忍な支配を想起しているとし、両国国民のあいだにおける根深い相互嫌悪感に注目する。

「フィナンシャル・タイムズ」は、韓国人に対するインタビューを掲載したが、それは日本帝国主義の侵略で最初に蹂躙された韓国領土が、まさに独島であったために、独島に大きな意味を付与しているという内容であった。また、韓国人にとって、独島は日本帝国主義からの解放と、韓国人の自負心と同様の意味をもつキーワードであると定義もしている[22]。

このように、英国のメデイアは独島問題の根本的な原因として、おおむね経済的な重要性と民族的な象徴性を指摘する。しかし、経済的な重要性は韓日双方にかかわっているが、前述の民族感情については、かなりの部分が韓国を取り上げている。これらの報道内容には、全般的に民族主義に対する批判的な論調が含まれている。民族感情との関係については、独島問題への対応を論じる際に、再度議論したい。

次に、英国のメディアが、独島問題を中心に韓日両国関係が悪化し、緊張感が高まる状況の主要因をいかに把握しているかを見てみよう。日本が原因になった事件は、小泉首相の靖国神社参拝、島根県の「竹島の日」制定、独島所有権を主張する教科書の内容及び検定、独島海域の探査などが、共通して取り上げられている。韓国の場合には、独島の郵便切手の発行と独島の船着き場建設が紹介された程度だった。全体的に各メディアが論じた関連記事の回数や内容から見ると、この問題の原因は圧倒的に日本側にある。

日本の教科書検定については、これを批判する観点が多く現れている。進歩的傾向の「モーニングスター」は、独島に対する日本の主張を取り上げ、韓国を憤慨させた教科書には「文科省の要請によって強い語調の主張が加わったようだ[23]」と批評した。それと同時に、同紙は日本軍部が戦争下に沖縄県民を集団自殺に追い込むなど、歴史研究や生存者の証言で明らかになったことを否定し、この見解が今回の教科書検定にも反映されたと批判した[24]。

進歩的なメディアである「インデペンデント」は、日本の教科書の改訂内容と、それに反発する韓国と中国の反応を詳しく伝えた。同紙は比較的「穏健な」傾向の「コリア・ヘラルド（The Korea Herald）」の社説を引用しているが、それは竹島の所有権を主張する日本の社会科教科書に対して「完全にナンセンス」と評したものだった。また、日本の文科大臣を含む100名を超える自民党議員が、大々的に歴史教科書改訂運動を支援したことや、小泉政権のもとで数百名の教師たちが、国旗に敬意を表さなかったことを理由に処分された事実を伝えた。そして日本には、暗い植民地支配の過去を清算する取組みがほとんど見られない、との厳しい評価をくだした(25)。「フィナンシャル・タイムズ」は、日本の教科書が過去の日本の残酷行為にきちんと向き合っていないと批判し(26)、中道保守系の「タイムズ」も同様な認識を示した。「タイムズ」は教科書改訂が過去の残酷行為を隠蔽する意図から生じたものであり、日本は明らかに戦争の過去を歪曲する意図をもっていると報道した。併せて教科書改訂を主導した民族主義教育者の集まりと、戦犯を美化する靖国神社参拝問題についても言及している(27)。

保守系の「デイリー・テレグラフ」も、小泉首相の靖国神社参拝の中止を要請し、終戦後60年が経過した現在でも、誤った歴史観を収めた教科書問題の解決を日本に促した。しかし同紙は、日本は戦争当時の軍部が恣行した「過酷な苦痛と損傷に対して深い反省と心からの謝罪」をし、日本の首相が和解を提案したことを評価した。そして中国は、毛沢東の虐政と１９８９年の天安門事件の真相がいまだにヴェールに包まれている状況にあると批判した。日本だけに歴史に対する態度の変更を求めるのは、理にかなわないとの主張であり(28)、中国をより批判する立場に立っている。「デイリー・メール」は、日本文科省の発表のみを報道したが、それは「わが国と韓国が竹島に対して互いに異なる主権の主張をしている事実に言及し、わが領土に対する理解を強める必要がある(29)」という内容であった。また、独島問題とかかわる教科書改訂が、特に問題はないとの認識を示した。「ガーディアン」は独島問題と関連する記事で、日本の教科書改訂についての価値評価はしていない。

このように、日本の教科書問題と関連して、進歩系の新聞と保守系の新聞ではかなりの認識の差が見られる。しかし、英国の新聞は教科書問題のほかに独島探査、独島切手、島根県の条例など、独島問題の直接的な原因となった諸問題について、特定の国の責任追及や是非を語ってはいない。ある事件が契機となり、ほとんど韓日間の紛争が深まったという紹介である。

2．独島問題に対する対応

次に、独島問題が触発された後に、韓日両国の対応などの事態の進行に対する視角を点検してみよう。前述の分析が独島問題の原因に該当するとすれば、ここでは事態の進行に対する評価及び問題解消への提案など、独島問題を見つめる全般的視角を示す部分にあたる。

英国のメディアは、独島問題に対する韓日両国の対応を、強く対比させながら見つめている。すなわち、日本は冷静な姿勢を維持しているが、韓国は民族感情に訴えて過敏な姿勢を示すという具合である。「タイムズ」は独島問題に対して、日本は国際法に従って沈着に行動していると強調して伝える。一例として、1996年に状況が悪化すると、各メディアは当時の金泳三大統領は日本政府代表団との会談を取り消すなど、強硬な措置をしたが、日本は穏健な立場で「紛争の水位を低めようと努力した」というのである(30)。

「フィナンシャル・タイムズ」は、一部官僚の強硬対処の要求に対して、小泉首相は韓日間の友好関係を前提とした「冷静な（cool-headed）」対応を主張したと報道した(31)。冷静・沈着・感情の冷却

(cooling of passions)、国際法遵守・対話・独島問題をハーグの国際司法裁判所へ提訴などが、日本の対応を指す用語であった。

「ガーディアン」の認識も同じである。さらに同紙は、日本が独島問題をASEAN地域フォーラムでの討論を提案したと伝え、「こうした時期であるだけに、代表者たちが会って率直に対話をするのがとても重要である。韓国の対話拒否は恥ずかしいこと[32]」という日本の主張を付け加えた。

英国の新聞は、概して日本の態度を肯定的、または否定的な評価をせずに、事実だけを報道する立場である。しかし、その内面には、穏健で理性的な対応という論調のニュアンスがうかがわれる。これに比べて進歩的な新聞とされる「モーニングスター」は、小泉首相の感情を抑えた冷静さを「陳腐な外交的修辞」と見なし、記事の末尾に「小泉首相は冷静さを要求したが、教科書の批判はしなかった[33]」という表現で、日本の「冷静な」対応に否定的な評価をくだしている。

英国のメディアに紹介された韓国の対応策は、相対的に強硬で過激なものだった。独島問題を扱ったすべての新聞が、２００５年に日本大使館の前で起きたデモ隊の指切断事件を反復して取り上げた。韓国の歴代大統領の独島問題に「強力で断固とした対処」を主張する発言や、外務部長官の訪日取り消し、駐日大使の召還なども、何度もくり返し扱っている。日本の独島海域探査意図を封鎖するために、韓国が軍艦20隻を派遣して危機が深まったとの記事も、容易に探し出すことができる。

加えて「フィナンシャル・タイムズ」は、「韓国はもともと激烈な示威で知られているが、それにしても今回の示威は注目に値する」[34]という表現もしている。韓国メディアのなかには、日本の独島領有権の主張を宣戦布告に準じる敵対行為と見なしているとの内容、独島問題が起きた後に独島を訪問する韓国人の数が、20倍以上になったと報じたものもあった[35]。

「タイムズ」は独島問題に対する韓国の反応は極めて敏感で、日本の主張に言及するだけでも敵対感情を引き起こすと報道した[36]。さらに反日デモ隊の焼身事件、韓国ネチズン［Netizen：ネットワークを自分のコミュニティとして積極的にかかわっていく人々］の大規模なサイバー攻撃、広島と長崎への原爆投下を嘲弄するキノコ雲写真の切手、日本大使公邸を狙った火矢発射事件などを伝えた。「ガーディアン」は腐った卵を投げつけ、日本国旗を燃やす韓国の過激な反日デモを何度も紹介した。独島問題で国民感情が激化した状況のもとで、ソウルの地下鉄に日本のコンドーム広告を掲示するのは認められない、との関係者へのインタビューを2日にわたって掲載している[37]。

もちろん、韓国の強硬な対応だけを紹介しているわけではない。韓国が独島の全景を収めた郵便切手を発行すると、麻生総務大臣が韓国郵便物の取り扱い拒否を主張したとの報道は多くの新聞に紹介された。「タイムズ」は独島紛争にともなうサイバー戦争によって、日本のネチズンは「狗肉を食べる韓国人」と侮辱的言辞を用いたと報道した[38]。「フィナンシャル・タイムズ」は、独島問題に対する抗議表示として小指を切断し、韓国の大統領と日本の首相に送りつけた日本の右翼団体代表へのインタビュー記事を掲載した[39]。

しかしながら、英国の新聞は全般的に独島問題で過激な反応をするのは、韓国側だと認識している。そしてこの果敢さを民族主義、あるいは反日感情と結びつけた。これらの大部分は日本の植民地支配が韓国の怒りと敵愾心、そして反日感情の原因であると指摘した。「タイムズ」は16世紀の「サムライ侵略」〔豊臣秀吉の朝鮮侵略〕によって韓国人6万名が捕虜として連行された事実と、1876年に日本が韓国に強要した不平等条約など、両国の長い対立の歴史を説明した[40]。つまり、過去の歴史において被害者の立場にいた韓国で、反日感情と民族主義が昂揚し、これが日本との領土問題において、すぐさま過激な、そしてときには感情的な対応として現れるとの診断である。

さらに英国のメディアは、民族主義との関連で韓国内の民族主義の戦略的利用に注目する。多くの新聞は韓国政府が独島問題に強く対応し、民族感情を煽ることで選挙や大衆的人気の獲得に利用していると見ている。「タイムズ」は1996年当時の金泳三大統領の対応を「独断的（assertive）」と評価し、これは迫りくる選挙で与党を勝利させる目的があると伝えた[41]。「ガーディアン」は、2008年に日本との関係改善を主張した李明博大統領が、アメリカの牛肉輸入問題で支持率の低下を経験すると、独島問題に対して厳しく断固たる姿勢に転じたと診断した。過去の韓国の指導者たちは、人気を得るために反日感情を利用する、大衆迎合的な動きになったとの説明も付け加えた[42]。「モーニングスター」も、やはり駐日大使召還問題を、アメリカ産牛肉の輸入問題による李明博大統領の人気低下と結びつけている[43]。

「フィナンシャル・タイムズ」も、2006年当時、盧武鉉大統領の対日強硬発言は、「日本ではなく自国の民族感情に向けられたもの[44]」との日本高官の評価を伝えている。そこには間近に迫った

重要な地方選挙において、盧大統領の与党の敗北が予想されるとの推測も付加された。「独島は天から恵まれた贈り物のようなものだ。……この数年間は困難な時期だった。経済状況が悪化しており、韓米同盟が揺れ動き、補欠選挙も迫っている」[45]とのキム・ピョンギ（김병기）高麗大学校教授へのインタビュー記事は、この問題に関する英国メディアの見方を端的に示すものである。つまり、国内問題から関心を逸らすために、あるいは国内問題を解決するために、独島問題を利用しているというのである。

こうした評価には、多分に韓国政治の後進性に対する冷笑がうかがわれる。独島問題への過度な対応と民族感情の戦略的な利用という、彼らの評価は深刻に考えねばならない。フォークランド紛争の当時、英国のメディアは、アルゼンチン軍部政権が内部問題を解決するために、戦争を挑発したと主張し、こうした主張が世界に広まっていった。フォークランド／マルヴィナスの領有権という実態は消え去り、軍部独裁政権と民主主義の対決の構図のように映じたのである。これによって国際政治におけるアルゼンチンの主張は、正当性を喪失することになった。韓国の執権者たちが独島問題を戦略的に利用しているとの評価は、フォークランド紛争のときの英国メディアの経験とともに生き生きと蘇ってくる。

実際に日本もこうした主張を利用し、これが一定部分については英国の新聞報道にも反映されている。他のどんなことよりも、この種の評価は、韓国の独島領有権主張の正当性にとって致命的な問題であり、早急に対策を立てなければならない。

しかし、民族主義と民族感情に対する英国のメディアの批判的認識は、韓国だけを標的にするものではない。過去の歴史の未清算及び軍国主義の復活、そして歪曲した民族主義への批判は日本に向いている。

「タイムズ」は、靖国神社が日本軍国主義を象徴する記念物であり、小泉首相の靖国神社参拝は、アジア諸国にとって日本軍国主義の復活という脅威として受け入れられると報道した[46]。「ガーディアン」も、神社参拝を強行する小泉首相を「厚かましいほどに平然とした（unabashed）」民族主義者と表現した[47]。

日本の過去の歴史の解釈と、民族主義及び軍国主義の復活に対して、最も強い批判を加えたのは「フィナンシャル・タイムズ」だった。日本の右翼が戦後、日本の西欧化と国の自尊心の喪失を嘆き、天皇を神に祭りあげた時代への回帰を望んでいるというのである。日本国内の強硬な民族主義的雰囲気は、映画やマンガの内容、国旗や国歌の強要などに具体化され、他のアジア諸国との関係が悪化する決定的な要因になると指摘した[48]。軍備増強、北京オリンピックへの不参加、核兵器開発を主張する石原東京都知事は、かつては独不将軍［他人の話をまったく聞かない人］と見られてきたが、今では日本世論の主流を代表しているとの報道もあった。彼が中国との緊張に対して「最善の方法は彼らの口を塞いでしまうこと[49]」と主張したのも記事になった。「フィナンシャル・タイムズ」は、靖国神社境内にある遊就館が、日本の戦争行為を「厚かましくも（shamelessly）」美化し、南京大虐殺のような事件を些細な「事件」と見なしていると批判している[50]。

英国のメディアは、あらゆる行きすぎた民族主義的な感情と要求に対して批判的な立場をとる。ある国が民族主義に訴えれば、連鎖的反応として他国の民族主義を刺激する悪循環が、東アジアでくり広げられると見ているのである。こうした民族主義が東アジアの国際秩序を乱し、安定を損なう決定的な要因になるというのが彼らの一般的認識である。独島をめぐる紛争もこうした民族主義の対立によって激化したというのである。中国の民族主義をより強く批判した「デイリー・テレグラフ」を除けば、ほとんどの新聞は日本の責任を根本的なものと認識していた。これは独島問題において、韓国側の立場の正当性を認めさせていく出発点になるものである。

ここで独島問題の解決策とのかかわりで、英国のメディアの立場を見ていくことにしよう。「フィナンシャル・タイムズ」は、2006年の記事の最後の部分に西欧研究者の発言を引用した。それは、「いっそう進んだ地域関係のために、日本は独島に対する領土主張を一方的に撤回しなければならない」というものであった[51]。2005年には別の記事にある同紙特定研究所の名前を借りて、東北アジア紛争の解消プランを提示した。ここにはエネルギーのような共同関心事項を扱う東北アジア3国の新しい機構の設立、日本の戦争犯罪犠牲者に対する支援、靖国神社に代わる戦没者追悼施設の建設などが含まれていた。さらに日本の閣僚たちに日本の植民地支配行為の美化や縮小をする発言を自制することを求めた。また、独島問題については、韓国に向けて日本との漁獲量割当協定を締結し、既存の国境条約を認めることを明確にするほか、国交正常化条約によって提供された日本の経済援助を認め、感謝しなければならないと主張した[52]。

ここでいう既存の国境条約の内容や、その範囲については明確ではない。サンフランシスコ平和条約を意味するなら、韓国には有利であるが、そうでないとの主張もある。しかし、確かなのは「フィナンシャル・タイムズ」が、「領土問題において感情的な民族主義ではなく、合理的な調停と妥協によって両国の紛争を解消し、東北アジア地域及び経済の安定の確保」を提案していることである。

そのほかの新聞は、独島問題に対する説明と紛争の背景及び原因の分析、憂慮される部分などに触れながら、その事態を診断することに集中し、問題解決のための提案や主張を示すまでには至っていなかった。

Ⅳ．むすび

２０１０年８月７日付の「インデペンデント」紙に、極めて興味深い特集記事が掲載された。「矮小化した英国：世界はわれわれをどう見るか？（Little Britain: How the rest of the world sees us?）」という見出しで、かつて世界を支配した英国がいまではメキシコ湾の石油流出や、航空機スト のような事件だけで記憶されているのではないかと自問しながら、現在の英国がフランス・ロシア・ドイツ・インド・中東・ガーナ・日本のような世界の主要国に、どのように映っているかを企画報道したものだ。[53] われわれは世界を見つめる視角も重要であるが、この記事のように、世界がわれわれをどう認識しているかを把握することも極めて重要なのである。

このような観点から考察すると、英国のメディアの独島関連報道を通じて、韓国に対する彼らの全般的な認識の断面を把握することができた。独島は、韓国と日本の関係及び東北アジア情勢を眺めるプリズムのひとつだった。英国メディアは独島問題の歴史と韓日関係を正しく把握していた。2005年代の半ば以降、独島関連記事が増加したのは、この地域の戦略的重要性と経済的位相が高まった事実を反映している。独島と直接関連のない問題はもちろん、韓日関係の改善と協力を報じた記事でも独島問題が議論されている。英国メディアにおいて、独島問題は領土問題であると同時に、韓日関係全般を象徴する中心軸であり、東北アジアの不安定の主要要因にもなっていた。

戦略的な目的で独島問題を利用しているとの指摘は、われわれの過去の痛ましい桎梏を浮かび上がらせる。民主主義の広がりと成熟した市民社会の建設が、独島問題を解決する前提となる。併せて国家のブランド力を高めることも、直間接的な助けになるのである。

独島問題に対する過度な暴力と民族主義、そして感情的対応はわれわれの主張の正当性と立場を弱化させる。こうした対応は、何よりも現実的にわれわれに利益をもたらしはしない。ヨーロッパは、20世紀の前半期に激しい民族主義の対立と2度にわたる大規模な戦争を経験した。そして大きな陣痛を経て、加害者と被害者のあいだの和解を成し遂げ、ヨーロッパ共同体（EC）を発展させている。英国の新聞はみな、このようなヨーロッパ方式の和解と協力を要求している。2006年、当時の国連事務総長コフィ＝アナン（Kofi Annan）の「隣人を選ぶことはできない。共存するしかない[54]」といった言葉や、「当事国が平和な外交的解決策を探すことを望む[55]」といった欧州連合外務委員フェレロ＝ヴァルドナー（Ferrero-Waldner）の希望的発言も、独島問題の理性的で平和な解決を強調したものだった。感情的対応は「平和的な紛争の解決」という国際社会の要求に反するものと受け取られやすい。

それならば、理性的で平和的な対応プランとは何か。２００６年5月1日付の「フィナンシャル・タイムズ」は、当時の麻生外務大臣の言葉、すなわち「独島領有権の主張を歴史問題と連結させるのは誤りであり、不適切だ」という主張を掲載した[56]。まさにここに日本の弱点がある。英国の新聞は共通して日本の過去の歪曲と糊塗を指摘し批判しており、日本の軍国主義復活を警戒する。とりわけ、進歩的あるいは左翼的な新聞は、この問題に対していっそう批判的だった。だから日本が過去の暗い歴史に対して反省することなく、絶え間なく歪曲し、周辺の諸国との関係を悪化させているとの認識をさらに広げていく必要がある。そして、これを独島問題と結びつけなければならない。「独島領有権の主張と日本の過去の歴史に対する反省の仕方を連結させること」が、独島の実効支配を強固にし、韓国の主張の正当性をあまねく広める近道になるのである。

注

（1）TNA（The National Archives）. FO 925/2366

（2）TNA. ADM 344/1567

（3）TNA. FO 371/105378 Japanese claim to Takeshima Island, also claimed by the Republic of Korea, 1953; FO 3761/110616 Dispute between South Korea and Japan over ownership of Takeshima Tokyo island: matter referred to International Court of justice, 1954

（4）「ガーディアン」の編集長は、自社ウェブサイトの読者が、月間３６００万名から３７００万程度と主張した。"Are People rady to pay for online news?", BBC (Feb. 26, 2010)

（5）Audit Bureau of Circulations, http://www.abc.org.uk

（6）ニュース・コーポレーションは、英国内の販売部数1位の「ザ・サン（The Sun）」を運営している。したがって「タイムズ」は姉妹紙となる。そして「タイムズ」のアーカイブの一部はオーストラリアで運営されている。だから１９８０年以後の「タイムズ」の記事を見るためには、ニュース・コーポレーションのアーカイブサイト（http://www.newstext.com.au）を活用しなければならない。

（7）MORI (2005), Voting Intention by Newspaper Readership, http://www.ipsospublicaffairs.co.uk

（8）アンナ・フィフィールドは、韓国問題の専門家で北朝鮮にも2週間滞在したことがある。

（9）「然れども災難（Disaster on Disaster）」。The Guardian (May. 31,1905) と「ロシア艦隊の敗走（The Dispersal of Russian Fleet）」。The Guardian (jun. 05, 1905) 記事に添付された地図に独島の姿が明らかに見える。惜しまれるのは当時の英日同盟など英国の関係を勘案するとき、独島の名称が竹島となっていて、鬱陵島と東海も日本式の名称が付けられている点である。「どうしてロシア軍が包囲されたのか（How the Russians were enveloped）」。The Guardian (jun. 02, 1905) では、独島をリアンクール島と呼んでいる。

（10）ロバート・ウェイマンドは１９７２年に日本に移住し、１９７４年から「ガーディアン」の東京通信員を歴任した日本通である。彼は２００４年にインド洋で発生した津波で亡くなった。

（11）ケビン・ラファティは日本とアジアで30年間も居住したジャーナリストで、日本の国際化問題を扱った『日本の原動力解剖（Inside Japan's Powerhouse）』という本の著者でもある。

（12）最初の独島関連記事であり、唯一の解放以前の記事は、１８７９年の「最新情報報告（Latest Intelligence）」だった。「タイムズ」の独島記事は李承晩ラインなど、韓国の建国によって国境問題とサンフランシスコ平和条約と関連し、１９５０年代前半から集中的に掲載された。１９５０年代だけでも8件の独島関連記事があった。そしてその後「タイムズ」には１９６０年代、１９７０年代、１９８０年代にそれぞれ1回ずつ関連記事が掲載された。１９５０年代の独島記事はほとんど東京駐在記者によって作成され、ワシントン特派員の記事もひとつあった。１９７０年代と１９８０年代の２件の記事は、当時、東京駐在記者のピーター・ヘズルホースト（Peter Hazelhurst）が書いた。参考までに１９９５年以前の「タイムズ」に掲載された独島関連記事の目録を整理すると、次のとおりである。

日付	タイトル	発信者
1879・8・21	Latest Intelligence	
1951・7・20	Japanese Treaty Conference	ワシントン通信員
1953・7・14	President Rhee's Assurance	東京通信員
1954・7・31	Island Seized By South Koreans	東京通信員
1954・11・19	Korea Gives In To U.S. Pressure	東京通信員
1954・11・23	Korea-Japan Flare-Up Over a New Postage Stamp	東京通信員
1955・11・9	Japan's Korean Neighbours	
1955・12・9	Dispute Over "Rhee Line"	
1959・2・9	News in Brief	
1967・11・17	Gain To Japan In Isles Hand-Over	東京通信員
1977・2・7	Sea claim will revive old quarrels	東京通信員
1981・5・8	US accused of basing nuclear bombs in Japan	東京通信員

（13）マクニールは２０１０年９月、身分を偽って平壌を訪問し、平壌の裏町、闇市場などについての特別レポートを発表し、国際社会にセンセーションを引き起こした人物である。

（14）The Guardian (Aug. 18, 2010)

（15）The Guardian (Jul. 17, 2008)

（16）The Guardian (Jul. 17, 2008)

（17）The Times (Feb. 21, 1996)

（18）The Guardian (Aug. 18, 2010)

（19）The Times (Mar. 15, 2005)

（20）Financial Times (Mar. 19, 2005)

（21）The Guardian (Jan. 13, 2004)

（22）Finnancial Times (May. 15, 2006)

（23）Morning Star (Apr. 6, 2005)

（24）Morning Star (Mar. 30, 2007)

（25）The Independent (Apr. 11, 2005)

（26）Financial Times (Jul. 19, 2005)

（27）The Times (Apr. 11, 2004)

（28）Daily Telegraph (Apr. 23, 2005)

（29）Daily Mail (Jul. 14, 2008)

（30）The Times (Apr. 25, 2006)

（31）Financial Times (Apr. 25, 2006)

（32）The Guardian (Jul. 17, 2008)

（33）Morning Star (Apr. 6, 2005)

（34）Financial Times (Mar. 19, 2005)

（35）Financial Times (May. 15, 2006)

（36）The Times (Mar. 15, 2005)

(37) The Guardian (Jul. 17, 2008 & Jul. 18, 2008)
(38) The Times (Jan. 14, 2004)
(39) Financial Times (Jul. 19, 2005)
(40) The Times (Mar. 2, 2005)
(41) The Times (Feb. 21, 1996)
(42) The Guardian (Jul. 14, 2008)
(43) Morning Star (Jul. 14, 2008)
(44) Financial Times (Apr. 25 2006)
(45) Financial Times (Mar. 19, 2005)
(46) The Times (Aug. 28, 2010)
(47) The Guardian (Jan. 13, 2004)
(48) Financial Times (Jul. 19, 2005)
(49) Financial Times (Jul. 19, 2005)
(50) Financial Times (Jul. 19 2005)
(51) 国際関係研究所の訪問研究者であるロバート・デュリック (Robert Dujarric) である。Financial Times (Apr. 25, 2006)
(52) Financial Times (Des. 14, 2005)
(53) The Independent (Aug. 7, 2010)
(54) Financial Times (May. 15, 2006)
(55) Morning Star (Apr. 21, 2006)
(56) Financial Times (May. 1, 2006)

参考文献

〈日刊紙〉

ガーディアン（The Guardian）
インデペンデント（The Independent）
タイムズ（The Times）
デイリー・メール（Daily Mail）
デイリー・テレグラフ（Daily Telegraph）
モーニングスター（Morning Star）
フィナンシャル・タイムズ（Financial Times）

〈ウェブサイト〉

ニュース・コーポレーション・アーカイブ：http://www.newstext.com.au
Audit Bureau of Circulations：http://www.abc.org.uk
MORI（Voting Intention by Newspapre Readership）：http://www.ipsospublicaffairs

資料［英国メディア10編］　（巻末345ページより原文掲載）

ガーディアン――〈1996年2月21日付〉

島問題で東京とソウルが衝突

ケビン・ラファティ

昨日、日本と韓国は、領有権問題で紛争を重ねてきた日本海の岩礁をめぐって激しい対立の様相を見せた。日本が200海里経済水域の設定を決定したため、これら紛争対象の島々の所有権を主張してきた韓国や中国との衝突の可能性が高まった。数時間もたたずに、韓国政府はこの島を含む独自的な200マイル水域の宣言という反応を示した。

両同盟国の緊張の高まりは、エーゲ海の無人島をめぐってギリシャとトルコのあいだの紛争調停に熱中したアメリカにとっても新たな悩みの種となった。両国はアメリカの軍事上の傘の下にあり、約10万名の米軍が駐屯している。さらにこの紛争は東南アジアの国際関係を混乱させている南沙列島の所有権をめぐる争いに続くものだ。国連の海洋法条約はある国が特定地域内で排他的操業をする権利と、海底の鉱物資源の所有権の主張を認めたことがある。

緊張が高まる状況に対して、昨日、梶山官房長官は「排他的経済水域の宣告において紛争対象の島々を排除する理由はないというのが、日本政府の立場である」と明らかにした。日本が竹島と呼び、韓国が独島と呼ぶ二つの岩礁は東京の北西側450マイル、ソウルの東側300マイルに位置している。この島の大きさはほぼ300平方ヤードにすぎないが、豊かな漁業資源に加えて鉱物資源が豊富なことでも知られている。兵力が駐屯しているこの小さな島に、船着き場を建設するとの韓国側の計画に日本外務省が抗議し、これに対する韓国でのデモが相次ぎ、日本国旗が焼き捨てられた。日本の領土主張は、朝鮮半島が植民地化される直前に、韓国と締結した1905年の条約を根拠にしている。しかし、韓国はこの島が自国領土であることを証明する文書が、西暦512年にさかのぼって存在すると主張している。

日本に先立ち、4月に総選挙を迎える金泳三政府が、この紛争にいっそう厳しい反応を示した。韓国人は日本の35年間の植民地支配に関連する各種問題に極めて敏感で、最近相次ぐ「植民地支配は全面的に誤ったものとはいえない」との日本の閣僚らの発言に怒りを抱いてきた。「征服と35年間の支配を直接経験しなければ、決して理解できないことだ」と、ある韓国人は日本のテレビ局のインタビューで語っている。

日本は話し合いによってこの問題を解決できると強調してきた。昨日、宮沢喜一前総理は、国連海洋法協約によってこの問題を解決できると語った。日本外務省のスポークスマンは、日本とロシアが領土紛争にもかかわらず、漁業協定が妥結したことを強調した。匿名希望の日本のある政治家は、東京新聞に寄せた談話で次のように語った。「最善の解決策はこの島をふっとばしてしまうことだ」。

タイムズ——〈1996年2月21日付〉

日本と韓国の島紛争と排他的経済水域の宣言

ペレグリーン・ホドソン

日本が昨日、200海里排他的経済水域を宣言したことで、韓国との領土紛争に緊張が高まっている。韓国政府も即刻、200海里排他的経済水域を宣言した。両国は日本では竹島、韓国では独島として知られる島に対して領土主権を主張する。島の周辺は水産資源と鉱物資源が豊富なことで知られている。この島は両国から150海里内に位置する。10日ほど前に国連の海洋法条約を批准したことで、この地域に対する領土主権を主張しようとする日本の意図に対し、韓国ではこれに怒った市民のデモの隊列が続いた。

韓国は日本の主張を「不遜で」「根拠がない」と退けた。また韓国はこの島に船着き場を設置するために、２０００万ドルを投入する計画である。日本は船着き場建設の中止を要求した。金泳三大統領は日本政府代表団との会談を取り消した。これとは対照的に日本はさらに穏健な言辞を使った。東京の官僚は、１９９４年に国際的に効力を発揮し始めた国連の海洋法条約の批准を急ぐことで、紛争の広がりを防ぐために努力している。韓国は昨年の12月にこれを批准した。

隣接する両国の紛争はほぼ半世紀にわたって続いてきた。日本はロシアとの戦争中であった１９０４年に、竹島に対する軍事的統制権を掌握したと主張する。６年後に日本は韓国を強圧的に併合し、35年間の植民地支配が開始された。韓国は西暦５１２年以来、この島は韓国の領土だったのであり、第二次世界大戦の後に日本から解放される際に、この島に対する主権を回復したと主張する。最近の事態は韓国人に１９１０年から４５年までの、過酷な植民地支配の痛みを想起させる。

金泳三大統領は自分が属する政党を支援するために、日本に対して強硬な立場を堅持している。２か月後に迫った選挙で、強硬路線は韓国の有権者の支持を得るのに有利だからだ。昨年、アメリカとの貿易紛争で強い立場を誇示した橋本首相は、有権者に日本の利益を擁護する強力な人物として浮上した。しかし、金泳三大統領とは異なり、橋本首相は近いうちに有権者の審判を受ける必要はない。これでこの紛争において、日本がより節制した反応を示す理由を説明できるのである。

日本の経済水域は、日本では尖閣列島、中国では魚釣島と呼ぶ別の島々を含んでいる。中国はこれらの島々に対して支配権を主張する。12月にこれらの島々に近い海域で、中国の石油試掘船が海底探査を試み、２週間前には火炎が目撃されたとの報道があった。これは炭化水素が発見されたことを意味する。アメリカが東アジアにおいて強力な調停者や、平和の中継者としての役割を維持する意志がないとの認識が広まるにつれ、領土紛争が加速化している。今後、紛争は潜在的に危険な結果を招く可能性がある。

タイムズ――〈2005年3月15日付〉

荒涼たる島のために広がった流血デモ

リチャード・ロイド・パリィー

昨日、大海の真ん中にある小さな岩礁が、自国の領土という日本の主張に抗議するデモの途中、年配の韓国女性と彼女の息子が指を切断する事件が起こった。57歳のパク・キョンジャ（박경자）さんは、日本が韓国名で独島、日本名で竹島という島の領土主権を主張するといい、これに対する抗議の意思表示として、ソウルの日本大使館の前で包丁で自分の小指を切断した。しばらく後に、彼女の息子で40歳のチョ・ソンギュ（조성규）氏が鋏で自分の指を切断した。警察は異なるデモ隊から凶器を押収しようと懸命になっていた。

このたびの流血デモは、駐韓日本大使が事態収拾の協議をするため、急遽東京に帰任してから1

日後に起こったものだった。最近の紛争は隣国関係を急速に冷却させており、日本の植民地支配にともなう反感を克服するために企画された「韓日友好の年」を滑稽なものにしてしまった。

紛争以後、潘基文外務部長官は、今月に予定されていた独島訪問を取り消した。2週間前に盧武鉉大統領は日本が韓国人の戦争犠牲者に謝罪し、補償すべきであると主張した。日本の外務当局は10年前に日本政府はすでに謝罪し、40年前に両国関係は改善され、韓国は請求権の放棄をしていると指摘する。

今回の紛争は、両国が突風の吹きすさぶ数百平方ヤードの小さな岩礁をめぐって争っているために、いっそう目立つものになっている。あたかもフォークランド諸島を、楽園のように見たのと同じ状況である。この小さな島は1982年に国連海洋法条約によっていっそう重要になった。条約によれば、署名した国々は200海里経済水域を設定し、排他的漁業権とともに天然資源と海底を開発できる権利をもつようになる。竹島/独島を占有する国は16万600平方マイルに達する海域と大陸棚を独り占めし、ここの無限の潜在力を活用できるのだ。

この島は豊富な漁場の中心に位置し、重要な鉱物と石油資源があると推定される。天然資源の不足を敏感に考える産業国家としては、重要な意味をもたないわけにはいかないのだ。韓国はとりわけ敏感である。今月、日本の高野紀元大使がそうであったように、日本のこれまでの立場を確認しただけだったのに、あたかも敵対感というほどの、蜂の巣を突ついたような騒ぎになっている。

この島に対する日本の支配を記念する「竹島の日」制定についての提案がなされたことで、事態はいっそう悪化してしまった。昨年、麻生総務大臣は韓国が独島／竹島の全景を収めた郵便切手を発行すると、韓国の郵便物の取り扱いを拒否すべきであると発言した。

フィナンシャル・タイムズ――〈2005年3月19日付〉

日本との島の紛争で韓国が怒る

アンナ・フィフィールド、ディヴィット・フィーリング

今年は過去の植民地支配国と被植民地国の関係の、正常化40周年を記念する韓日親善の年である。しかし、今週のソウルの街頭で日本はまたしても敵国扱いをされてしまった。日本の島根県と韓国の蔚珍港の中間に位置する火山島をめぐる紛争によって、数年にわたって進行してきた関係改善のための幾多の努力が霧散するほどである。島根県がこの島の編入を初めて発表した1905年2月22日を記念し、「竹島の日」を決めた条例を通過させると、韓国では独島、日本では竹島として知られるこの島の、これまで潜在化していた領有権紛争が再発した。ソウルはこの島が韓国領土であることは、歴史記録が証拠になると主張する。

この紛争は民族主義感情を触発し、1910年から45年にいたる植民地支配に由来する反日感情を再燃させた。韓国はもともと激烈な示威をすることでよく知られているが、それにしても今週の示威は注目すべき意味があった。新聞各紙は日本の主張を宣戦布告に準じる敵対行為と見なした。ソウルの日本大使館の前では、母親と息子が包丁で指を切断し、その指は小泉首相に送られるという。日本の高官は島根県の措置に対する強力な反発に、当惑を隠せずにいる。彼らは両国の友好関係を築くための措置が、まだ多く残されている事実をもどかしく感じている。

最近、日本の漫画と映画が合法化されるなど、韓国内での日本の大衆文化の伝播が控えめに進行していた。有名な映画俳優の裵勇俊《ペ・ヨンジュン》のようなスターは、多数の日本のファンの注目を浴びている。今年、札幌の雪祭りでは「ヨンさま」の氷の彫刻も登場した。しかし、今週に入ってからは、こうした様々な親善の雰囲気がみな消え去ってしまった。ロシアに加えて中国とも深刻な領土紛争を抱えている小泉首相は、冷静な対応を求めている。彼は「当面する歴史的問題が存在する。しかし、われわれは過去の泥沼にもがいてばかりいてはならない」と語り、「われわれは未来志向的な立場で親善を図り、感情的な桎梏を克服しなければならない」と主張した。

韓国の市民団体とネチズンたちが、日本商品の不買を主張する状況において、こうした発言はいかなる反響も呼ぶことはできなかった。韓国政府は青少年に有害という理由で、5つの親日のウェブサイトの閉鎖を命じた。さらにこの紛争は、韓国と北朝鮮を結びつける驚くべき成果をもたらした。韓国は北朝鮮で発行された独島切手の輸入を検討している。韓国の政治評論家・沈在勲は、中国と韓国の民族主義的怒りは、小泉首相の靖国神社参拝と日本の限りない戦争行為の歪曲に対する不満が、蓄積されて現れたものと論じた。

また、経済的背景も存在する。沈在勲は「韓国人は日本の行為が、タラとイカなど漁業資源が豊富なこの海域に侵入しようとする、日本漁業界のロビー活動の結果と見ている」とも語った。この島の周辺海域には6億トンに達する天然液化ガスが埋蔵されているともいわれている。韓国にとって日本は第3位の貿易相手国である。昨年、日本は韓国から217億ドル分の商品を輸入し、韓国へ461億ドル程度の商品を輸出した。

軍事的衝突が予想されることがひどく憂慮される。木曜日に日本の偵察機が紛争地域の16㎞にまで接近すると、韓国はこの島に対する航空巡察を強化した。韓国政府は島根県の条例に対して公式に抗議をし、主権の問題においては日本との関係悪化をも敢えて甘受すると警告した。韓国統一部長官の鄭東泳は「最近、日本が行った一連の措置は、日本が隣国と共存する意思があるのか、根本的に疑わしい」と語った。

国内的要因も存在する。韓国の分析家たちは国内問題から関心を逸らすために、部分的にこうした紛争を利用する側面があると語る。「独島は天から恵まれた贈り物のようなものだ」と、高麗大学校の国際関係学のキム・ピョンギ教授は述べている。「この数年間は困難な時期だった。経済状況が悪化しており、韓米同盟が揺れ動き、補欠選挙も迫っている」。北朝鮮に対して強硬路線をとるようにというアメリカの圧力が徐々に加わる状況のもとで、韓国は独島紛争による圧力に容易には屈服しないとの意志をアメリカに伝えている。ライス国務長官は、本日、ソウルを訪問する予定である。

インデペンデント――――〈2005年4月11日付〉

日本教科書の歴史修正と中国と韓国の怒り

デヴィット・マクニール

先週末、数千名のデモ隊が北京の日本大使館に投石し、「日本のブタどもは帰れ！」「歴史の歪曲をやめろ！」と叫んだ。中日関係が憂慮されている。大勢の中国人は日本の教科書検定が、15年間にわたる日本占領の事実を回避しようとするものであり、アジアの主導国とアジアで浮上する国のあいだの不安定な同伴関係を揺るがす事件であると抗議している。

韓国でも同様な示威が行われた。キル・ウォノク（길원옥）と同僚たちは、ソウルの日本大使館の前に集まり、日本政府を激しく批判した。「誰が私の苦痛を癒やしてくれるのか！」と、77歳の病弱な老女は叫んだ。彼女は10代の頃、日本軍によって強制的に慰安婦として連行されたという。彼女は「私が穏やかに死ぬことができるように、過去に対して贖罪せよ！」と叫んだ。

日本帝国の軍隊に慰安婦（性奴隷）として連行された女性は20万名に達する。そのうち生き残っ

た人々は1992年から日本大使館の前で集会を開き、謝罪を要求している。時間も死も彼女たちの怒りの感情を押しとどめることはできない。中国人と韓国人がもうひとつ侮辱と見なす日本の行為は、彼女たちの集会に新たな活力を提供する。韓国政府のイ・キュヒョン（이규형）報道官は「1945年までに行われた日本のアジア占領を美化し正当化する」と批判したように、日本の〝新しい教科書〟は、怒りの炎に油を注ぐ結果になった。

最も批判の的になっている歴史教科書は、慰安婦に関するすべての記述を削除した。そして韓国と中国が日本の占領を望み、これを通じて両国とも恩恵を得たと記述している。ある社会科教科書は、1945年以来、韓国が実効支配している竹島（韓国名では独島）に対して日本の所有権を主張する。穏健な論調で知られる「コリア・ヘラルド」は、社説でこれを「完全にナンセンス」と評した。

右翼メディアグループの支援で、新国家主義の学者らが著述した二つの教科書は、2001年以来、約100万部も販売された。こうした〝成功〟は歴史教育を強く右方向へ転換させるのに貢献した。今年度に刊行された8種類の歴史教科書のうち1種類だけが慰安婦問題を扱っている。しかし、これは90年代半ばの7種類に比べると明らかに減り、戦争犯罪に対する言及も内容が顕著に減少したり削除されたりしている。

日本がキル・ウォノクと仲間たち生存者の怒りを無視できたとしても、最大の貿易国である中国における週末デモは、はるかに憂慮される状況である。教科書問題は小泉首相の靖国神社参拝と、中国と日本の領土問題である魚釣島（日本名は尖閣列島）に対する日本の処理によって、すでに悪化の一路を辿っていた中国人の感情をいっそう激化させている。日本商品の不買運動が広がり、青島と深玔の日本企業に対する攻撃は投資者たちを脅かしている。

日本の国連安全保障理事会の非常任理事国入りに反対する、中国のオンラインでの呼びかけには、2500万名が賛成の署名をした。先週、中国外務部のリウ・チャンチャウ報道官は、日本が侵略と関連した「一部の歴史的事案を明らかに破棄」するまでは、日本の非常任理事国入りは認められないと語った。政治・経済的に希望にあふれていた日本は、整理されない歴史によって手詰まりになり、突破口を探している。

教科書問題に対する日本の反応は、歴史解釈の違いが紐帯関係を損なわないことを望むとの婉曲な声明だけだった。小泉首相は「感情を抑えることが大切だ」と語った。そして、こうした陳腐な外交的修辞の背後には、自分が属した自民党議員らの強い同調が潜んでいる。中山文科相を含む100名以上の自民党議員が、公然と学校での歴史教科書の修正運動を支援している。小泉政府のもとで、数百名の教師たちが国［事例：国旗・国歌など］に敬意を示さないとの理由で処罰された。

多くの政府関係者たちは、これまで日本は十分に謝罪しており、1980年以来、中国だけでも3兆円に達する海外援助を提供したと語る。彼らは中国が愛国心と反日感情を助長しており、韓国は日本との協力に関する自国の歴史を整理するのに失敗したと語っている。

教科書改訂の賛成論者たちは、過去の植民地支配について教えないアメリカとヨーロッパの「偽善」を批判する。右派指導者の一人である藤岡信勝教授は、「英国は戦争犯罪を犯した。アメリカも同じだ。日本の生徒は祖国を嫌悪する教育を受けねばならないのか。彼らは戦争のときに日本だけが過ちを犯したと学ぶのではないか?」という。

しかし、日本は暗い植民地支配の過去を清算するためにしたことがほとんどない。東京都の教師であり、教科書改訂反対の運動家である長谷川隆は「こうした教科書のために、日本政府はアジア全域で世論の逆風を受けている。もし、中国の共産主義者らに非難されたくないと思うなら、なぜ、彼らの有利になるように行動しているのか?」と反問する。

日本は昨年17%も増えた中国との貿易を強く希望している。中国はアメリカを超えて日本の最大の貿易相手国として浮上した。韓国とは文化交流の拡大を希望している。これを通じて偏った歴史認識からもたらされる問題を克服できると考えているのだ。しかし、世界で最もダイナミックな経済地域での長年にわたる民族主義の衝突は、経済にも好ましくない影響を与えるのである。

日本帝国のアジア支配を称賛する新たな教科書の改訂を支持する日本人はごく少数である。けれども政治家たちの支援は、教科書改訂運動に大きな影響を与える。改訂賛成論者たちはすでに日本最大の東京都教育委員会を掌握した。この委員会は、この夏から新たな教科書を数千もの公立学校で使用することを決めたのである。

デイリー・テレグラフ――――――――――――〈2005年4月23日付〉

粗削りの民族主義が東アジアを脅かす

1955年のバンドン会議で、中国の周恩来総理はアジア・アフリカ諸国に対して、中国は威嚇しはしないと語った。昨日、ジャカルタで開催されたバンドン会議50周年記念式で、中国の胡錦濤主席は大勢の聴衆を前にして同じ意味の演説をした。彼は「中国はいつも開発途上国の一員である」とし、「手を握り肩を並べよう」と語った。しかし、胡主席は北京と東京の関係を悪化させ、首脳会談に暗雲をもたらしている問題については言及しなかった。1930年代と40年代に軍部政権が加えた「過酷な苦痛と損傷に対して深い反省と心からの謝罪」を表明し、和解を提案したのは小泉首相だった。両首脳は懸案となっている現状を打開するために、本日、会談する予定である。

戦争当時、中国本土で恣行された日本の蛮行に対する教科書内容の改訂問題、東中国海での天然ガス開発競争、そして日本の安保理非常任理事国入りの意図などで、中国において日本嫌悪感が蔓延している。憲法に過去の軍国主義についての記述をし、書面で謝罪せよとの要求のために、日本外交は困惑を隠せずにいる。大阪では中国に反対するデモがくり広げられもした。いまや最高の指導者レベルでの調整が必要な状況になっており、双方は妥協の姿勢を示している。小泉首相は靖国神社参拝をやめねばならない。ここは1000名の戦犯を含めて国のために亡くなった人々を追慕する場所である。

日本政府はさらなる熱情をもって、終戦60年が経過したいまでも誤った歴史観に基づく教科書問題を解決しなければならない。日本は中国と韓半島での、そして英国軍の捕虜に加えた過酷な行為による道徳的責任の容認を惜しみ悪名を轟かせている。しかし胡主席の立場も安心できるものではない。中国は戦後の日本憲法の平和的性格と、自国の経済発展に対する日本の重要な寄与を認めなければならない。毛沢東の虐政と1989年の天安門事件の真実が、いまだにヴェールに包まれている状況のもとで、昨日、英国のイーシン中国大使がそうだったように、日本だけに歴史に対する態度の変更を求めるのは理にかなうものではない。

今回の状況は、両国間の広範な貿易と投資関係だけでなく、世界で最も不確実な地域の安定が問われる問題である。1998年、北朝鮮は日本の本州を飛び越えるロケットを発射し、核兵器の開発を進めている。中国は愚かにも反分離法案を通過させ、台湾との緊張を高揚させた。日本と韓国は教科書と竹島/独島問題で争っている。現在、東アジアの両大国には精製されない民族主義が横行している。あたかも1930年代のヨーロッパで広がった状況のようである。

この地域の核武装競争は、これまでの数十年も続いていた驚異的な経済成長を、雲散霧消させるかもしれない。こうした状態の広がりを防ぐためには、未来に対するビジョンと道徳的勇気が必要であり、アジアの平和に責任を負うアメリカの役割が重要である。さらに、中国と日本がこれまで不足がちだった政治的調整を通じて、平和の土台を築かねばならない。胡錦濤主席と小泉首相の決断に多くの部分がかかっているだけに、両首脳はそれぞれ自国の国粋主義と戦って打ち勝たねばならない。

フィナンシャル・タイムズ――〈2005年12月14日付〉

東北アジアの地域統合を推進しよう

アンナ・フィフィールド

日本・中国・韓国は戦争犯罪や領土紛争に関する民族主義的な立場とは関係なしに、地域内の協力を進めるために、外交と世論を分離させねばならないと、今日、国際危機グループ（International Crisis Group）が勧告した。影響力のあるシンクタンクは、東北アジアが世界で最も統合が遅れた地域だと認定し、中国・日本・韓国は相互の問題を論議し、エネルギーと安全保障などの利害の共通する分野での協力をするために、フォーラムを結成する必要があると語った。「成功的な進行を前提に、現在、北朝鮮の核の危機を解決するために行われている六者会談を、今後の地域安保会議体に発展させることができる」と展望しながら、「しかし、その可能性には様々な不確実な変数が存在する。日本・韓国・中国はこの地域に山積する難題を解決するために、さらに待機することは望ましくはない」と主張した報道もある。その報道は今週、中国の温家宝総理と盧武鉉大統領が、小泉首相の靖国神社参拝を理由に、彼との会談を拒否した時点で出た。

中国と韓国は靖国神社参拝と教科書改訂問題のために、日本との厳しい関係悪化を経験したことがある。ここには日本の自国の戦争犯罪を軽視しようとする認識が潜んでおり、またこれらの国とのあいだには、潜在的経済価値をもつ海洋領域の紛争が残されている。この紛争がこれらの国々の最大の利害関係をもつ問題であると国際危機グループは判断する。報道によれば「中国の支援がなければ、日本は国連の非常任理事国入りの野望を実現することはできない。強大国として成長した自国の位相を世界で認定させる中国の目標は、日本領事館を攻撃するデモ隊によって打撃を受けた」、そして「韓国は北朝鮮との和解及び最終的な統一を成し遂げるために、隣国［日本のこと］から強力な政治経済的支援を必要とする。民族主義的な訴えと過去の恨みを強調することは、選挙に有利ではあるが長期的には外交的損失をもたらす」。

安保、経済、政治組織において前進するヨーロッパとは異なり、東北アジアはあたかもペルーとマレーシアの関係のように、ひどく異質的な国々で構成された広範囲な地域なのである。「欧州統合は石炭と鉄資源を共有するために、フランスとドイツの相互協議で始まった」と指摘しつつも、国際危機グループは東北アジア三国が、北朝鮮の気まぐれに振り回されることのない、エネルギー問題のような共同の関心事を扱う機構を設立するように勧告した。

アメリカだけでなく国際危機グループは、三か国が次のような措置をするように促した。

・紛争地域で一般的な軍事演習は控えること。
・軍事交流と合同演習、信頼構築措置を広げること。
・核廃棄物処理場のような問題を扱うエネルギー安保と協力関連地域の機構を設立すること。
・災害対応及び環境保全のために、相互協力プランを準備すること。

これらとともに、国際危機グループは日本が自国の戦争犯罪に対する生存犠牲者支援、そして靖国神社に代わる戦没者の追悼施設を設立するための公共基金を準備し、日本の閣僚たちが自国の植民地支配行為の美化や矮小化する発言を自制しなければならない。

韓国は独島／竹島で実施している自国と日本漁船の漁獲割当量に関する協定を遵守しなければならない。そして既存の国境条約を認めることを明らかにし、国交正常化条約に基づき提供された日本の経済援助を公然と認めて感謝すべきである。

中国は自国のインターネット利用者が、日本や西側の媒体に容易に接続できるようにし、彼らが多様な視角をもてるようにすべきである。東中国海に埋蔵されている石油及びガスを共同開発しようという日本の提案を原則的に受け入れるべきであり、また、自国の経済発展における日本の役割を公然と認めなければならない。

フィナンシャル・タイムズ――――〈2006年4月25日付〉

日本と韓国の海洋紛争が激化している

アンナ・フィフィールド

韓国と日本のあいだの領土紛争が激化している。先週火曜日、盧武鉉大統領は独島に対する日本の権利主張に「強力に断固たる」対処をする旨の声明を発表した。韓国では独島、日本では竹島として知られているこの島は、両国間でくり返される緊張の震源地だった。しかし、この争いは日本が「韓国の完全な解放と独立を否定しようとしている」との盧大統領の発言とともに、より大きな紛争に広がっている。盧大統領は全国向けのテレビ演説で「日本の独島領有権の主張は、過去の帝国主義侵略戦争のあいだに占領したものを根拠にした欲求である」と語り、こうした日本の行為は日本が20世紀の前半に支配した韓半島に対する支配権回復をめざす意図と関連があると主張した。「これは日本が恣行した40年間の搾取、拷問、投獄、強制労働、そして甚だしくは『軍隊慰安婦』問題ばかりでなく、侵略戦争と虐殺という日本の犯罪行為を正当化しようとする仕業である。われわれはいかなることがあっても、これを許すことはできない」と付け加えた。

現在、韓国が実効支配している問題の島の周辺海域で、海洋調査を実施すると日本が発表するや両国間の緊張は一気に高まった。気象悪化を理由に、日本は調査船の派遣計画を取り消したので、両国の海上衝突の可能性はぎりぎりで回避された。その後の緊急週末会談で暫定的妥協がなされた。日本の海洋警備艇の探査を封鎖するために20隻の韓国の戦艦が待機していた。この地域は豊富な漁業資源とともに、相当量の天然ガスが埋蔵されていることでも知られている。

日本の関係筋は盧大統領の強い語調が、かなりの部分、日本ではなく自国の民族主義感情に向けられたものと見ている。韓国では重要な地方選挙が迫っており、盧大統領の与党の苦戦が予想されているからだ。

小泉首相は「われわれは韓国との善隣関係に基づき冷静に対処する」と語った。9月に就任した安倍晋三首相は、盧大統領の放送に対して内容を検討する時間が必要との理由でコメントを拒んだ。先週、安倍首相は問題の島周辺の海底を探査するのは日本の権利という、自分の発言に対して断固とした立場からだとしたが、これは両国の外交紛争の直接的な原因となった。韓国は紛争海域の海底地質に韓国式名称を付けることを急がないと約束し、以後、日本は探査を保留にした。

日本国際問題研究所の客員研究員であるロバート・デューリック（Robert Dujarric）は、韓国大統領だけでなく、日本が困惑した理由が明らかでないと述べている。彼は「誰も、日本が武力を使用しないことは知っている。けれども、このように自国の欲求を強く主張するのは理解できない」と語る。日本がさらなる有益な地域関係をつくるためには、独島／竹島に対する領土要求を一方的に撤回することが必要だと付け加えた。西ドイツはヨーロッパにおいて類似した戦略によって相当の外交的利益を得ているからである。

フィナンシャル・タイムズ——〈2006年5月15日付〉

独島紛争で韓国に民族主義の熱風が吹いている

アンナ・フィフィールド

カモメが雲の垂れた上空を旋回し、風が吹きすさぶ独島東側の防波堤に、一隻の小型船が辿り着くと、10余名の興奮した韓国人が島に上陸した。短いパーマ頭に草花のシャツ、チェックのズボンを身に着けた主婦ら60余名が集まり、岩石をバックに写真を撮っている。楽しげな主婦たちと抱擁していたソウルからやってきた24歳のチェ・ジェオク（최재옥）氏は、「独島にやってこられて、とても嬉しく誇らしく思っています」と答えた。「歴史的にも文献の上でも、独島は当然に韓国のものです」。

韓国では独島で、日本では竹島である東海の小さな島は、韓半島から250㎞ほど離れており、32名の警察官と最近帰島した60代の夫婦が暮らしている。この島は韓国と日本のあいだで反復される紛争の核心に位置している。先月、日本は漁業資源が豊富でガスが埋蔵されていることと、両国の排他的経済水域の境界が曖昧なこの海域を調査すると主張すると、またしても紛争が起こった。しかし、こうした激しい紛争はただ小さな岩島とイカによるものではない。これには経済・外交・安保関係が影を落としている。特に日本と韓国はそれぞれアメリカと軍事同盟を結んでいるだけに、状況はいっそう複雑になっている。

韓国人にとって「独島」は、日本帝国主義から解放された韓国人の自負心と同じ意味をもつ単語である。1905年、この島は日本に併合された最初の韓国領土だったが、1950年代からは韓国がこの島を実効支配している。韓国大統領室のウェブサイトに登場する映像には、「誰にも明白な事実を、なぜ日本は認めることができないのか」というナレーションが流れる。日本が独島に対する主張を続けるならば、日本と韓国が平和と相互理解のなかで、ともに繁栄する未来はない。なぜならば、日本帝国主義の侵略で最初に踏みにじられた韓国の領土が、まさに独島であったからである。

小泉首相の靖国参拝と日本の軍国主義を美化する教科書問題で緊張関係が増すなか、韓国政府は独島に対する領土主権の主張に全力を傾けている。独島が韓国領土であることを示す500年前の地図を載せたパンフレットを発行し、独島防衛の各種措置を担当する特別チームが組織された。独島の施設改善と周辺海域調査のために3600万ドルの予算が投入され、韓国通信［韓国電気通信公社（KT）のこと］は独島に初めて個人電話線を設置した。通信サービスによって独島の主人が誰であるかを立証するというのだ。

この島に対する日本の主権主張に怒らない韓国人はいない。紛争が激化すると、独島訪問客の数は2004年の1673名から、昨年は4万名と20倍以上に増えた。紛争によって民族主義的熱情が噴出しており、分析家たちは5月31日の韓国の地方選挙に、この熱情が利用されていると語っている。しかし、政府関係者たちは韓国の民族主義は、たんに「虚像」にすぎないもので、韓国の民族主義感情を刺激しているのは日本の政治家だと主張する。こうした領土紛争は東北アジアの関係に暗い影を投げかけている。日本は東中国海で島と天然ガスをめぐって中国とも紛争を引き起こしている。

先週、アナン国連事務総長は、日本・中国・韓国がヨーロッパ式の和解の道を辿らねばならないと強調した。アジア巡訪に出る前に、彼は「隣人を選ぶことはできない。共存するしかない」と語っている。

ドイツ外交関係委員会の委員長などを歴任したハーバード大学のカール・カイザー客員教授は、ヨーロッパでの和解と関係回復のための前提条件が、東北アジアではまったく存在しない。「とりわけあらゆる指導者たちが協力し、民族主義の広がりを防ぐという認識がない」と述べている。カイザー教授は、日本は静かな外交を通じて、韓国もやはり静かに受け入れるポーズをすべきであると主張する。

しかし、多くの韓国人はもはや遅すぎたと考えている。独島観光客の一人、ファン・ソンチョ（황성조）氏は、「歴史は強大国によって決定されると思っている。われわれは日本みたいに強くはない。これは領土紛争がわれわれに不利な方向に向かうことを意味する。そしてこの紛争が永遠に続くという恐れを抱いている」と語った。

デイリー・メール――〈2008年7月14日付〉

韓国が島の紛争で駐日大使を召還

日本が長らく紛争の対象だった島の帰属問題を教科書指針に入れると発表すると、韓国政府は日本駐在大使を召還した。韓日両国は無人の小島に対する領有権を主張してきた。この島を韓国は独島と呼び、日本は竹島と称している。島の周辺は漁業資源が豊富なことで知られている。

日本政府は中等教科書教育指針に、この島を日本列島と記述する旨を、すでに韓国に通告したと発表した。韓国の大統領室は李明博大統領が過去の歴史をそのままに受け入れ、未来志向的な両国関係を築いてきた両国指導者間の合意を勘案すれば、今回の日本の措置に対して大きな失望を覚え、遺憾の意を表すると公式に発表した。韓国は両国間の紛争が起きている島に対する主権問題を再び提起したことに抗議して、駐日大使を召還した。そして「日本は韓国との未来志向的関係を約束しておきながら、政権交代のたびに独島問題のような紛争を助長する行為を反復してはならない」と発表した。

聯合ニュース［「聯合通信」は88年12月に社名を「聯合ニュース」と変更］は、大統領室関係者の発言を引用し、韓国が独島防衛と関連した措置をすると報じたが、日本政府のスポークスマンは冷静さを要求した。「言うまでもなく韓国は日本の重要な隣人であることは明らかである」と、町村官房長官は語り「われわれは一つひとつの問題によって、日本と韓国の関係が影響を受ける状況を避けたいと思っている。そして両国が冷静にこの問題に対応することを希望する」と付け加えた。

日本文科省のある関係者は、たとえ教師及び教科書出版社を対象とした今回の指針書が強制的なものではないにせよ、学校教育と教科書の内容に何らかの影響を及ぼすだろうと語った。文科省は教育指針書で「わが国と韓国が竹島に対して互いに異なる主権の主張をしている事実に言及し、わが領土に対する理解を強める必要がある」としている。

この問題は日本とその隣国とのあいだで起こった長い領土紛争のひとつである。先月、日本の海上保安庁所属の警備船と台湾の漁船が衝突した。この事件で台湾船舶は沈没し、漁民1名が負傷する事件が発生すると、日本が尖閣と呼び、中国、台湾が魚釣島という島の所有権をめぐる紛争が再発した。多くのアジアの国々では、学校教科書が政府の見解を表すものと考えられており、ときには国際紛争の原因になることもある。2005年にも数千名の中国人が街頭に出て、日本教科書に対する抗議の示威をくり広げた。

独島に関する英国の認識——報道から見えるもの

本調査の目的は、1995年から現在に至るまでの英国のメディアにおける独島関連の記事を調査し分析することである。調査対象紙は14紙で関連記事を掲載していたのは7紙、記事総数は54件だった。多くは、東アジアに駐在する専門の特派員によって書かれており、専門家からの非公式情報として伝えられていた。

英国のメディアは、韓国と日本の独島に関する領有の主張に客観的かつ中立的な立場で報道しているようである。ただ、彼らにとっての独島とは、韓国と日本間の領土問題であり、また、将来的に東アジアの国際関係を損なう可能性がある緊張の象徴である。記事には、どちらかの国を論争の責任者だと非難する意図はない。それよりはむしろ韓国と日本、両国の独特の反応を強調している。日本が、冷静な対応を求めるのに対し、韓国は、民族主義的感情にあおられ、強烈な、もしくは、より過敏な反応を見せているというのである。そしてさらに、独島論争は、韓国の国内問題のために政治的に利用されていると指摘している。彼らはヨーロッパにおいて和解を経験したことで、論争の〝平和的な外交努力による解決〟を好むのである。

英国のメディアで他に特筆すべきこととして、日本の歴史事実の歪曲と軍国主義の復活に対する鋭い批判がある。過去において残虐行為に関与した事実を日本政府が認めようとせず、そしてそのことが近隣諸国と日本の関係を悪化させている主要な原因と言わざるを得ないというものである。したがって、この記事が示すところは、独島領有の主張を宣伝する最良の方法のひとつとして、独島の領有と日本による歴史事実の歪曲に対する大規模な反駁を結びつけるべきだということである。

ドイツ・メディアの独島認識

崔豪根
（高麗大学校）

Ⅰ．まえがき

ドイツはヨーロッパ中心部に位置する地政学的条件によって、ヨーロッパで最も多くの国々と国境を接している。すなわちポーセン（Posen）地方ではポーランドと、アルザス＝ロレーヌ（Alsace-Lorraine, ドイツ名 Elsab-Lothringen）地方をめぐってはフランスと対立するなど、国境線の画定において周辺各国と幾たびも領土紛争を経験してきた。これまで数世紀にわたって累積された紛争は、ドイツの植民地支配の過去の歴史と重なっており、いまでも多くの不和の火種を抱えている。

こうした経験を有するために、ドイツ・メディアは東アジア地域の領土紛争に対してもかなりの関心を示してきた。同時に東アジア地域の経済成長にともない、これらの地域諸国との利害関係が増すにつれ、ドイツはこの地域諸国とのあいだに生じる事件に格別の注意を払うようになった。こうした背景から独島問題についても、ドイツ・メディアは多様な形態で報じており、最近の報道頻度は増えている。

ここではドイツの世論と政策決定者に、大きな影響力を及ぼしている主要日刊紙と週刊誌を中心に、独島問題がいかに扱われてきたかを分析してみようと思う。必要に応じて月刊誌、テレビ、ラジオ放送についても取り上げることにしたい。分析期間は１９９５年から２０１０年までである。

1. 分析対象と範囲

ここではドイツのほかに、部分的にスイス・メディアの報道内容についても分析をした。なぜならスイスは歴史・文化的にドイツ語圏の一角であり、特に南部ドイツがそうであるように、スイスの主要メディアに絶えず接しているドイツ人が多いからである。スイス・メディアは、ドイツ語圏のもうひとつの軸であるオーストリアとは異なり、独島問題を頻繁にかつ深層的に取り上げている。

われわれはドイツ・メディアのうち、まず4大日刊紙に注目した。現在、ドイツでは約430種の日刊紙が発行されているが、そのうち最も注目されているのは「ディ・ヴェルト(1)(Die Welt)」「フランクフルター・アルゲマイネ・ツァイトゥング(2)(Frankfurter Allgemeine Zeitung)(「FAZ」)」「南ドイツ新聞(3)(Süddeutsche Zeitung)(「SZ」)」「フランクフルター・ルントシャウ(4)(Frankfurter Rundschau)(「FR」)」「ハンデルスブラット(Handenlsblatt)」及び「ビルト(Bild)」である。このうち経済専門紙の「ハンデルスブラット」と大衆紙「ビルト」は、新聞の性格上、独島問題を扱ってはいるものの、間欠的に扱ったり、あるいは最初から取り上げていないため、ここでは前掲の4大紙だけを分析している。論調との関連で見ると、「ディ・ヴェルト」「FAZ」「SZ」「FR」はそれぞれ保守、中道右派、中道、進歩系の読者層をつかんでいる。この4紙を分析することは、ドイツ人の独島問題に対する平均的認識を確認することにも通じる。

次に、週刊誌からは「シュピーゲル(5)(Spiegel)」と「ディ・ツァイト(6)(Die Zeit)」を取り上げている。この両誌は「フォーカス(Focus)」とともに、ドイツの3大週刊誌と言われている。大衆的週刊誌を標榜する「フォーカス」は、その性格上、独島問題を扱ってはいないので、「シュピーゲル」と「ディ・ツァイト」だけを分析対象とした。

独島問題はラジオ及びテレビで間欠的に報道されてきた。しかし、ここでは、「N－TV」「ドイッチェ・ラジオ（Deutschlandradio）」「ドイッチェ・ヴェレ（Deutsche Welle）」「チャンネル・パートナー（Channelpartner）」「20分（20 Minuten）」などの報道内容を参照する程度に留めている。さらに地方紙的性格の「タゲシュピーゲル（Tagesspiegel）」「ハンブルク夕刊（Hamburger Abendblatt）」「エポックタイムス（Epoch Times）」などと、ドイツ国民の政治教育用にドイツ議会が発刊している「議会（Das Parlament）」の記事を必要に応じて分析することにした。

スイス・メディアからは、ドイツの主要日刊紙よりも独島問題を多く扱い、深層報道において他紙の追随を許さない「ノイエ・チュルヒャー・ツァイトゥング（Neue Zuricher Zeitung）（「NZZ」）」の記事の分析に多くのページを割いた。同紙はドイツ語で発行されるスイス最高の日刊紙で、これまで独島問題に関する数多くの分析記事をドイツ語圏以外のヨーロッパやアメリカの知識人読者にまで紹介してきた。例えば、韓国のメディアや外交通商部など政府機関の関心を触発した日本学専門家フロリアン・クルマス[7]（Florian Coulmas）の寄稿文「独島なのか、竹島なのか[8]」などの紹介はそのひとつである。

本章での分析期間は1995年から2010年までとした。なぜなら、それ以前の時期における独島問題の報道は散発的なものに留まっており、意味ある分析を期待することはできないからである。多様な観点からドイツ・メディアが独島問題を扱うようになったのは、1995年前後と考えられる。ここで集中的に取り上げるメディアの場合も、本格的に独島問題を扱うようになったのは、1995年からである。そして翌96年には関連報道が爆発的に増加している。このように1996年が本格的なスタート時点となったのは、同年2月に、韓国側が軍事的示威を断行するなど、独島をめぐる韓日両国の紛争が深まったからである。軍事的衝突の危険性が高まるにつれ、ドイツの主要メディアは初めて独島問題の淵源が、極めて重層的な性格をもつことを知った。

こうした点を考慮し、ここでは1995年から最近までドイツ社会における独島問題の認識がいかに形成されてきたか、また、どのような趨勢を示してきたのかを明らかにしていきたい。

2. 分析の主眼点

ここではメディア別に、独島関連記事の報道内容を分析する。そしてこれを基礎に、主要メディアにおける独島関連記事の脈絡と趨勢の変化を総合的に把握する。そのためには、まず独島問題を扱ったメディアの報道の組み立て（framing）の把握に努めた。個別メディアの報道の組み立てを把握するために、特に注目したのは次の点である。

第1に、独島という名称についてである。ドイツ・メディアが独島を指し示す表現には、Dokdo、Tokdo、Tokto、Takeshima、Bambu - Insel、Liancourt - Felsen がある。前の三つは韓国語の「独島」を英語風に綴ったものである。Tokdo（あるいは Tok-do）や Tokto という表現は、独島問題がドイツ・メディアに広く知られる前に使用されていたが、Dokdoが公式名称化されるにつれて消滅してしまった。2005年前後、[9] あるいは最近においても、[10] TokdoやToktoという表記が使用されたこともあったが、この二つの表現は1990年代半ば以後は、ほとんど影をひそめた。Bambu - Insel（竹の島）という表現は、日本人が使用するTakeshimaの言語的意味を説明するために、補助的に登場する程度である。フランス人リアンクールが発見した岩礁という意味のLiancourt - Felsenは、独島の淵源を説明する際にのみ限定的に使用されている。[11]

問題の核心は、該当する報道が「独島」か「竹島」かという選択の問題、すなわち、価値判断の問題として扱われているかどうかである。もちろん、ドイツ・メディアがこの問題に関して、直接的に価値判断をくだす場合はほとんどない。それでも報道において独島と竹島のうち、どちらの表現を好んで用いているかという点は、見過ごせない複雑な意味を内包している。名称問題には、それを扱おうとする内容に対する理解水準、そしてそれへの視角が反映されている場合が少なくないからである。したがって、われわれは個々の報道で「独島」と「竹島」のうち、どちらが使用されているか、また、両者の併記の場合に前後関係でどちらが先になっているかを調べてみた。さらに報道の脈絡から見て、これらの使用は一定の意図を反映したものかどうかなどを検討した。それと同時に、独島を囲む海域を示す際に、「東海（Ostsee）」と「日本海（Japanisches Meer）」のいずれなのか、あるいは両者併用なのかについても探ってみた。

第2に、記事のタイトル、視覚資料［写真など］の有無とその内容、そして報道の分量についても考察した。例えば「韓国と日本の不和——無人島をめぐって新たに燃え上がった論争(12)」というタイトルと、「韓国、紛争中の島の付近で軍事作戦を展開中(13)」というタイトルが与える印象は大きく異なっている。もちろん、タイトルだけで報道の内容と立場の判断はできないが、後者の場合、予備知識が十分でない読者には、韓国に対する否定的な判断を与えかねないからである。特に後の記事の場合は、分量が84単語にすぎないので、軍事作戦前後の経過と歴史的背景などを十分に説明する余裕がなく、読者が韓国側に否定的な印象を抱く確率が高くなっている。

第3に、情報の出所も報道分析にあたって重要な参考要件となる。独島問題に関するドイツ・メディアの報道内容を検討すると、短信である場合には海外通信社などの打電ニュースを縮小したものが多い。また、分量が多い場合には、インタビュー、ルポルタージュ、外部専門家の寄稿、特派員の送稿などが増えてくる。一般記事である場合は、専門家や関連国の責任者の見解を引用する場合が多くなっている。したがって情報の出所を把握し、そうした情報がいかに濾過（filterring）され、どのような位置に配置（positioning）されているかを把握する過程が必須になってくる。

第4に、独島に関する記事の問題意識、すなわち、報道の脈絡についても分析する必要がある。短信記事を除けば、ドイツ・メディアの独島報道は、領土論争、歴史教科書問題など、過去の歴史問題をめぐる葛藤を扱うケースが多い。また、東北アジアの外交秩序の変化と軍備増強、海洋資源の確保をめぐる紛争、北朝鮮の核問題などもある。このうち領土論争や過去の歴史に関する葛藤は、ドイツ現代史と直結しているので、ドイツの経験が反映された視角から報じるケースが増えてくる。このような場合は、報道内容が個々のメディアの政治的論調と関係することが多いので、この点を十分に考慮しておかねばならない。

第5に、独島をめぐる紛争の原因を韓国と日本のどちらに求めるのか、あるいは双方に否定的態度なのかを確認する必要がある。この点で「NZZ」や「FAZ」の一部の記事は明確な特徴をもっている。すなわち、独島問題の淵源として最も重要な要素が過去の歴史と関連している限り、日本はこれに対して責任を負わねばならないとの主張である。こうしたメディアの強硬な見解は、日本側から即刻反発を招くほどで、一般的な双方否定論や機械的中立論を固守するフレームを超えるものである。

以上の主眼点によって分析された個々のメディアの報道は、次のような観点でまとめることができる。

第1に、個々の報道内容をひとつの時間的な流れのなかで、再整理することにより、報道の動機と脈絡を把握する。この過程では報道分量と頻度の増減を併せて考慮する。

第2に、ドイツ・メディアの独島関連報道には、ドイツ社会の関心事が強く投影されている。独島をはじめ東北アジア地域の領土問題は、ドイツとポーランド、ドイツとフランス、ドイツとデンマークのあいだの積年の領土論争を回顧する契機となる。とりわけ過去の歴史問題として、独島はドイツ社会内部の「克服されざる過去（unbewaltigte Vergangenheit）」を連想させる動機と理解される。報道内容によって韓国と日本の両国のうち、どちら側により友好的であるかを確認することができる。

本章は、こうした予備的理解を基礎とし、究極的にはドイツ・メディアが15年間にわたって報道してきた独島問題について、その脈絡と強調点の変化、推移に対する総合点検を試みようとするものである。

Ⅱ．ドイツ・メディアの独島報道フレーム

英国・ロシア・フランスが19世紀から踏査活動を通じて、独島にそれなりに因縁をもっているのとは異なり、ドイツはアジア進出の初期に、独島に対して特別な関心を示したことはなかった。これは何よりもドイツが後発工業国であり、先発の英国やフランスに比べて帝国主義的膨張が遅れた点、そしてロシアとは異なり地理的にも韓国から遠く離れている点に起因するものだろう。こうした背景のためか、ドイツの学界に独島問題に関する本格的な研究成果を見いだすのは難しい。東アジア研究者のうち、ときたまメディアの要請に応じて、この問題に関する助言や寄稿する水準[14]を超えて、独島をひとつの研究主題として成果を生み出している研究者を探し出すのは困難である。ドイツ居住の韓国出身の研究者が提出した博士論文のなかに、独島をめぐる韓国・日本間の葛藤が詳しく整理されている程度である。[15]このほかにジャーナリズム出身のドイツ人で、東アジア地域に長く滞在しながら、独島問題に深い理解を示す研究者がいる。[16]

ところで、ドイツとドイツ語圏にあるスイスの主要メディアが、１９９５年から２０１０年までに独島問題を扱ったケースは全部で１２５件だった。国別ではドイツが99件、スイスが26件で、スイスの場合、これらの記事は前述の「ＮＺＺ」に掲載されたものである。ドイツ・メディアの報道を見ると、４大紙が71件、２大週刊誌が６件、その他の日刊紙と週刊誌が14件、放送が８件である。これを年度別に確認すると次のとおりである。

〈表１〉ドイツの主要メディアの年度別、独島関連報道回数

年度	日刊紙					週刊誌	その他の新聞	放送	総計
	WELT	FAZ	SZ	FR	NZZ				
1995					2				2
1996	2	9	5	4	7	1			28
1997				1	2				3
1998	1				1				2
1999									
2000									
2001									
2002				1					
2003									
2004	1		1			1			3
2005	2	10	1	8	4	3	1	5	34
2006	1	6	2	1	3	1	5		19

２００７		1						1	2
２００８		6	3	1	5		7	1	23
２００９		1		1			1	1	4
２０１０		2			2				4
	7	35	12	17	26				
	97					6	14	8	125

この表を見ると、独島問題に対してメディアが集中的に関心を示したのは、１９９６年、２００５年、０６年、そして０８年である。その理由は何だろうか？

まず、１９９６年の記事を見ると、有力日刊紙の27件のうち、実に19件が2月に集中していることが確認できた。この月はまさに日本の池田行彦外相が、独島の領有権を主張し、韓国の海洋警察隊の即刻撤収を公式に要求している。さらに日本政府が独島を含む排他的経済水域設定を決定したことで、独島問題をめぐる韓日の葛藤が深まった時期である。金泳三大統領の率いる韓国政府も、やはり断固たる措置を表明した。すなわち、国連の新海洋法条約を適用し、２００海里の排他的経済水域を設定すると発表、独島周辺海域に戦闘機まで動員して大々的な軍事演習を実施した。このように主要メディアは、2月9日～21日の短期間に多数の報道をし、ドイツ社会に独島問題の深刻性を認識させた。戦争勃発の可能性まで慎重に予測し、神経を集中したのである。

次いで、同年の秋、魚釣島（日本名は尖閣列島）の問題で、こんどは日中間の紛争が深まると、東アジア地域における領土紛争全般を集中的に報道するようになった。最も関心を示した「FAZ」の場合は、異例的に1090単語[17]と1020単語[18]という大きな紙面を割き、独島をめぐる紛争の淵源と現況について深層的な報道を行った。

量的に見ると、独島に関する報道が最も頻繁に登場したのは2005年である。この年の紛争の震源になったのは、日本の右傾的歴史教科書が触発した過去の歴史の克服問題だった。独島を日本領土と見なすなど、偏向した民族主義的な叙述で貫かれたこの教科書は、韓国と中国から強い批判を招き、ついには日本の国連安保理の非常任理事国入りに反対する国際世論が形成された。領土問題─教科書─非常任理事国と続く一連の問題は、ドイツ社会の関心事とまさしく一致している。だから独島→韓日関係→東アジアの秩序と拡大される影響の同心円に、メディアが大きな関心を示したのは、あまりにも当然の成り行きだった。とりわけ4月には盧武鉉大統領のドイツ訪問があったため、メディアはそれまでに見られないほど韓国人の発言に注目したのである。こうした現象は、扶桑社版歴史教科書の検定が明るみになった3月11日からいっそう高まり、韓日間の紛争が小康状態になった5月初旬まで、ドイツ語圏の5大日刊紙には21件の独島関連報道が登場した。分量で見ると、「FAZ」が1000単語以上の記事を3回報道し[19]、「NZZ」の場合は4回の記事のすべてが1000単語前後になっていた[20]。こうした関心の大きさは報道の幅と深さだけでなく、少なくとも「FAZ」「FR」「NZZ」の場合は、過去の歴史問題と独島とのつながりを正確かつ詳細に報じている。これら主要メディアのほかに、日刊紙「プレッセ（Presse）」に掲載された一連の記事も、状況の緊急性をよく表すものだった。「プレッセ」は3月18日の特派員の現地取材で「日本海：島をめぐる激しい紛争深まる」という見出しの長文の記事を掲載した。[21]このほかに「N－TV」、テレビとラジオ放送の「ドイッチェ・ヴェレ」も独島問題を取り上げた。

２００６年のドイツにおける独島報道の主要な契機は、韓国の排他的経済水域内において日本政府が水路踏査を強行しようとしたからである。これに対して盧武鉉大統領が、物理的な挑発には強力に対応すると公式に宣言し、韓日関係は再び破局に向かうかのようだった。すでに1年前に多様な形態の報道がなされていたため、前年に比べれば記事の頻度や分量は多くはなかったが、以前の経験があっただけに、メディアは問題の本質を漏らさずに報道していた。２００６年4月25日付の「ディ・ヴェルト」の報道のように、メディアは休むことなく韓日の両陣営を行き来し独島問題について報道した。それは、韓日関係に局限して観察する段階から、さらに一歩進めて語りかけるものであった。ドイツのメディアは、東アジア共同体の理想とヨーロッパ連合（ＥＵ）の現実を対照させながら、独島のような難題があるので、この地域の国々の域内共同体の理想を達成するのは困難と分析する。[22]

２００８年の報道で重要な素材になったのは教科書だった。日本が中学校社会科教科書の解説書に「独島を竹島と表記し、領有権を確保」するとの内容を挿入したからである。これによって韓日関係は悪化し、韓国総理の独島訪問によって頂点に達した。

２００８年の1年間に、5大日刊紙に報道された全15件の記事のうち11件は7、8月に集中している。当時、ドイツ・メディアは独島問題を克服できない東アジアの過去の歴史を喚起させる象徴と見ていた。

さらに検討したのは、主要日刊紙と月刊誌の報道において独島の呼称をどうしているかである。前述した5大日刊紙と2大週刊誌において、これを確かめた結果、全104件の報道のうち、「独島・竹島」と併記したものが67件（64％）、「独島」のみの表記が23件（22％）、「竹島」のみの表記が14件（14％）だった。ただし、こうした表記方法そのものは、報道の論旨や傾向と強い関連性をもつものではない。まず、単独表記の報道のうち、通信社によって提供された海外短信（3件）、独島艦（2件）、南北関係や東アジアの秩序と関連する副次的言及（3件）、写真画報（2件）、独自な意見（1件）の場合は、該当メディアの価値判断とは関係がないように判断される。韓日両国のうちのどちらか一方の政治経済問題に言及する際に、関連情報に言及する場合や直接的な独島関連記事であっても、該当国の立場を紹介する報道であれば、単独表記が特別の意味をもつものではない（19件）。

少なくとも、独島問題がドイツ社会で広く知られるようになった2000年以降は、単独表記自体が報道傾向と関連する指標としての意味をもつものではないといえよう。しかしながら、二つのことが記憶されねばならない。第1は、地名を表記した場合でも、「独島（日本名竹島）」や、「竹島（韓国名独島）」のように、従属的な併記になっているなら、報道前後の脈絡や全体論調に照らして韓国と日本の立場のうち、どちらに友好的な態度を示しているかを判断する余地はあるということである。[23] 第2は、表記方式に対する計量的接近により、意味のある趨勢を発見できることは確かである。「竹島」という単独表記の事例が、1990年代半ばの報道に集中的に現れているのに対し、「独島」の単独表記は、最近になるにつれ増加している点がこれを裏付ける。これは独島問題に関する情報の増加とともに、独島問題を周知させるために韓国政府及び公共機関、さらに市民社会が粘り強い努力を重ねたからである。さらに、日本の遅々として進まない過去の歴史の克服に対する、ドイツ世論の否定的評価が関係しているものと見られる。

Ⅲ．ドイツ・メディアが見た独島

前述のように、主要メディアの報道に焦点を合わせるにしても、記事の数が多いので、次の基準によって内容を分析することにした。

1　独島問題が記事の核心素材になっている場合
2　分量の面で少なくとも200単語以上になる場合
3　上の二つの条件に該当しなくても、該当する報道前後の独島関連記事と深い関連がある場合

こうした基準に照らして、主なメディア別に取り上げられた独島関連の主要報道内容をうかがってみよう。

〈表2〉「ディ・ヴェルト」の独島報道

日付	タイトル	単語数	出所／作成者
1996・2・13	尖鋭化する韓日の島嶼紛争	276	ソウル／東京
1996・6・24	韓国人に謝罪した日本	253	済州／DW
1998・1・29	漁業と領有権をめぐる紛争	343	東京
2005・4・8	日本を攻撃する中国と韓国	395	Johnny Erling
2005・4・11	軍国主義帝国の栄華を懐かしむ日本の民族主義者たち	323	bew

「ディ・ヴェルト」は、1996年2月13日の「尖鋭化する韓日の島嶼紛争」において、新たな漁業協定締結を前にして、独島をめぐる韓日間の緊張が頂点に達したと伝えた。また、韓国政府が3月中に独島付近海域で、大規模の軍事演習を実施すると発表したのは、事態の重大性をよく示すものと報じた。同紙はこの問題の根源が日本の植民地支配にあると指摘し、問題の核心は過去の歴史問題に対して反省をしない日本政府の態度にあると診断した。

同年6月24日には「韓国人に謝罪した日本」という記事を掲載した。首脳会談のために済州島を訪問した橋本首相が、記者会見の場において過去の日本の植民地支配と戦時中の蛮行に対しては謝罪をした。しかし、賠償に関しては言及しなかったこと、また、両国間に紛争をもたらした懸案の独島問題については言葉を惜しんだことを伝えた。同紙は独島地域に対して、日本と韓国がそれぞれ自国の領海と見なすものの、四者会談、そして対北朝鮮問題で相互協力が急がれるため、独島問題は留保されたと解釈をくだした。

1998年1月29日の「ディ・ヴェルト」は、「漁業と領有権をめぐる紛争」という東京発の記事によって、この地域の漁業資源が特別に多くはないことを指摘した。そしてこの問題が経済的利益よりは解決されない過去の歴史と関連し、独島がもつ象徴的意味に問題の核心があると書いた。また、同紙は問題の本質は主権の問題であり、新漁業協定の締結問題は克服されていない過去の歴史を再燃させる契機にすぎないと分析した。この報道で注目される点は、金大中大統領が就任する2月末までに、韓国が政治的空白状態にあると言及し、経済危機に直面した韓国の守勢的立場を最大限に活用しようとする、日本の戦術的態度がうかがえると分析したことである。

「ディ・ヴェルト」の独島関連記事は、7年後の2005年4月8日、日本の歴史教科書問題で惹起された韓日間の紛争を伝えるなかで再び登場する。この記事で同紙は経済的に極めて緊密な関係なのに、韓国と中国が日本政府を強く攻撃するのは、戦時中の蛮行と過去の歴史に対する日本の無責任な態度に、両国国民がいかに強く憤っているかを示していると分析している。同紙はこうした紛争の発端が、日本文科省の歴史教科書検定にあることを明らかにする。そして過去の歴史に対して反省するすべを知らない日本の態度が、ついに韓国と中国を日本の宿願である国連安保理の非常任理事国入りに、反対させるに至らせたとの説明を加えた。

3日後の同紙は「軍国主義帝国の栄華を懐かしむ日本の民族主義者たち」という記事で、日本内部の植民地支配の過去の歴史に郷愁を感じる民族主義者集団が、根強く存在する事実に注目する。南京大虐殺、731部隊、日本軍「慰安婦」問題に見られるように、日本が多くの戦争犯罪を犯した事実は明白であると注意を喚起させる。にもかかわらず、広島と長崎の原爆被害だけを強調し、歴史的事実までも歪曲する教科書を日本政府が承認した事実こそ、過去の歴史に対する日本の誤った認識を克明に示していると批判する。同紙はこうした日本の態度が独島問題の根本的原因であると暗示しながら、それでも問題を起こした扶桑社版の歴史教科書の選択率が、1%にも達しなかった点を直視することで、日本社会よりも日本政府に問題があると指摘している。

「ディ・ヴェルト」の独島報道は、他の主要日刊紙に比べて頻度や分量こそ多くはないものの、問題の核心を分析し伝達する点では卓越した力量を示している。一貫して独島問題を東アジアの過去の歴史の延長線上に凝視しながら、現行の国際法よりは歴史的論理を強調する韓国の立場に、友好的な態度を示すのである。

〈表3〉「フランクフルター・アルゲマイネ・ツァイトゥング」（FAZ）の独島報道

日付	タイトル	単語数	出所／作成者	備考
1996・2・9	無人島をめぐって紛争する日本と韓国	183	東京／dpa	

1996・2・11	三つの小さな岩礁をめぐって争う、日本と韓国	1090	東京 Uwe Schmitt	
1996・2・12	紛争中の島の近海で軍事演習を計画している韓国	135	ソウル／dpa	
1996・2・13	韓国との島嶼紛争で、休息を訴える日本	161	東京／AFP	
1996・2・18	島嶼紛争中の韓国、日本を威嚇する	184	ソウル／Reuter	
1996・2・20	日本と韓国、国連の海洋法条約への加入を発表	1020	東京 Uwe Schmitt	
2005・3・15	友情の年に起こった不和	927	東京 Anne Schneppen	グラフィック資料
2005・4・5	孤立した群島	1363	東京／ソウル	
2005・4・7	〝日本は侵略戦争を正当化しようとする〟	1591	ソウル Anne Schneppen	インタビュー
2005・4・12	日本の影	816	Anne Schneppen	社説
2005・4・21	不当な疑惑	564	小菅純一	

2005・4・21	日本の歴史教科書	1515	東京 Anne Schneppen	
2005・4・27	日本の過去の歴史の加工	610	Reinhard Drifte	
2005・5・21	視野に入ってきた侮辱	308	Klaus Scherer	特別寄稿
2005・8・15	近代の騒音に埋もれてしまった過去	1112	ソウル	写真
2006・4・20	島嶼をめぐる紛争	279	AP／dpa	
2006・4・23	爆発を避けた日本と韓国	728	ソウル	
2006・4・25	〝独島はわが国土〟	524	ソウル	
2006・5・1	紛争の島を訪ねる韓国の政治家	227	ソウル	
2006・5・19	和解のための日本の試み	629		
2007・1・15	激浪の海に立つ盧武鉉大統領	806	ソウル Anne Schneppen	
2008・5・23	230万㎡の岩礁の島	897	Peter Sturm	
2008・7・14	韓国の大使召還	275	東京	
2008・7・15	岩の島	213		
2008・7・29	韓国、島嶼領有権の主張強化	251		

ドイツの代表的日刊紙で、エリート層に影響力が大きい中道保守系の「ＦＡＺ」は、独島問題にしばしば多くの紙面を割き、この問題に多大な関心を示している。１９９６年2月11日、同紙は「三つの小さな岩礁をめぐって争う、日本と韓国」という記事を掲載した。地下資源どころか国立墓地とも無関係な三つの無人島をめぐって、東アジアでアメリカの友邦である韓国と日本が、激烈な論争をくり広げている状況を報じ、その理由を独島が主権の象徴になっているためと診断する。新羅と幕府時代から現在まで葛藤の歴史的淵源を紹介した後に、日本が独島を２００海里排他的経済水域に編入したのが紛争の発端と述べている。そして根本原因は、過去の歴史に対する反省をしない日本の態度にあるとの韓国の主張を詳しく伝えている。同紙は西欧の視角から見れば、ひどく荒っぽい韓国人の行動様式を読者に理解させようと努力している。

同月20日付の「日本と韓国、国連の海洋法条約への加入を発表」という記事で、こうした事態を緩和させようとする両国政府の努力にもかかわらず、問題はまったく解決されてはいないと論評する。そして日本が独島を強制編入させた１９０５年以前の資料では、韓国の領有権主張を裏づける証拠が極めて多いことを明らかにする。また、韓国と北朝鮮が理念の違いを超えて、日本に共同対処しようとする強い民族主義的感情に注目している。それと同時に、特派員は日本メディアの報道ぶりも紹介する。すなわち、ソウルで演出される過激な場面のために、日本外務省は理性的対応をするのが困難になり、民族主義に基盤を置いた狂信的態度（Blut-und-Booden-Fanatismus）こそ、韓国人特有の不作法（Unart）だとする日本の報道内容を伝えた。しかし、ここではそれで終わらずに、「日本のメディアはいつもそうであるように、今回も口を揃えて対応している」との評価をつけ、ドイツの読者たちに日本側の報道について真偽を吟味させる余地をも提供した。

それから10年ほどの小康状態が続いたが、２００５年3月15日付の「ＦＡＺ」は写真を添えた「友情の年に起こった不和」という記事を掲載した。この間、駐日特派員は、ウベ・シュミット（Uwe Schmitt）から、韓国に友好的なアンネ・シュネッペン(24)（Anne Schneppen）に代わった。同紙は韓国で日本との国交正常化40周年を記念する「友情の年」を迎えて、２００回以上もの記念行事が予定されていたが、独島問題の勃発によって、むしろ「不和の年」になってしまったと伝えた。そして独島問題は漁業資源だけでは説明できない象徴的性格をもつとし、日本に国を奪われた経験のある韓国の国民は、国境と歴史をめぐって葛藤が広がるならば、必ずや敏感に反応すると、その理由を詳細に説明している。さらに、一方では21世紀の協力の場を開こうと提案し、他方では、過去の歴史に対する謝罪と補償を要求する盧武鉉大統領の対日外交を「二重戦略（Doppelstegie）」と規定し、独島問題によって両国関係が断絶することはないと展望した。

「二重戦略」という表現によって、ドイツ人には否定的に映ったかもしれない盧大統領の立場は、4月7日に訪独を前にしたソウルでのインタビュー記事を通じて十分に解明する機会が得られた。「ＦＡＺ」は韓日間の危機が頂点に達した時点で、韓国の大統領がドイツを訪問することを指摘し、訪独の関心がドイツとの経済協力や統一の経験よりも、過去の歴史の克服と欧州統合の動きにあると強調して伝えた。そのうえ、この危機の根源が日本の植民地支配と軍国主義にあることを重ねて明らかにした。また、盧大統領は日本の安保理非常任理事国入りに否定的であるが、ドイツに対しては肯定的であると伝えた。

盧大統領とのインタビューを行ったアンネ記者は、4月11日に「日本の影」というタイトルの長文の社説「Leitartikel」を書いた。この社説は日本が歴史教科書の歪曲によって、隣の国々で過去の歴史の幽霊を目覚めさせ、相変わらず自らを犠牲者と見なしていると伝えた。また、日本は韓国と中国が国内政治のために、過去の歴史問題を持ち出すと見ていると皮肉った。彼女は日本人が戦後60年を経過しても、自国を加害者としてではなく、敗戦国とだけ考えているため、独島問題が起こるのだと述べた。そして次のような言葉で社説を結んでいる。「日本人はあたかも自分が世界で唯一の存在（被害者）であるかのように、また、自分の行動が他国の人々にいかなる問題も起こさないかのように、他の島国暮らしの国民よりも自己中心的に生きている」。

このように鋭利な視角は、同じ月に掲載された「日本の歴史教科書」においても見られる。ここでは新たに検定を通過した中等教科書が以前の教科書、つまり、「韓国が独島を不法占有している」とし、韓日間に異なる意見があると記述したものに比べて、いっそう後退した内容になっていることを浮き彫りにしている。

日本に対する批判的論調に反駁する文章もあった。攻撃目標になったのは社説「日本の影」だった。4月27日に、英国ニューキャッスル（Newcasle）大学のラインハルト・ドリヒュテ（Reinhard

Drifte）教授が「日本の過去の歴史の加工」という文章によって、社説「日本の影」が盧大統領とのインタビューによって、大きな影響を受けたと批判した。続いて彼は過去の歴史を問題にはしないと約束した盧大統領が、急にこの問題を持ち出したのは、彼のポピュリズム好み、内政上のアポリア、「東アジア均衡論」などの愚かな外交観のためだと強調した。同時に、彼は島根県が経済的な利益のために「竹島の日」を制定したとの意見に対して、韓国政府がこれを問題視したのは、行き過ぎた行為であると批判を加えた。日本政府も「FAZ」の報道にすぐさま対応した。ドイツ駐在日本総領事の小菅純一は「不当な疑惑」という寄稿文によって日本政府の公式的立場を知らせようとした。ところが同紙は小菅総領事の寄稿文を批判する外部からの寄稿文「視野に入ってきた侮辱」を掲載した。執筆者はドイツ公営放送（ADR）極東特派員のクラウス・セラー（Klaus Scherer）である。彼は、独島が「明白に日本領土」という小菅総領事の主張は、周辺諸国には認められない日本の立場にすぎないと釘を刺した。

同年8月15日の光復日、「FAZ」はこの日を記念するソウルの姿を生き生きと描写した後に、行事に参加した北朝鮮代表団の動静を報道し、日本帝国主義の植民地支配の経験が南と北をひとつにしたと強調した。それでも同紙の文化交流面では、韓国と日本が過去のどんな時代よりも身近になっている事実を伝えながら、若い世代によってこうした傾向が強まるとの期待感を寄せている。

２００６年4月25日には「〝独島はわが国土〟」という記事を通じ、盧大統領が独島を主権回復の象徴と見なし、独島問題と関連して日本を強く非難したと伝えた。そのうえ、韓日関係がこれまでで最悪の状態に陥っていると報じた。5月1日には、次期大統領候補に挙がっている韓国与党の代表者が、独島を訪問したことを伝えた。また、その動機が内政にあるとの日本メディアの報道を引用し、読者に韓国政府が独島問題を政略的に利用しているかのように報じた。翌年の1月15日付では「激浪の海に立つ盧武鉉大統領」という記事で、支持率が低下した盧大統領が独島の領有権とともに、長らく韓日両国の葛藤要因となっていた東海―日本海論争を打開するために、この海を「平和の海（Meer des Friedens）」と呼ぼうと提案し日本側に伝えたと書いた。さらに、こうした提案に対して韓国内の批判勢力から領土喪失とか、「背信」と言われているとも書き、独島問題が民族主義の熱気から自由ではあり得ないと主張している。

２００８年5月23日、独島はまたしても「ＦＡＺ」の記事になって登場する。「２３０万㎡の岩礁の島」は、韓国の航空地図に東海、独島と漏れなく表記されるほど、独島は韓国にとって重要であると詳しく説明している。そして、日本の文科省が中等教科書の作成指針に「独島と千島列島は日本領土である」という点を明記することで韓日両国に紛争を引き起こしたと報じた。同紙は日本の政府も、李明博大統領の率いる韓国政府も、国内の支持率が高くはないため、独島問題に対しては強い態度で臨んでいると展望した。そして7月29日付の「韓国、島嶼領有権の主張強化」という記事では、韓昇洙国務総理の独島訪問によって、これまでの憂慮が現実のものになったと伝えた。さらに、こうした強硬策は、数週間前に日本の文科省がこの地域を「紛争地域」と明記したことへの対応措置であるとし、読者がこの因果関係を理解できるように配慮している。

長期にわたる「ＦＡＺ」の独島関連の報道を分析すると、いくつかの特徴が見られる。第１は、他のメディアに比べて独島問題を頻繁に扱うことで、この問題を連続するものと把握している。第２に、独島問題に対して多くの紙面を割いている。通信社から伝えられた資料をたんに編集提供する段階を超えて、必要とする場合には分析に基づき解釈まで試みている。第３に、特派員によって韓日両国から信頼性の高い詳しい情報を入手することで、独島問題の歴史的淵源・政治的な意味を、東アジアという包括的地平において理解しようとしている。第４に、機械的な中立を保つよりは、必要に応じて論評を加えている。読者が問題の所在を明確に把握できるように配慮し、ときには社説や外部からの特別寄稿で、この問題を見つめる多様な視角を提供する。こうした態度を維持しながら、２００５年からは韓国側の主張により留意する方向へと変化してきた。

〈表４〉「南ドイツ新聞」（ＳＺ）の独島報道

日付	タイトル	単語数	出所／作成者	備考
１９９６・２・13	日本との島嶼紛争	３３９	ソウル／ＡＦＰ	日本海と単独明記
１９９６・２・15	島嶼紛争の弱化を試みる日本	８８	ソウル	
１９９６・２・16	日本に挑戦する韓国	１３２		

1996・2・21	独島には限界が定まっていなかった	268	東京・ソウル／AFP	
1996・2・21	見えるものは地面ではなく岩礁だけ	462	東京／Rainer Köhler	意見
2004・1・16	竹の島を覆う海猫の鳴き声	744		
2006・4・26	恥辱の岩礁	458	Edeltraud Rattenhuber	日本大使館前のデモの写真
2006・8・30	平和は憲法の土台	438	日本大使館一等書記官、大塚和也	読者の寄稿文

「南ドイツ新聞」は1996年2月13日付の「日本との島嶼紛争」という記事を通じて、韓国の国防部が3月末、独島周辺海域の日本海での軍事演習を実施する計画であると発表し、両国の葛藤が新たな段階に達したと報じた。韓国と日本がこの小さな島に注目する理由は、両国がともに国連の海洋法条約による200海里排他的経済水域の宣言をしようとするためであると明らかにした。同紙は韓国の「聯合通信」の記事を引用し、この作戦が独島に対する主権を守ろうとする韓国政府の強い意志を表すものと付け加えた。さらに東中国海の島々をめぐって日本・台湾・中国のあいだに紛争が起きていることも報道し、領土論争が東北アジア地域の主要問題であると述べた。

以後、同紙は数回にわたり事態の進行状況を伝え、8日後の2月21日には「独島には限界が定まっていなかった」という記事を掲載した。ここでは韓国と日本の双方が200海里排他的経済水域を宣言したが、両者とも議論の的となった地域の包含の可否について明確にしなかったことを報じている。そして、こうした措置は事態を極限にまで追いやってはならないという動機によるものと解釈した。同紙はこうした報道とは別に、読者意見欄に「見えるものは地面ではなく岩礁だけ」と題する文章も掲載した。これを寄稿したライナー・キューラー（Rainer Köhler）は、独島をアジアにおけるごく最近の不和のリンゴ(25)（Zankapfel）に喩えている。彼は日本の200海里排他的経済水域宣言が有効であるためには、韓国の了解と東アジア全体からの賛同がなければならないという。しかし、独島問題の本質は経済的利害関係よりは、克服されない過去の歴史問題であるため、アジアに冷戦の霧が立ちこめていると主張している。

これまでの「南ドイツ新聞」は、内容の面から見ると、機械的な中立の立場のように見受けられたが、周辺水域を説明する際には、「日本海」の名称だけを使用してきた。そして全5件の記事のうち、「独島」と単独に表記したのは1回だけである。ところが、分量の多い2回の報道では「竹島」とのみ表記し、結果的には日本の公式的立場にやや近いと見なし得る。

2004年1月16日付の「竹の島を覆う海猫の鳴き声」では、独島記念切手をめぐる韓国と日本が外交戦争の局面に突入したと伝えた。そして過去の「サッカー戦争」や「菓子戦争」のように、「切手戦争」が起こるかもしれないと、武力衝突の可能性についても予見した。さらに韓国政府は独島のある海域の名称を「東海」に変えるためのキャンペーンを開始したが、すでにほとんどの国際地図は「日本海」の表記を選んでいると付け加えている。記事の分量はかなり多いのに、この報道は日本の観点に立っており、一方の韓国については、その動きを見つめる説明に重点を置いている。特に「東海」の名称に関しては韓国がなぜ改名を求めるのか、読者がまったく理解できない記述になっている。

歴史的な前後の脈絡に対する説明が不足するなかで、状況の説明に留まった「南ドイツ新聞」は、２００６年4月26日付の「恥辱の岩礁」という記事において初めて真相への接近を試みた。韓国人にとって独島は、植民地の過去の歴史を代表する恥辱の象徴であり、それと同時に再び独立を求める象徴であること、また、紛争が起きるたびにいっそう怒りを募らせると説明している。そして日本は古くから韓国併合を企んでおり、最初に奪った土地が独島だったという点を強調する。そのうえ、ベルリン所在の学術政治財団（Stiftung Wissenschaft und Polttik）の東アジア専門家マルクス・ティディン（Markus Tidten）の「そのときから宜しからざることが始まったために」という言葉を引用した後、日本が独島問題に触れたりすると、韓国人は侮辱を感じると明確に診断している。続いて中国も日本に対して類似の問題を抱えているが、植民地の圧政のもとで言語まで抹殺された韓国との葛藤が、より劇的にならざるを得ないと強調した。しかし、歴史的観点からすれば、日本に責任があるのは事実であるものの、２００６年に新たな葛藤を触発したのは韓国側であるとの主張もしている。

同年8月30日付では、読者投稿欄に駐独日本大使館の寄稿文「平和は憲法の土台」を掲載した。この文章はそれ以前、獨協大学の客員教授だった政治学者ハンス・カール・ループ（Hans Karl Rupp）が、先に寄稿した「日本では戦争の放棄を規定した憲法第9条を、改正しようとする動きが数回にわたってあった」と主張した内容に反駁するものだった。日本大使館はこの文書で、ループ教授のいう「島根県は1905年に韓国から奪取し、1953年以後は韓国に返還された」との記述は、17世紀の半ば以降、日本がこの島を領有してきた事実に反するものと主張した。

「南ドイツ新聞」の独島関連報道は、2006年からかなりの変化が見られる。変化の核心は問題のたんなる紹介から、さらに一歩進んで歴史的淵源まで要約することにより、独島問題の根源的責任と状況的責任を区分していることである。しかし全体的に見れば、状況的責任を双方否定的視角や韓国側に求める場合がいくつかあり、状況的責任と根源的責任のあいだの関係が断絶されている印象を排除することは難しい。

〈表5〉「フランクフルター・ルントシャウ」（FR）の独島報道

日付	タイトル	単語数	出所／作成者
2005・3・12	竹島紛争の背景	245	Karl Grobe
2005・3・19	韓国と日本の冷戦	427	Karl Grobe

2005・4・11	民族主義の虎たち	604	Karl Grobe
2005・4・22	日本の野心で南北韓がひとつになる	178	ソウル／Karl Grobe
2005・5・10	反日デモ	266	Frankfurt
2005・10・24	東アジアにまたも迫った悪天候	567	Karl Grobe

「FR」は「竹島紛争の背景」という記事で、島根県が2月22日を「竹島の日」と定めたため、韓国はこれに大きく反発したこと、それによって1998年の日韓共同宣言以後、改善されてきた両国関係が急激に悪化していることを伝えた。同紙は事態悪化の原因として、3・1節の記念祝辞での盧武鉉大統領の発言、すなわち、日本の植民地支配の歴史に対する謝罪と反省、そして賠償を要求したことに、日本側が疑懼心を表明したことにあると解釈した。

それから1週間後、記者はまた「韓国と日本の冷戦」という記事を書き、盧大統領がそれまでの「静かな」対日外交の方向を全面的に修正すると闡明したことと、韓国政治が北朝鮮との連帯行動を求めたことに大きな意味を見いだした。そして島根県の「竹島の日」の制定によって両国の紛争が増幅されたため、韓国が日本との関係の転換を模索していると報じた。これとともに韓国メディアの動向に注目し、日本の一連の措置は「宣戦布告にも近い敵対的行動」であるという、「朝鮮日報」の表現をそのまま引用して伝えた。また、「FR」は日本の政党が改憲によって帝国主義権力国家への回帰を画策しているとの韓国メディアの報道を伝えながら、戦争と武装を禁じた憲法第9条が争点になっていると説明した。

「FR」は15日後に「民族主義の虎たち」という見出しの記事で、近頃の日本は外交的に孤立しており、韓国では抗議デモが政府に押し寄せており、中国ではインターネット上で3000万名が、日本の国連安保理の非常任理事国入りに反対署名する事態まで起きていると報じた。しかし、民族主義は中国と韓国政府にとって表面的に有利と見えるものの、統制できない水準を超えると、むしろ耐えがたい負担になるかも知れないことも強調した。「FR」は日本も例外ではないとし、「民族主義という虎に乗る者は、降りるのがとても難しい」と、東アジア地域での民族主義の台頭に対して憂慮を交えた展望をしている。その後、4月22日付の記事「日本の野心で南北韓がひとつになる」では、ジャカルタで開かれた「アジア・アフリカ首脳会談」において、韓国と北朝鮮が独島を守ることで一致したとのニュースを伝え、独島問題に民族主義が大きく作用しているとの解釈を再確認している。

5月10日に掲載された「反日デモ」では、その2日前に約150名の韓国と中国の大学生が、フランクフルトの日本総領事館の前で、第二次世界大戦における日本軍の蛮行を糾弾し、独島に対する野望の断念を要求する集会を開いたと報じた。そして両国の学生たちが、南京大虐殺などの戦争犯罪の記憶と、日本の独島領有権主張を取り下げるように期待していると伝えた。

５か月後の10月24日、「東アジアにまたも迫った悪天候」という記事では、韓日間に再び陽射しが蘇ったが、中日間には雷が落ちたという比喩を使い、小泉首相の靖国神社参拝の後、冷却した東アジアの国際関係について報じた。しかし、「ＦＲ」は小泉首相の靖国訪問はたんなる動機にすぎず、よくいわれる歴史一般もまた一次的な問題ではないと解釈する。大切なものは貿易と政治であり、韓日間には先頃の春のように独島のような悪材料があっても、結局は大きな紛争に拡大することはなく、政治と外交も同様であろうと楽観的な診断をくだした。

全体的に見ると、「ＦＲ」が独島問題を報道するときは、ドイツの他のメディアとは異なり、過去の歴史問題の克服（Vergangenheitsbewältigung）という枠が決定的に作用することはないと解釈する。同紙は二元的経路によって独島問題を報道する。それは国民感情レベルでは民族主義が決定的に作用するが、政府レベルでは貿易と政治がいかなる葛藤の局面でも、優先的に考慮されることを意味する。したがって中日関係がそうであるように、韓日関係において独島問題が論じられるときにも、いつも極限的な状況にまでは達することがないと判断するのである。

〈表６〉スイスの新聞「ノイエ・チュルヒャー・ツァイトゥング」（NZZ）の独島報道

日付	タイトル	単語数	出所／作成者
1996・2・10	竹島をめぐる韓・日の紛争	249	

1996・2・21	竹島をめぐる第2ラウンド紛争	418	
2005・3・18	韓国と日本の不和	926	
2005・4・2	独島なのか、竹島なのか　大韓海峡内の権利と歴史	800	Florian Coulmas
2005・4・13	犠牲者の役割で後退した日本	1161	
2005・10・24	名称の理性、韓国の東海と日本海	1164	Florian Coulmas
2006・4・22	韓日間の暗い雲	762	
2008・7・14	韓日間の領内平和		
2008・7・15	韓日間の激憤	330	
2008・8・12	東アジアで緊張の群れとなった小さな島々	1184	
2010・8・16	和解を練習する日本	684	

「NZZ」は1996年以降に全26件の記事を掲載し、独島問題に絶えざる関心を示してきた。その報道には深みがあり、個性的な記事が相次いで掲載されたのは2005年のことである。ここでは2005年3～4月と10月に掲載された4件の記事を中心に、その内容と論旨を分析してみよう。

3月18日の「韓国と日本の不和」は、しばらく前までは類例のないほど親しくなっていた韓日関係が、実際は重い過去の歴史に災いされて、いつでも悪化する特殊な関係にあると強調している。国交正常化40周年の記念すべき年に突発した独島問題は、こうした特殊性を何よりもよく示すものだった。「NZZ」は島根県の「竹島の日」制定を契機に、独島問題はいま国家間の葛藤から国民間の葛藤に引火したと見ている。また、国民相互の葛藤から民族主義的な感情が発揮する威力は、韓国の外務部長官が領土主権の擁護意志を強く明らかにした後、北朝鮮が韓国への支持を表明した事実にもよく表れていると分析する。

事態の推移を見守った「NZZ」は、4月2日に、日本専門家であるフロリアン・クルマス教授の寄稿文「独島なのか、竹島なのか　大韓海峡内の権利と歴史」で、独島問題を深層報道した。教授は国際司法裁判所で独島問題を解決したいとの日本側の主張を辛辣に批判した。一見すると、この提案は合理的のように思われるが、韓国側が拒否する背後には、国際法に対する韓国国民の強い不信感が根づいている点を浮き彫りにした。教授はポーツマス（Portsmouth）条約と乙巳保護条約（第二次韓日協約）によって外交主権を喪失した韓国の高宗が、これに抗議するために1907年にハーグの第二回万国平和会議へ3名の密使を派遣したときに、発言の機会を徹底的に妨げられた歴史的な事実を韓国人は苦々しく記憶していると述べた。韓国人はハーグの国際司法裁判所を信じられるものかと反問する。続いて彼はこの不信の根本原因を、1870年代から韓国の国権奪取を体系的に準備した日本の歴史に求める。こうした歴史的説明が説得力をもつ理由は、専門性に基づいた洞察力によるものである。寄稿文は次のように終わっている。「したがって物質的な理由だけで見れば、まったく問題を引き起こす必要のない独島/竹島周辺で、またしても波風が高まっている。人々は豊富な漁業資源を理由に挙げる。しかし、それよりもはるかに重要なものは、歴史的に根の深い韓日の透き間なのである[26]」。

「NZZ」は11日後の「犠牲者の役割で後退した日本」において、過去の歴史を反省するすべを知らない日本、激昂した韓国と中国に対する日本の傲慢な態度を批判する。同紙は、韓国の場合は政治的な基盤の脆弱な盧武鉉政権が日本を攻撃することで支持を得ようとし、中国の場合は腐敗と貧富の格差問題から関心を逸らすために、日本に対する憤りを故意に助長していると主張する日本政府とメディアに対して、一方的な見方であると主張した。この点で「NZZ」は「謝罪はその後の行動によって損なわれないときに、初めて有効になる」という盧大統領の主張こそが核心を語っていると強調し、過去の歴史を美化する日本は、国際政治で指導的な役割を果たす資格がないと批判する。特に韓日両国がそれぞれ領有権を主張する独島をめぐって「韓国の不法占有」と見る日本の主張は、「1905年に侵略的な征服戦争によって独島を自分の領土に帰属させることで、開始された国境問題の歴史を努めて単純に解釈するもの」と一針を加える。日本の公的な主張に対して批判的な論調であるこの記事は、独島に言及するときも「独島（日本名竹島）」と従属表記をすることによって、韓国の立場に友好的な態度を示している。

2005年10月24日付では、6か月前の寄稿で、かなり論議を呼び起こしたクルマス教授の新たな寄稿「名称の理性、韓国の東海と日本海」を掲載した。教授は特定の場所の名称を決定する行動は、一般的に所有欲と直結しており、最小限の特定視角を貫徹しようとする意志が含まれていると前提した。そのうえ、独島の属する海域を指し示す呼称について問題提起をする。教授によれば、同じ海のことをドイツでは東側の海（Ostsee）といい、別のところではバルチック海（mer baltique）と呼ぶように、ひとつの海でも見つめる位置によっていくつかの呼び名があるという。ところで、なぜ韓国人は東海を日本人が日本海と呼ぶと激昂するのか？ 教授はその理由を植民地からの解放後の感受性に見いだしている。日本の植民地支配時代において、この海を日本海と呼ばねばならなかった韓国人にとって、解放後も同じ呼び名に接すると、植民地支配の記憶が連想されるというのである。教授は韓国人がこの海の名称に敏感な理由を、この海には解決されない領土の葛藤があるからと分析する。わずかサッカーグラウンド2面ほどの岩礁のことを、韓国人は独島と、日本人は竹島と呼んでいる。だが、地名はアイデンティティと直結されているから、韓国人は竹島なる呼び名を容認できないのである。最近、韓国の海軍が建造した大型輸送船に〝独島〟と命名したのも同じ理由からだという。したがって、「独島‐竹島」という理性的な呼び名を創案したとしても、領土問題の解決にはならないと教授は結論づけるのである(27)。

これらの主要記事から確認できるように、「NZZ」の独島関連報道は、独島問題の歴史を念頭に置いて書かれたものである。これは最初からそうだったわけではない。1995年と96年に、初めて独島問題を報道したときには、「日本海」「竹島」「竹の島」などのキーワードで状況を再構成していた。だが、東北アジア一帯の島嶼紛争の全般と歴史的桎梏を把握するにつれ、独島問題に接近する基本的フレームを歴史に求めるようになったのである。さらに本源的な歴史的位相と可変的な状況の位相を区分しながら、しばしば目にする双方否定論的な態度やスポーツ中継風の状況報道を止揚し、明確な解釈を加える報道を志向している。こうした態度が、相対的に韓国に友好的になるのは当然である。

〈表7〉「シュピーゲル」の独島報道

発行日時	タイトル
1996・2・19	日本、旗幟を高く掲げて
2004・5・14	ドイツにまで達したアジアの地図戦争

「シュピーゲル」は他の日刊紙のように、頻繁に独島問題について言及することはないものの、時事週刊誌だけに内容が充実し、現場のわかる記事を掲載している。とりわけ1996年2月に掲載した「日本、旗幟を高く掲げて」は、ますます拡大する日本の膨張主義に脅威を感じる韓国の立場を丁寧に紹介している。「シュピーゲル」は、韓国の場合、独島に対する日本の領有権の主張を過去の植民地支配の経験と関連した嘲りと見なしているとし、日本政府の傲慢な態度が問題であると指摘した。しかし韓国政府の政略的な態度に対しても批判を加える。退陣した前大統領の収賄事件

と関連して窮地に追いやられた金泳三大統領が、4月の国会議員選挙を前にして大衆的人気を回復するために、独島問題を材料にしたというのである。最後に「シュピーゲル」は、独島をめぐる紛争が、韓日間の感情対立に留まらず、東北アジア全体の紛争に飛び火する可能性もあると分析する。その理由の第1は、韓日協調体制の弱化によって、北朝鮮と中国に対する自由主義陣営の効率的な対応が困難になったからである。第2は、日本が魚釣島（日本では尖閣列島）をめぐって中国とも対立しており、中国と同様の立場にある韓国が、日本とともに中国に対応するのは困難であるからである。

「シュピーゲル」は2004年5月の「ドイツにまで達したアジアの地図戦争」で、独島問題をドイツとの直接的関係のなかで、さらに詳しく扱っている。発端はカバー（Kober）出版社が、世界最大の印刷見本市であるデュッセルドルフのドゥルパ（Drupa）に展示した2500万分の1の世界地図から始まった。カバー社は、韓日両国のあいだに広がっている海域を「東海」と「日本海」と併記したのである。駐独日本領事館はあらゆる手段を駆使し、この地図の出版を阻止したいと表明した。そのうえ、「一般化した地名を正しい根拠もなしに」変えるのは国際標準に背いている、との書簡を出版社社長あてに送付した。他方、見本市を主催するデュッセルドルフの市長にも、この地図を展示しないように強く要請した。しかし出版社は、英国の「ブリタニカ百科事典（Encyclopaedia Britannica）」「フィナンシャル・タイムズ（Financial Times）」、アメリカの大手出版社「ランド・マクナリー（Rand McNally）」も、「東海」と「日本海」を併記しており、「ニューヨーク・タイムズ（New York Times）」も、アメリカの戦艦キティホーク（Kitty Hawk）が、この海域で座礁したときに、二つの地名を併記した先例があるとし、まったく問題にならないとの立場を明らかにした。ところで「国際水路機関（ＩＨＯ＝International Hydrografische Organisation）」も、これまでの「大洋と海の境界」［ＩＨＯが刊行する世界の海域の境界と名称を記載した出版物］においては「日本海」だけを使用していた。しかし、この標準は韓国が植民地だった１９２０年代末の国際会議の結果によるものであるため、今後は韓国の立場についても配慮すると表明した。それは出版社の主張に力を貸すものだった。

「シュピーゲル」は韓日間の表記方式論争のドイツへの影響について詳しく説明している。それは日本の政府高官が、「東海」と「日本海」の併記方法は日独関係に大きな負担になると主張したことを取り上げ、日本の態度を批判したものだった。最後に、「シュピーゲル」は「日本海（Nihon-Kai＝Japanisches Meer）」と「東海（Tonghae＝Ostmeer）」の表記をめぐる紛争について述べている。表記の統一は、韓日両国とも自己の立場を裏づける幾多の資料を提示しながら、強力な主張を展開しているため可能性は低いと予測するのである。

Ⅳ．むすび

これまで見てきた最近15年間のドイツ・メディアの独島関連報道からは、次のような趨勢や特徴が見いだされる。

第1に、報道内容が単なる事件の説明から、次第に全体的な状況の分析、そして歴史的な淵源の解釈、さらには独自的な判断へと進み出ている。これはドイツのメディアが、独島問題の再発やそれによる東北アジア社会への多大な影響をいち早く把握しているからである。また報道の経験が蓄積され、この問題に対する理解が深まってきたことも理由に挙げられる。

第2に、独島問題を扱う報道の幅が、漁業と海底資源に注目する経済的次元から、過去の歴史、集団の記憶、民族感情、アイデンティティなど、歴史・文化的次元へと拡大している。「FR」の場合は他のメディアとは異なり、貿易や国内政治の側面に主眼点を置いた報道であるが、やはり歴史・文化的次元を十分に考慮した内容になっている。

第3に、2005年はドイツ・メディアの独島関連報道において、ひとつの分岐点として評価される。主要メディアに限っても、この年には34件の報道という前例のない記録が残されている。個別報道の分量と分析の水準から見ても刮目に値するといえよう。こうした変化はドイツの「FAZ」と「FR」、スイスの「NZZ」の報道の推移を長いスパンで確かめてみれば明らかである。これを契機にドイツ・メディアは、独島問題の根源が植民地支配や過去の歴史にあるとともに、過去の歴史に対して責任を拒否する日本の自閉的な態度にあることを認識した。そして、これらの認識から現代日本を問題中心的に把握する必要を感じるようになった。

第4に、日韓の葛藤が触発した状況で起った韓国デモ隊による日本国旗の焼却、指の切断、焼身事件や韓国政府の独島近海での軍事訓練などは、この問題の深刻さをドイツ・メディアに刻印するのに成功した。反面、韓国に対する否定的認識を招くことにもなった。「FAZ」のように、これらの事件を独島問題の歴史的淵源を説明する材料として積極的に活用したメディアもあった。ところが意味づけの積極的な位置設定(positioning)が不十分だったり、これらの事件に批判的な日本メディアとともに事件を報道する場合もあった。こうした事件がクローズアップされると、これまでの過激なデモの場面やイメージとの融合作用を引き起こし、韓国に対する否定的な印象をいっそう深めることにもなる。

第5に、あらゆる国のメディアがそうであるように、ドイツのメディアも個別のフレームと関心から種々の報道をしている。したがって多くのドイツのメディアは、植民地支配と過去の歴史を克服する観点から独島問題を説明している。東海の表記をめぐる日韓の「地図戦争」が、デュッセルドルフ見本市で物議を醸した事件や、ドイツに留学中の韓国と中国の学生たちが、フランクフルトで日本の独島領有権の主張に対して、共同で抗議したことに注目した理由もまさにここにある。

第6に、独島問題の報道では北朝鮮問題が一緒に扱われる場合が多い。北朝鮮が言挙げされる脈絡はほぼ二つである。まず、独島問題が民族主義的な感情を沸き立たせ、結局は体制と理念の異なる北朝鮮と韓国をひとつにするということである。次いで、独島問題によって韓日両国が北朝鮮の核問題などの複雑な懸案事項に共同で対処できないため、東北アジアの危機が増幅されるかもしれないということである。

第7に、日本に不利な独島関連の報道がなされると、日本は積極的かつ多角的な手段で対応してきた。大使館や領事館が報道内容を反駁する文章を各メディアに投稿したり、自国の立場に好意的な海外専門家を通じて牽制させるなど、関連報道に対して執拗に関心を示している。

注

(1) 1946年にハンブルクで、英国軍政の指導のもとに創刊された保守的な日刊紙。1975年以降はボンに本社を置いており、発行部数は平日22万部、週末62万部に達する。

(2) 1943年にナチスによって廃刊になった「フランクフルター新聞（Frankfurter Zeitung）」に従事した関係者たちが主軸になり、第二次大戦以後に創刊され、自由民主主義を標榜する中道保守系の有力日刊紙である。ドイツで最初の日刊紙であり、本社はフランクフルトにある。主要政策決定者の90％が定期購読者と言われるほど、世論形成に大きな影響力を発揮している。発行部数は平日38万部、週末48万部である。

(3) 1945年にミュンヘンで創刊され、週2回発行されたが、1949年からは日刊紙に変わった。中道性の新聞で平日の販売部数は44万部に達する。

(4) 1945年、アメリカの軍政下で創刊されたが、一時、進歩的論調のために一部の社員が解職される困難を経験した。社会正義を社是に掲げるなど、中道左派系に属する。発行部数は平日基準で18万部。

(5) 1946年にハンブルクで、Diese Woche（今週）という名称で創刊された後、1947年から、現在の名称に変わって発行されており、中道的指向を帯びる。事実追求と深みのある分析記事で、ヨーロッパの週刊誌のうち最大の発行部数を誇り、最も多くの広告主を確保している。販売部数は130万部。

(6) 1946年にブレーメンで創刊された中道左派的な週刊誌で、深みのある分析記事のために専門職従事者から好評を得ており、発行部数は48万部である。

(7) デュイスブルク大学東アジア研究所教授。17年間、日本に滞在し研究生活をした。ドイツ屈指の日本学専門家。Florian Coulmas（1998), japan auber kontrolle Vom Musterknaben zum Problemkind（『統制されない日本、模範生から問題児に』), Darmstadt; Florian Coulmas（2000). Japanische Zeiten. Eine Ethnographie der Vergänglichkeit（『日本の

時代――はかない小さな民族学』), Kindler; Floran Coulmas (2005) Hiroshima-Geschichte und Nachgeschichte (『広島――歴史の後日談』). Beck などの著書があり、ドイツのＦＡＺとスイスのＮＺＺ、日本の Japan Times など、有力メディアに定期的に寄稿している。

(8) ＮＺＺ (2005. 4. 2)

(9) 『シュピーゲル』(May. 14. 2004) Welt (Apr. 11. 2005) FA (Apr. 24, 2006) で、Tokdo が、『シュピーゲル』(Mar. 14. 20005) で Tokto が使用された。

(10) ＳＺ (Jul. 15.2008) で Tokdo が使用されたことがある。

(11) 例を挙げれば、ＦＡＺ (1996. 2. 11) に掲載された「三つの小さな岩礁をめぐって争う、日本と韓国」の記事に登場する。

(12) ＮＺＺ (Mar. 18. 2005)

(13) ＮＺＺ (Feb. 16. 1996)

(14) ベルリン所在「学術政治財団 (Stiftung Wissenschaft und Politik)」所属のマルクス・ティデン (Markus Tidten) 博士がこのケースにあたる。ＳＺに独島に関連する文章を寄稿したハンス・カール・ループ (Hans Karl Rupp) 教授は、マールブルク大学の政治学教授で東アジア専門家ではないが、日本の獨協大学の招聘教授の経験をもち、第三者の立場で日本と独島問題を客観的に見つめようとしている。

(15) Ki-Whang Yun (1983), Die Rolle der Friedenslinie (Rhee Line) im Normalisierungsprozess der Beziehungen zwischen Korea und Japan in der Nachkriegsara: in der Perzeptions-und Aktionsstruktur der Suadkoreanischen Regierung, Bern: Peter Lang. この論文の第6章で、彼は独島の地理的景観と名称、歴史的概観と葛藤を扱った。

(16) ＦＡＺ (Apr. 21. 2005) に掲載された「視野に入ってきた侮辱」によって、過去史問題全般と独島問題に関する日本の公式的立場を弁護した、ドイツ駐在日本総領事小菅純一の文章「不当な疑惑」に批判を加えたドイツ公営放送ＡＤＲの極東特派員クラウス・セラー (Klaus Scherer) が代表的ケースである。

(17) 「三つの小さな岩礁をめぐって争う、日本と韓国」ＦＡＺ (Feb. 11. 1996)

(18) 「日本と韓国、国連の海洋法条約への加入を発表」ＦＡＺ (Feb. 20. 1996)

(19) 「孤立した群島」ＦＡＺ (Apr. 05. 2005)、「日本は侵略戦争を正当化しようとする」ＦＡＺ (Apr. 07. 2005)、「日本の歴史教科書」ＦＡＺ (Apr. 21. 2005) がまさにそれである。同年8月にも長文の記事が掲載された。「近代の騒音に埋もれてしまった過去」ＦＡＺ（Aug. 15. 2005）、１９９５年にも１０００単語を超える記事が二度掲載された。「三つの小さな岩礁をめぐって争う、日本と韓国」ＦＡＺ（Feb. 11. 1996）、「日本と韓国、国連の海洋法条約への加入を発表」、ＦＡＺ（Feb. 20. 1996）

(20)「韓国と日本の不和」ＮＺＺ（Mar. 18. 2005）、「独島なのか、竹島なのか」ＮＺＺ（Apr. 02. 2005）、「犠牲者の役割で後退した日本」ＮＺＺ（Apr. 13. 2005）、「名称の理性」ＮＺＺ（Oct. 24. 2005）

(21)「奇怪な島嶼紛争が深まった」（Bizarrer Insel-Streit eskaliert）Presse（Mar. 18. 2005）。日本と周辺国間の国境問題を詳しく扱った、次の記事において独島が特に注目される理由は、駐韓日本大使館の前で日本側の領有権の主張に抗議するデモ隊のうちの2名が指を切断する激しい行動をしたためである。指の切断と国旗焼却などの行動は西欧の文化的伝統から見れば、極めて極端で突出的な行動なので、問題の深刻性を告発する契機になるが、独島問題から韓国に対して否定的な印象を植え付けることになった。この後にも「消えてしまった友好関係の夢」Presse（aPR. 07. 2005）、「葛藤の素材はどこに」Presse（Jun. 21. 2005）、「島をめぐる紛争」Presse（Apr. 28. 2006）、「政治的激浪にもまれる二つの岩島」Presse（Apr. 28. 2006）などの報道を通じて独島問題に対する深い関心を示した。

(22)「はるかな模範ヨーロッパ、Fernes Vorbild Europa」Welt（Apr. 11. 2005）を参照。

(23) 例を挙げると「犠牲者の役割で後退した日本」ＮＺＺ（Apr. 13. 2005）で、独島問題をはじめ加害的過去史に目を背けたり、歪曲する日本の態度を強く批判するなかで、「独島（日本名は竹島）」という従属的併記方式を使用し、独自にすでに一定の解釈の枠を提示している。

(24) アンネ・シュネッペンは１９６５年生まれで、ＦＡＺに入社した後に「ドイツと世界」編集局をへて、１９９７年4月から東京特派員として極東アジア地域を担当した。２００２年に国内で翻訳出版された彼女の著作『アンネ・シュネッペンの韓国日記』は、１９９７年から２００１年までの韓国社会で発生した様々な問題と文化に対して深みのある叙述が見られる。

(25) ギリシャ神話に出てくる不和の女神エリス（Eris）の黄金リンゴを意味し、不和の原因を指すときに使用する表現である。

(26) Florian Coulmas, „Dokdo oder Takeshima-Recht und Geschichte in der Strasse von Korea", ＮＺＺ（Apr. 02. 2005）

(27) クルマスが確認したところによれば、驚くべきことに17~18世紀のヨーロッパの地図のうち71%が、Corease

Zee, Oceano Orientale, Gulf of Corea, Mer de Coree などの名称を用いて韓国と日本のあいだの海の名称を韓国に帰属させた。これに反して、この海を日本と結びつけた地図は12%にすぎない。さらにはこの海に接しているロシアの地図も圧倒的に韓国という名前と連結させている。

参考文献

〈日刊紙〉
「ノイエ・チュルヒャー・ツァイトゥング（Neue Zuricher Zeitung）」
「ディ・ヴェルト（Die Welt）」
「エポック・タイムズ（Epoch Times）」
「議会（Das Parlament）」
「南ドイツ新聞（Suddeutsche Zeitung）」
「タゲシュピーゲル（Tagesspiegel）」
「フランクフルター・アルゲマイネ・ツァイトゥング（Frankfurter Allgemeine Zeitung）」
「ハンデルスブラット（Handelsblatt）」
「ハンブルク夕刊（Hamburger Abendblatt）」

〈週刊誌〉
「ディ・ツァイト（Die Zeit）」
「シュピーゲル（Spieger）」

〈放送〉
「ドイッチェ・ヴェレ（Deutsche Welle）」
「ドイッチェ・ラジオ（Deutschelandradio）」
「チャンネル・パートナー（Channelpartner）」
「20分（20 Minuten）」

〈単行本〉
アンネ・シュネッペン（２００３）『アンネ・シュネッペンの韓国日記』ソウル、開かれた本たち
Coulmas,Florian（2000）, Japanische Zeiten. Eine Ethnographie der Verganglichkeit, Kindler
Coulmas, Florian（2005）, Hiroshima - Geschichte und Nachgeschichte, Beck
Yun,Ki--Whang（1983）, Die Rolle der Friedenslinie（Rhee Line）im Normalisierungsprozess der Beziehungen zwischen Korea und Japan in der
Nachkriegsara: in der Perzeptions-und Aktionsstruktur der Sudkoreanischen Regierung, Bern: Peter Lang

資料［ドイツ・メディア8編］

（巻末329ページより原文掲載）

シュピーゲル――〈1996年2月19日号〉

日本、旗幟を高く掲げて

コージ・コタニは外交政策のことなら、サバ・カニ・イワシ・アワビ・イカなど寿司種みたいに精通している。島根県漁業組合職員の彼はこう語る。「このすべてを私たちは竹島の近くで、十分に捕まえることができます。この島は私たちのものですから」。

日本政府もまったく同様に単純に見ている。3月末に国会は1982年の国連海洋法条約を批准した。こうした方法で韓国と日本のあいだの面積0・23㎢規模の、実際には誰も住んでいない小さな二つの岩礁からなる竹島は、日本の200海里経済水域に編入された。この島のことは日本の漁夫たちのあいだで、しばしば交わされる挨拶のひとつとなった。

だが海の対岸、韓国の首都ソウルでは日本の計画が反発に直面した。韓国は独島周辺の水域をすでに1952年に排他的水域と宣言し、長らく自国の国旗を掲げてきた。韓国ではこの島を独島と呼んでいる。韓国政府は日本の措置への対応策として独島に船着き場を作ると日本側に通告した。

忘れられたと思われていた二つの岩の島をめぐって始まった小さな不和が、いまではアジアの隣国における深刻な危機へと尖鋭化した。池田外相は、韓国の計画を日本の主権侵害であると判断し、これへの対応として、駐韓日本大使に「内政」に干渉するなと韓国側に申し入れをさせた。

この小さな岩礁が両国民のあいだの積年の嫌悪感を示す、新たな象徴となるとは誰も予測できなかった。韓国人は独島に対する日本の領有権主張を、過去の植民地だった韓国を失望させる不当な要求に続く嘲弄と見なしている。

日本と韓国がこの夏に、日本の第二次世界大戦敗北50周年記念行事を、それぞれの立場で挙行したとき、日本の閣僚の一人はまたしても辞任に追い込まれた。なぜなら彼は１９１０年から４５年までの日本の韓国支配が有益なことだったと正当化したからである。日本の「侵略政策」をいつも果敢に批判した村山前首相でさえも、韓国から激しい抗議を浴びた。なぜならば、彼は日本が１９１０年に隣国に強要した併合条約を、当時は「合法的で有効な」ものだったと擁護したからである。

日本の現首相、橋本龍太郎も戦争責任を認める点では消極的である。彼は被害者の大部分が韓国女性だった天皇の軍隊による強制的売（買）春に対して、公式に補償せよとの国連人権委員会の要求を断固として拒否した。日本はこの責任を民間財団［アジア女性基金］に委ねてしまった。

こうした傲慢さこそ、韓国人が日本の竹島再発見に対して、激しく反応する理由をよく証明している。両国の葛藤は2月11日の前夜に、暫定的にひとつの頂点に到達した。この日は神話に登場する最初の天皇である神武天皇が、2600年をはるかに越えるその昔に、日本国を創建したと伝えられる日である。しかし、韓国はこの日の祝祭気分を台無しにしてしまった。金泳三大統領は、日本と北朝鮮の国交正常化会談再開の議論のために派遣された日本の特使との面談を冷たく拒絶した。そんななかで両国で沸き起こるナショナリズムの感情は、統制不可能なほどに達する兆候を見せている。公共テレビの報道を通じて日本人は一日に何度も、自国政府が謎めいたこの島のために、強力な力を行使すると聞かされている。熱望する対象を航空撮影すれば、民族感情を刺激しないわけにはいかない。

ソウルの日本大使館の前では、興奮したデモ隊が飽きることなく反日スローガンを浴びせかけている。3月には韓国の芸術家たちが、独島で日本に抗議する内容の展示を予定している。さらに韓国政府は先週の月曜日に、独島周辺海域で、海軍と空軍の合同軍事演習をすると予告した。そうなればたぶん韓国の軍隊が初めて圧制者に対して武力行使をすることになる。

金泳三大統領は、前大統領の収賄事件のために、片隅に追いやられていたが、4月の選挙を前にして、強力な隣国に対して強硬姿勢を示している。大衆的人気を獲得するために、これほど良い機会はおそらくないだろう。19世紀にはフランスと英国も、それぞれこの島を暫定的に自己所有としたことがある。韓国が併合された1910年、日本はこの島に対する主権を宣言したが、第二次世界大戦が終わると、アメリカ占領軍がこの島の所有権を日本から剝奪した。

この葛藤は東アジア事情を不利なものにしている。韓国でも日本でも、誰も紛争の高まりに耐えることはできない。これまで両国はアメリカとともに北朝鮮の共産主義独裁体制の崩壊後、引き起こされる惨たらしい事態を防ぐためにともに協力してきた。最近、中国が台湾に対して威圧的な態度を示したことも、この両国が共同歩調を取らねばならなくしている。

なぜなら、すでにまた別の紛争が予告されている状態だからである。中国の権力者たちは以前から、沖縄と台湾のあいだにある尖閣列島（中国名では魚釣島）に対する領有権を提起してきたからだ。この島も同様に日本が権利主張をしている200海里海域内に置かれている。

南ドイツ新聞（SZ）――〈2004年1月16日付〉

竹の島を覆う海猫の鳴き声

ヘンリック・ボーク

小さな島を素材とした郵便切手の発行が韓日関係に負担を負わせている。

「切手ひとつのために戦争は起こりはしない」と言い切ることはできるのだろうか？　すでにすべてが起こったことであり、だからこそ現在の韓日の状況を真摯に受けとめねばならない。数枚の切手をめぐって、今、外交戦争が起こっている。

軍事的手段はまだ沈黙しているが、両国外相は電話会談をしなければならなかった。日本の外務省は韓国が中止すべきであると警告した。しかし両国の頑強な民族主義者たちは、軍事的手段の動員も敢えて辞すべきではないと主張している。韓国の逓信当局は、今週にも岩島である独島を素材にした切手シリーズを発行すると予告した。この島は韓国と日本の中間にある小さな島である。

何も得られない日本の総務大臣

詳しく見ていくと、海の上に突き出た二つの岩礁があるだけで、この岩礁は白い海鳥の糞にまみれており、人間が暮らすにはあまりにも小さすぎる。エビや両国民が好むイカがたくさん獲れるというから、漁業資源はこの島の周辺には豊富なようだ。だから56万枚も発行される切手には、何よりもこの島の周辺の海と植物の生態系が印刷されたという。

この島は両国で熾烈な争点となっているため日本人は興奮している。日本語でこの島は竹島、すなわち竹の島と呼ばれる。日本は、韓国政府が切手の発行を通して、この島の領有権を確かなものにしたいのだと推測する。麻生総務相は数日前に開かれた閣僚会議で、日本も独自に竹島切手シリーズを発行し、反撃しなければならないと主張した。

しかし、彼の主張は、韓国から何も獲得することはできなかった。韓国の逓信当局の責任者の朴在奎は「切手の発行は、われわれ固有の権限のうち最も重要な部分」であると反駁した。これに対して日本は小泉首相まで発言を迫られるほど事態は緊迫した。彼は「独島は日本の領土」であると明言した。そして日本政府は、韓国の切手発行の目的を探ろうと努力していると語った。

火に油を注ぐ

こうして日本の総理は火に大量の油を注いでしまった。これに怒った韓国の過激な民族主義者たちは「馬鹿げた発言！」と非難した。韓国の「新千年民主党」は小泉首相と数千名の日本官僚らに、新しい切手を貼った手紙を発送すると公表した。

歴史教科書を少しでものぞいてみると、歴史上にはこうした無謀な措置から本当の戦争になった場合がある。エルサルバドルと隣国のホンジュラスとのあいだに起きたいわゆるサッカー戦争も、1969年に騒ぎになったW杯サッカー大会が終わってから、わずか数時間で起きている。その結果、3000名が犠牲になったことを想起する必要がある。

「菓子戦争」では、フランス人が所有するパン屋から数個のパイを奪った者を処罰するために、フランスはメキシコに戦艦船団まで派遣した。これまでに「切手戦争」は1932年に起こったのが唯一の事例である。

急進主義者は軍事力動員までを望む

ボリビアは紛争の素地がある国境地域のグランチャコ（Gran Chaco）を、自国領土と表記した切手を発行した。隣接するパラグアイはグランチャコをパラグアイの国境線の内側にあると表記し、大きな切手を発行して応酬した。切手は次第にいっそう大きくなり、最後には銃声まで鳴り響くようになった。

韓国にも日本にも、この岩礁、あるいは竹の島のために武力を動員すべきだと主張する極右派がいる。「再び」武力を動員すべきだと言うのである。なぜなら日本は１９０４年から０５年までの日露戦争の際に、この島を占領したからである。それでも韓国は数十年にわたる日本の植民地支配が終わり、独立を果たした１９４５年からこの島の領有権を主張してきた。

メディアの報道によれば、数名の韓国漁民が時々この島に上陸し、仕事をしているという。これに対して日本のある民族主義者は、インターネット上に「竹島を速やかに返還せよ」と書いた。「われわれは自衛隊が動くようにすべきだ」と。これへの反論として韓国のハッカーたちは、日本の極右派のウェブサイトをハッキングして応酬、日本側はしばらく操作不能状態に陥った。

この島があるのは日本海か、東海か？

両国政府はこの危機を外交的に解決するために努力した。しかし、彼らは岩の島である竹の島を取り巻く海の名称をめぐっても対立している。日本では「日本海」と呼び、大部分の国際地図にも、そのように表記されている。ところが韓国政府は、この海の公式表記を「東海」に変えるためのキャンペーンを開始した。だが日本では誰もが、自分の位置から見ると西側にあるだけに、「東海」と呼ぼうとはしない。

日本の川口順子外相は、韓国の外務部長官に「この島は日本領土に属しているので、切手の発行をしないように要求した」。韓国の尹永寛外務部長官は、木曜日に別の理由で退任するのに先立ち、「この島は合法的に韓国の領土」であると反駁した。韓国はこの切手を予定どおり、次の金曜日に郵便局の窓口で販売すると発表した。

ノイエ・チュルヒャー・ツァイトゥング（NZZ）――〈2005年4月2日付〉

独島なのか、竹島なのか――大韓海峡内の権利と歴史

フロリアン・クルマス

韓国の盧武鉉大統領は「国民向けの談話」で、日本に「外交戦争」をも辞さないと警告した。これは最近、再び高潮した海上の二つの岩の島をめぐる論争の最終段階である。この二つの島は合わせると運動場四つほどにしかならない。職業上第二の天性といえるほど、礼節を重視するソウル駐在の日本外交官は、最近、竹島は歴史上であれ、国際法上であれ日本の領土であると明言した。この発言に合わせて韓国では独島と呼ぶ、この無人の岩の島に対して「誰が何と言っても韓国の国土

だ！」と主張する街頭デモがくり広げられた。そして極度に興奮した人々が、日本大使館の前で指を切断する事件まで起きた。彼らは血を流して祖国を守るという意志を表示したのだ。日本の外務省はこうした事態を無謀なことと見なし、「日本は隣国との良好な関係を維持しようと努めており、さらに竹島／独島問題はハーグの国際司法裁判所に提訴する」と主張する。

どの党派の側にも立たずに判断することが、公正で意味ある提案になり得るのか？　国際司法裁判所は、領土紛争問題に関して両当事者が提訴に同意する場合に限って審理を開始する。韓国は、これまで国際司法裁判所にこの問題を持ち出すことを拒否しており、いまでもこの問題を解決してほしいと提訴してはいない。そこには、この問題に込められている歴史的次元が見逃されてしまうのではないかという危惧がある。国際法は強者の法ではないとの意見に対して、ある国が危惧心をもつのは理由がある。韓国がまさにそれにあたる。なぜなら国際法は、韓国という国の確固とした存在を無視し、日本の併合を可能にした道具だったからである。日本の韓国に対する植民地支配は合法的だった、と日本の政治家たちは相も変わらず強調する。韓国の立場からすると、ハーグはとりわけ苦痛で耐えがたい記憶と結びついている。100年前に日露戦争の終結のために、アメリカのルーズベルト大統領の仲介によって締結されたポーツマス（Portsmouth）条約は、韓国を日本の保護領に組み入れた。ルーズベルト大統領はノーベル平和賞を授与されたが、韓国は外交主権を喪失した。韓国の皇帝高宗はこの条約に抗議するために、1907年にハーグで開催された第二回万国平和会議に3名の代表を派遣した。しかし、彼らは成功を収めることができなかった。いや、彼らは発言する機会すら与えられなかった。なぜなら、この会議に参加した43か国は、主権国家だけを参加者と認定し韓国の外交権を認めなかったからである。まさにこの会議に招請された国だけが主権国家だったからだ。

19世紀の国際法の観念によれば、「強大国」は国のない地域を自己のものにすることができた。強大国の地位は本質的にこうした行為をするなかで存在したとまで言うことができる。日本がこうした強大国な範疇に入ったのは、しばらく前のことにすぎなかった。アメリカ人たちが19世紀半ばに艦砲によって日本に門戸開放を強要した後に、日本の政治家たちは植民地化から逃れることができる唯一の道は、自らが植民国家となり膨張することだと早々に知ったからだ。

朝鮮半島は沖縄と北海道に次ぐ膨張の最優先目標になった。数百年前から王朝の統治がなされたにもかかわらず、1870年代以後、日本は朝鮮王朝の主権を奪い取るために体系的準備を続けてきた。この目的を果たすために国際法が巧妙に活用された。ところでそれは、いわゆる条約によって開港された都市に対し、強大国が行使する命令程度で通用したものであった。こうした方式で日本は東アジアで、国際法の保証人と自称しながら、同時に韓国に対する要求を強固に実現させてきた。この過程の両側は、相互に分離しては考えられない。日本は韓国が独立をすることで、みずからも独立をすることができた。ハーグ平和会議で日本は、国際社会の同意のもとに韓国の代表になった。こうした方式で国際法により韓国の存在を排除しても合法的ということになった。1905年7月の秘密条約で、アメリカと日本はフィリピンにおけるアメリカの優先権と、韓国における日本の優先権を交換し合った。1か月後に締結された日英同盟では、韓国とインド及びミャンマーの優先権の交換承認がなされた。1907年のハーグ平和会議で日本は、さらに韓国に対する権利が攻撃されることを心配する必要がなくなった。

まさにこの1905年1月に、日本は現在の紛争対象となっている島々は、日本の領土に属すると明らかにした。同年2月には島根県の行政区域に編入させた。それから100年が経過した後に、島根県は2月22日を「竹島の日」と定めた。この措置は日本外務省のウェブサイト、すなわち「竹島に対する韓国の支配は国際法違反」と明記したウェブサイトを維持していること以上に、韓国人を激憤させている。

日本政府は1905年の条約［乙巳保護条約］が韓国併合とは関係がないと主張する。他方、韓国政府はこの条約を日本の植民地政策の一環と見なし、韓国政府の考えを国民に広めるため、必要なあらゆる措置を講じている。したがって物質的な理由だけで見れば、まったく問題を引き起こす必要のない独島／竹島周辺で、またしても波風が高まっている。人々は豊富な漁業資源を理由に挙げる。しかし、それよりもはるかに重要なものは、歴史的に根の深い韓日の透き間なのである。

フランクフルター・ルントシャウ（FR）――〈2005年3月19日付〉

韓国と日本の冷戦

カール・クロペー

ソウルで起きた焼身自殺事件（未遂）が韓日関係に引き続き重い負担となっている。韓国政府は「竹島の日」を決めた日本の地方議会の決議に外交政策の転換で対応している。

金曜日の正午に、ソウルの日本大使館の前で、一人の韓国人が島根県の「竹島の日」制定に抗議し自らの身に火を放った。デモ隊と警察が火を消し止め、抗議した本人は病院に運ばれていった。韓国側の強力な抗議にもかかわらず島根県議会は水曜日に、2月22日を「竹島の日」と決めた。1905年2月22日に、日本の漁師たちは日本が竹島と呼ぶ島を訪れた。韓国では独島と呼ぶこの島は1500年以来、韓国領土とされてきた。韓国の保守系新聞「朝鮮日報」によれば、この発表は「宣戦布告にも近い敵対的行動」である。ソウル駐在の日本大使は、2月に「竹島は歴史的にも、法的にも日本の領土である」と明らかにし、罷免を求められて召還された。

韓国の統一部長官の鄭東泳は、金曜日に独島（竹島）が日本の領土という日本の主張は、100年前に日本が行った韓国侵略とあらゆる戦争犯罪を、後になって正当化する結果になると語った。

すでに木曜日に盧武鉉大統領は、ソウルで日本に対する韓国の関係を全面的に転換させるとの立場を明らかにした。彼が示した新ドクトリンはこれまでの「静かな」対日外交を放棄するものである。彼が日本に求めるのは、１９０５年から４５年まで朝鮮半島を占領し、植民地化したことに対する謝罪と植民地政策の犠牲者への賠償である。１９６５年に締結された基本条約（Grundlagenvetrag）の規定だけでは、十分ではないというのである。彼の主張によれば、被強制徴用、軍の服務に徴用された人々、そして強制されて性を売らねばならなかった人々は、さらに多くの措置を要求する権利がある。広島や長崎への原子爆弾投下で被害を負った韓国人には、日本の犠牲者と同等の権利が与えられねばならない（当時の韓国人は自由を享受できない日本人だった）。日本の独島に対する領有権の主張は、韓国の領土主権を侵害しているというものである。韓国の政治家たちは北朝鮮にも連帯行動を促した。

独島が行政的に属している慶尚北道は、これまで15年間続けてきた島根県との友好都市交流を一方的に中止した。韓国で活動している民間団体は「韓日友情の年」を迎えて計画していた記念行事を取り消した。小泉首相が率いる日本政府は怒りを示し自重を求めたが、韓国のメディアはこれに対して日本の政党が憲法改正をして帝国主義強大国に回帰しようとしていると応酬した。この憲法改正論議で特に問題となるのは、戦争と武装を禁じた第９条の改正である。

ディ・ヴェルト――〈2006年4月25日付〉

はるかに遠い模範ヨーロッパ――島嶼の歴史をめぐる紛争

キオスティン・ベンク

東アジアは欧州連合のように、ひとつの連合体を希望する。韓国と日本を画然と分ける東北に向かう中間線に不毛の二つの島が浮かんでいる。この島の名前は独島。日本の呼び方は竹島である。この島のために、両国はいまや爆発寸前になっている。日本は近くの海域を測量するとの名分で2隻の探査船を派遣した。これに対応し韓国は20隻の艦船をこの海域に送った。2日後にソウルで行われた協議で、両国の外務次官は合意に達し、船舶は本国の港に撤収した。日本は測量活動を断念した。韓国はこの島の近くの海域を国際水路機関（IHO）に韓国名で登載しようとする計画を中断した。

最後の瞬間に理性が民族感情に対して勝利を収めたのである。めざましい経済成長が若い国々の自意識を強めている。同時に、植民地支配と日本の侵略に対する記憶がまだ生きている東北アジアで、こうした結果がいつもあるとはいえない。日本の外務省に勤務し、現在は「日本国際交流センター」に在職する田中均は「東北アジアで欧州連合の先例に倣い、価値共同体をつくろうとすることは不可能である」と語る。ヨーロッパとは異なり、極東では独裁と民主主義、市場経済と計画経済などの、極めて異質な体制が存在しているからというのだ。

障害物は限りなく多いが、この地域が力を合わせるなら、政治的経済的力量を発揮できるとの認識が育っている。「われわれは欧州連合をモデルにした制度によって、ひとつの東アジア共同体を建設しなければならない」と彼は語る。鳥インフルエンザ・環境問題・エネルギー確保・貿易・テロリズムなど、ともに論議し規制すべき事柄が多いからである。そのために12月にはクアラルンプールで、16か国が参加した最初の東アジア首脳会議が開催された。この会議はＡＳＥＡＮのメンバー国に6か国が加わったものだ。今年は目に見える成果はなかったが、第2回会議を引き続き開催することが合意された。

現在、韓日関係よりもさらに問題が多いのは中日関係である。中国と日本も島嶼・ガス資源・その他の多くの問題をめぐって対立している。その背景には、この地域における政治的・経済的な支配問題が重くのしかかっている。何よりも両国は日本の戦争と過去の歴史の清算問題で激突している。日本の安倍官房長官が、最近、中国に提供する低金利の借款の承認を延期すると発表したとき、中国の反応を予測することができた。そのために「この措置は困難な関係を改善するのにプラスになりはしない」と即刻応酬したのだ。日本は、中国に対する借款について第二次世界大戦の侵略に関する賠償としての提供であるとの立場である。日本は１９７９年以来、中国に３００億ドル弱の資金を提供することで、中国経済の急成長に大きな活力を提供してきた。その後、中国は日本にとって3番目の貿易相手国になった。しかし、相互依存度が高まっているにもかかわらず両国関係は悪化した。田中均は「日中関係は完全に再清算されねばならない」という。彼は中国が日本の最大の競争相手として浮上していることを、危険な要素であると同時に、日本経済にとってチャンスであると見る。紛争を取り除くために、両国間に各種委員会などを組織しようと提言する。

さらに彼は、北朝鮮の核開発に対する「六者協議」も大きなチャンスになると見ている。「北朝鮮は中国と韓国との関係改善にとって必要な鍵になる」というのである。彼は2002年に外務次官として、小泉総理の平壌訪問を準備した経験がある。この訪問のとき日本は拉致された13名の自国民のことで、クリンチ状態になっていた。対北朝鮮関係の正常化のために尽くした田中の努力は、韓国と中国からも良い反応を得ている。この3国はみな日本の侵略の犠牲者だった。日本に一矢報いるとなれば、彼らは過去の歴史に立ち戻ってひとつになる。最近はアメリカに対してもそうである。だから韓国ではアメリカという同盟ではなく、また政権交代を威嚇するシナリオを選ばなくても、接近・対話・協力の方法によって北朝鮮の問題をうまく解決できるとの確信が育っている。盧武鉉大統領の助言者である韓国「中央日報」論説委員のキム・ソクファンは、「アメリカが北朝鮮問題を除去しようとする。（略）われわれは穏やかに治療するアジア的方式を信じる」と述べている。

日本と同様に、韓国も東アジア共同体を夢見ている。2003年に大統領に就任した盧武鉉は「平和と福祉のための東アジア協同体」について言明したことがある。しかし、韓国側が葛藤に落ち込み、そこから抜け出すことができないのだが、とりわけ北朝鮮との関係の面ではそうである。最近、北朝鮮は平壌で開かれた南北長官級会談で、韓国側の要求をまたしても拒否した。アメリカが北朝鮮に対する制裁を解除しない限り、核協議への復帰は考えられないというのである。

南ドイツ新聞（SZ）――――――――――――〈2006年4月26日付〉

恥辱の岩礁――韓国と日本が数個の島をめぐって紛争中

エーデルトラウト・ラデンフーバー

外から見れば日本海に春の暴風が吹き荒れたが、やっと鎮まったように見える。日本政府もそう見ているようだ。日本政府は日本列島の西側の小さな岩島をめぐって、またも点火された紛争のなかでも穏やかな姿勢を示している。しかし、韓国は憤怒、いやそれ以上である。さる火曜日に盧武鉉大統領は、領土紛争を当初から根本的に変えたいと決心していた。盧大統領は、国民向けの談話で日本が依然として植民地支配の歴史と断絶することなく、韓国の独立を認めようとしていないと批判した。これは日本が無人島に対する領有権を引き続き要求していることを指している。盧大統領は日本に「韓国国民の主権を侮辱する行動」を中止せよと要求した。彼は今後、日本のあらゆる挑発に断固たる措置をすると言明した。

専門家たちは、韓国が先週すでに日本船舶を阻止するために20隻の警備艇を出動させたが、軍事的衝突まで起こる可能性は少ないと見ている。数十年前から韓国では独島と、日本では竹島と呼ぶ島をめぐる紛争が起きている。この島はもともと海上に突き出た火山島にすぎなかった。しかし、韓国人にとってこの島は、民族的恥辱と独立を取り戻すための象徴である。

日本が20世紀初頭に韓国支配を始めたとき、いちばん最初に併合したのがこの島だった。ベルリンにある学術政治財団（Stiftung Wissenschaft und Politik）の東アジア専門家マルクス・ティディン（Markus Tidten）は、「そのときから宜しからざることが始まった」という。だから独島付近で日本が引き起こす、すべての刺激的行動が韓国にとっては侮辱と感じられるのである。自らがほしいままにしたあらゆる蛮行を日本が否認するために、韓国人はしだいに感情的かつ民族主義的に反応するようになった。小泉首相が戦犯の合祀されている靖国神社に参拝し、歴史を歪曲した教科書が発行されたので、傷跡が癒されるまで静かに見捨てておくわけにはいかなくなったのだ。中国も同様の問題のために、日本とまたしても紛争をくり広げている。しかし、ティディンによれば、韓国との紛争のほうがより劇的であるという。韓国が経験した束縛は衝撃的なものだった。なぜなら「日本は韓国人の言語まで抹殺したからだ」。

もともと新たな紛争を引き起こしたのは韓国である。韓国は、ＡＳＥＡＮ首脳会談で紛争地域にある海域の名称を改めようと提案した。しかし、日本は引き下がりはしなかった。日本は、両国の特別経済水域の一部である、この漁労区域で測量活動を計画した。「日本は明らかに驚き体面を守らないわけにはいかなくなった」とティディンは分析する。小泉首相が提案したように、いま首脳会談が和解ムードのなかで開かれるかどうかはわからない。韓国の論評家たちは、むしろ日本がこの紛争を国際司法裁判所に提訴するだろうと推測する。そして、ここで正当性を認定されることになれば、韓国で起きている暴風は台風に変わるかもしれない。

ハンデルスブラット――**〈2006年10月12日付〉**

日本と韓国、岩島をめぐって紛争中

ニコール・バスティアン

数年前から韓国と日本は、数個の岩壁と要塞を除いたらまったく使い道のない小さな島をめぐって争っている。韓国のある老いた漁師夫婦がこの島に定着したのを契機に、韓国はこの島への実効支配を遂行しようとしている。海風と潮水が二人の額に深く染み込んでいた。

ハンデルスブラットのルポ

漁師の妻のキム・シヨル（김시열）は陸地を眺めてかぼそい肩をすくめた。彼女はほとんど語らない。海で半生を過ごした彼女は故郷の人々がいつもそうであったように、漁獲のために潜水をした。68歳のこの女性は夫のキム・ソンド（김성도）とともに独島で暮らしている。住む人もなく家もなく、世界で最も激しい紛争が展開されているこの島で暮らすようになると、韓国を代表する有名人物になった。数年前にこの島を離れたキム氏夫妻だが、本年2月に部分的ではあるが緑も見えるこの岩島に戻ってきた。

本土から船で5時間の距離にあるこの島は、静かな水面の上に170mほど突き出ている。韓国人はこの二つの島を「孤独の島」、すなわち独島と呼ぶ。日本人はこの島を「竹の島」、すなわち竹島と呼んでいる。しかし、争いは名前だけをめぐって起きているのではない。

世界第2位と第10位の経済規模を誇る両国が、岩島とこの島を取り巻く海域に対する権利を互いに主張し合っている。わずか数か月前、日本はこの岩島の周辺海域の調査計画を発表し、これを阻止するために韓国からは海洋警備隊が出動して衝突寸前にまでなった。

未解決の領土問題の事例は決して少なくはない。韓国の仁荷大学校で国際領土紛争問題を専攻するイ・ソグ（이석우）教授は、全世界に30件以上の類似事例が存在すると語っている。日本だけでも中国・台湾・ロシアとのあいだに領土問題をめぐる対立が生じている。

これまで島に関する紛争は、たとえそこがアメリカの影響圏に属する地域であっても、東北アジアの持続的な成長を威嚇する葛藤の主要要因と見なされている。同盟パートナーに対するアメリカの圧力は、日本の新任首相の安倍晋三が、この数日間、韓国及び中国との関係改善のために、相手国を訪問した理由のうちのひとつである。新しい政治の動きが、独島／竹島を取り巻く紛争にも感知されている。先の土曜日の午後には、韓日両国の調査船がチームをつくり、紛争地域周辺の海域を共同探査している。

しかし、紛争はまだ続くものと見られる。なぜならば、日本も韓国も独島に対する所有権を放棄する可能性は少ないからだ。そのうえ、歴史的に根深い独島／竹島の紛争が、韓国で感情的に表面化すれば、いつでも小さな火種が再びこの紛争を悪化させるからだと、イ教授はつけ加える。

領土紛争において大きな役割を果たしている過去の歴史

現在、事実上、独島／竹島を支配しているのは韓国である。まさにこのためにキム夫妻がここに暮らすことができ、また暮らさねばならないのだ。二人はこの8年間、この岩の島で暮らすことはできなかった。暖房の燃料も政府が供給してくれた。

ここでは事実上、個人の所有というものはない。韓国政府はこの島に民間人が居住することに関心をもっている。こうすることで現状維持が強化され、実効的支配の証拠がつくられるからだ。まさにこうした理由で、年頭から電話線も敷設されたと推測される。キム氏宅の電話番号の最後の四つは1693である。韓国の文献によれば、漁師・安龍福が日本の漁民と戦った末に、自らの意志を貫徹したまさにその年を意味している。

過去の歴史はこの地域紛争に大きな役割を果たしている。15世紀に作成された地図と同様に、20世紀の条約文書が証拠として引用された。この岩の島を最初に自国の一部だと見た人物は誰なのか？　1905年2月、日本はこの島が島根県に所属すると公表した。韓国併合のわずか前のことである。韓国が当時、これに反対できたろうか？　これに対して日本はできたと言い、韓国はそうではなかったと言う。

同時に、第二次世界大戦以後の法的関係も明らかではない。国際司法裁判所は両国が共同提訴した場合にだけ、判決をくだすことができる。しかし、韓国政府は提訴を拒んでいる。日本とは異なり韓国では、この問題が日本の支配した植民地時代と強く結びついている、極めて感情的な主題であるからだ。したがって韓国は国際司法裁判所に持ち出す代わりに、実効支配の根拠をつくるほうを選択する。

キム氏の妻は、最低限、本土で暮らしている2人の娘と息子に電話ができることを喜んでいる。「子どもたちにしょっちゅう会うことはできないから」と、彼女は言う。キム夫婦の商品購入、病院通い、人に会うなどのすべてが大きな反響を呼び起こした。「私どもはあまり外に出ないようにしています」と、キム氏は自分の腕に描かれた入れ墨をさすり、笑いながら言う。彼ら夫婦はなぜこの島に戻ってきたのか？　キム氏にとって最低限の愛国心が重要な動機になったのである。

紛争の根本理由

唯一の隣人は30名ほどの海洋警備隊員たちである。彼らは向かい側の岩礁を守っているが、宿所は険しい絶壁の上に建っている。隊員たちの年齢は多く見つもってもキム氏夫婦の半分にも達しない。時々、彼らはキム氏夫婦に夕食を運んでいったりすると隣の島にいる警備隊隊長のカン・イファン（강이황）は語る。彼は23歳で軍隊服務の代わりに、2年間の海洋警備隊勤務をしている。独島／竹島で3か月ほど勤務しさえすれば本土に戻れると、彼はうれしそうに言う。「われわれは現実の世界から遠く離れて暮らしています。私は孤独だと感じます」。

警備隊員たちはPCゲームとインターネットをしながら時間を過ごす。いつのまにか、この紛争の島にはLANケーブルまで引かれた。そのほかに7月から9月まで、ここの若者たちは海で水泳をしたりする。だが、そのほかにすることはほとんどない。だから3か月間の勤務が終われば、普通は交代になる。

キム夫婦は1週間に3日は魚を捕まえて過ごす。捕まえた魚は島に立ち寄る鬱陵島行きの船に売る。「ここには3日以上捕らえるほどの魚はいない」とキム氏は言う。ところでこの言葉が事実である理由は何か？　独島／竹島周辺の操業法が、1999年の韓日間協議事項のひとつになっているからだ。

何人もの専門家が主張しているように、この周囲の深海に魚類以外の資源、すなわちメタン資源が存在するかどうかは、はっきりしていない。なぜならば、この島をめぐる紛争の根本的な理由は、周辺海域に対する領土所有権にあるためだ。海と海洋資源の保有量は、非常に敏感な問題である。それは領土の実効支配問題を引き起こすからである。何よりも韓国は、海の景観に韓国の名称をつけたがる。名前は重要である。韓国政府は数年前から、現在はほとんど「日本海」として知られている周辺海域を「東海」と変更させる努力をしてきた。

カン隊長と彼の同僚らは、さらに岸壁を広げる作業に没頭している。展望台を設置しようとしているのだ。それは、ほぼ1年前から韓国の観光客がここを訪ねてくるからである。そしてこの島は韓国人の情緒と深く関連している。こうした努力は大きな成功を収めるものと見られる。今年だけでも7月末までに、4万2000名もの観光客がこの島にやってきた。

しかし、彼らは島に上陸することはできない。運が良ければ家の前に立っているキム夫婦をしばらく眺めることができるだけだ。キム夫婦は家もない小さな岩礁をめぐって熾烈に展開される紛争を考える際に、象徴的な人物なのである。

ハンブルク夕刊―――〈2008年7月19日付〉

領土紛争――日本と韓国、一連の島々を巡って紛争

ミハイル・ディーク

ハンブルク/ソウル：いま韓国では民族感情が燃え上がっている。ソウル所在の日本大使館の前では激しいデモがあった。デモ隊は日本国旗を燃やした。

隣国日本が今週の初めに新たな教科書指針を発表したため、対日感情が爆発したのである。この指針によれば、二つの小さな島は日本領土であるという。日本政府は初めて勧告案を出版社に示した。この島々を韓国では独島、日本では竹島と呼んでいる。せいぜいサッカー場二つを合わせた程度のこの島には、1952年から韓国の警察が駐屯している。

韓国の李明博大統領は、日本の教科書検定問題に対してあらゆる外交的手段を駆使して対応すると言明し、駐日韓国大使を本国に召還した。李大統領は、日本が独島を国際的な領土紛争地域に仕立てようとする長期的な戦略をもっていると強調した。韓国政府のスポークスマンは、次のように大統領の発言を紹介した。「独島問題との関連で、われわれは長期的で戦略的な対応措置を講じなければならない。われわれはこの島々に対する韓国の支配権を確かなものにする」。

日本は過去の紛争を国際問題として扱おうと企図し、この問題についてハーグの国際司法裁判所

の裁定を求めようと提案した。しかし、提訴は双方が同意したときにのみ可能なことであり、韓国はこれまで一貫してこの提案を拒否してきた。

両国はこの島に対する領有権主張を歴史的に正当化しようとしている。1905年に日本はこれらの島を日本領土に組み入れた事実を指摘する。韓国はこの時期を起点に以後は日本の影響を受けるようになり、結局、1910年に日本の植民地となった。だからこそ韓国はこの条約の正当性に疑問を抱いている。さらに韓国は、この島についての歴史的資料が512年から存在することを立証すると明言した。この島の面積は大きいものではないが、韓国の立場からすると、この島は植民地支配に対峙する象徴であり、主張をすべき民族的自尊心にかかわる問題なのである。国内政治から見ても、いかなる政治家であろうとも、日本側の主張を認めることはできない。それは日本の政治家にとっても同様だろう。政治家の立場からすれば、次の選挙の際に失われる票を計算せずにはおられないからだ。そのほかにも、韓国とのすべての合意は日本の立場から見ると危険な先例になってしまう。なぜなら、日本はまた別の領土をめぐる紛争を抱えているからである。日本はソ連軍が1945年に占領したクリル（千島）列島問題を、どう扱うかについても合意していない。

加えて中国と日本は東中国海の岩礁をめぐって、互いに領有権を主張している。独島周辺海域は、漁業資源が豊富でガス埋蔵量が多いと推定されている。しかし、韓日間の紛争のために、経済的問題はたんなる従属的役割に留まっている。

独島に関するドイツの認識――報道から見えるもの

本調査の目的は、ドイツの主要な新聞及び雑誌が過去20年のあいだに、韓国と日本の独島をめぐる論争をどう扱っているかを分析することであり、主に注目したのは次のような媒体である。日刊紙では「ディ・ヴェルト」「フランクフルター・アルゲマイネ・ツァイトゥング」「南ドイツ新聞」そして、「フランクフルター・ルントシャウ」。週刊誌では、「シュピーゲル」「ディ・ツァイト」そしてスイスの著名な新聞「ノイエ・チュルヒャー・ツァイトゥング」である。また、ドイツにおける、他の新聞、ラジオ、テレビ番組などについても参考にしている。

本調査において、ドイツ及びスイスで発行された新聞・雑誌の独島論争に関する報道でいくつかの特徴や傾向が見られた。それは次のとおりである。

第1に、ドイツの新聞・雑誌では、韓国と日本の歴史的背景と、現在の独島論争の状況に対する関心が高まっている。

第2に、彼らは当初、主に独島の経済的側面に注目していたが、現在は、より歴史的、文化的視点で独島論争をとらえようとしている。つまり、トラウマとなっている過去、集団的な記憶、ナシヨナリスト的感情、国家のアイデンティティなどである。

第3に、2005年頃から、ドイツの新聞・雑誌は別の視点からこの論争を扱い始めた。以降、〝独島問題〟は、日本に植民地化された時代のトラウマ的な体験に端を発していると認識し、それがこの論争に及ぼす影響を分析しようとしている。

第4に、ソウルの日本大使館を取り囲んだ韓国人のデモ隊の感情的な振る舞いや独島付近での軍事演習には、否定的な印象を持っている。

第5に、ドイツの新聞・雑誌は、北朝鮮問題と関連づけてこの論争を理解しようとする傾向がある。彼らの目には、韓国が独島の領有権を主張することは、イデオロギー的には反目しあう北朝鮮と歩調を合わせることになると映り、それが起因となって東アジアの危機を悪化させると見ているのである。

第6に、ドイツの新聞・雑誌に日本の公的な姿勢に批判的な記事が出た場合、日本政府は、常に迅速で可能な限りの多様な方法で反論している。

ロシア・メディアの独島認識

閔庚鉉（高麗大学校）

I．まえがき

韓国と日本の独島紛争に対してロシアの関心は格別のものがある。その理由は、まず、独島をめぐる韓日間の領土紛争の起源が日露戦争にあるからであり、ロシアと日本のあいだで争点になっているクリル（千島）列島問題と極めて類似した展開をしているからである。

独島が西洋の地図に初めて登場したのは、1854年のプチャーチン（Е. В. Путятин）提督の率いるパラダ（Паллада）号が、韓国東海岸を精密測量し、独島を発見し地図に反映させたときである。ロシアは19世紀中葉に英国とアメリカの後を追い、中国と日本、そして韓国との修交及び領土協議のために、世界一周の経験がある有能な海軍提督、侍従武官プチャーチン麾下のパラダ号（2090トン）を極東に派遣した。

プチャーチンは母艦パラダ号と3隻の補助艦を率いて、清国と日本はもちろん、韓国にも修交と開港交渉を試みた。そして韓国の海岸を航海し独島付近の海域を踏査した。現代的な測量技法を用いて金正浩の大東輿地図よりも先に東海岸の地図を作成した。このときに元山にも上陸して修交要請書の伝達を試みたが、元山住民の頑強な投石戦に遭遇し撤退を余儀なくされた。

このパラダ号の補給を受け持った随行艦・オリブサ（Оливуца）号のナチモフ艦長は、フィリピンのマニラを訪問した後、ロシア旧暦の1854年4月2日（陽暦16日）に、大韓海峡［対馬海峡］

を経てウラジオストック方向に航行した。そして１８５４年4月6日（陽暦18日）に、これまで西洋の地図においてその存在が明らかでなかった独島を発見し、これを本艦に報告したのち航海日誌に次のように記録した。

> 日の出ごろ、艦艇前方に島嶼を発見。
> 08時、艦艇状態良好。患者1名。08時現在、島の方位32度。微風。天候清明。気圧30度。気温15度。09時を越えて中間の帆及び三角帆を強める。12時、風が横切り左側に旋回。艦艇内の水位４・７５インチ。朝に発見した二つの高い岩礁は午前中ずっと視野にあったが、いまは明確になる。この二つの岩礁は約３００サジェン（約６４２m）離れている。この島は東南東及び西南西にあり、このうち高い西側の島はオリブサと命名し、東側の島はオリブサがバルチック艦隊に編入される前の黒海艦隊に所属していたときに使用した呼称を記念してメナライ（Менелай）と名づけた。[1]

19世紀の中葉、ロシア海軍部の地図に初めて登場したときの独島の名称は、オリブサとメナライだった。19世紀後半、ロシアはこの名称のほかに、フランスと英国の艦船の名称であるリアンクール（Liancourt）とホーネット（Hornet）を併せて使用している。

19世紀後半、ロシア帝国は鴨緑江・豆満江流域とともに、鬱陵島とその附属島嶼である独島の伐木の権利を高宗から認められることに成功した。これによって独島はロシアと韓国の関係史に本格的に登場した。1896年に高宗がロシア公使館に身を避けたとき、ウラジオストックの商人ブリンネルは、鴨緑江・豆満江・鬱陵島の三つの地域における伐木の利権を獲得した。鬱陵島には樹木が鬱蒼と繁茂していた。もちろん独島は鬱陵島の附属島嶼であり、岩礁なので鬱蒼とした樹木は育っていなかったが、日本人が愛好する盆栽用の草木と鬱陵島の木材を輸送する中間拠点として利用された。

しかし、独島が韓国とロシア、そして日本の三国関係において核心的な位置を占める事件は、広く知られているように日露戦争だった。日本はロシアの極東の関門が東海であると判断し、ロシア太平洋航路の中心部に位置する韓国の鬱陵島と独島を、ロシアが確保する場合にはロシアの重要な拠点として、そうではない場合はロシアの極東進出を妨げる戦略的地点になると見なした。日露戦争に先立ち、日本は鬱陵島に通信部隊を置き、元山を経由して満州に進撃する日本軍を支援した。また、1905年3月の対馬海戦では独島に探望台を設置し、ウラジオストックに向かうロシア艦隊を全面的に包囲し、航海の阻止に成功した。日本が独島を対馬海戦と同様に、日露戦争を決定的な勝利に導いた聖地と考えるのはこうした理由からである。

しかし、日露戦争の当時、鬱陵島は実際的に韓国の所有地ですでに列強の知るところであり、独島はフランス・英国・ロシアが、こぞってリアンクール（Скалы Лианкур）と地図上に表記していた。日露戦争（1904~05年）のさなかに、日本はロシア第2太平洋艦隊（日本ではバルチック艦隊）が、日本との決戦のために1904年にペテルブルグを出発したとの情報を受けた。そして急遽、独島を韓国の領土と認めていた従来の態度を変更し、1905年2月22日に島根県に編入させた。

1916年以降、ロシアはそれまで独島と竹島という名称をともに使用していたが、竹島だけを使用することによって、独島が日本領土であることを間接的に認めた。ロシアは1970年代まで「竹島」だけを使用し続けた。その後、ロシアは独島をサンゴ暗礁（Коралловые рифы）と表記したが、さらにリアンクールに変えた。最近、ロシア・メディアは竹島とともに独島を使用しているが、いまだにロシアの地図には独島という名称は正式に表記されてはいない。ただ2002年にロシア連邦国防部が刊行した水路図では独島を韓国領土に含めている。

独島問題がロシア人の重要な関心事になったのは、日本が1981年2月7日に、千島列島のうち南側の四島（択捉・国後・歯舞・色丹島）を、日本領土と宣言してロシアとの関係が緊張したからである。日本が千島列島と独島を領土紛争の対象にした過程は類似している。北方四島と独島は、第二次世界大戦で日本が連合軍に無条件降伏したため、日本領土から除外された。それでも日本は1951年のサンフランシスコ平和条約を根拠に、「北方四島と独島は自国の領土である」と一方的に主張している。

以上見てきたように、ロシアにとって独島問題はたんなる第三国の問題ではなく、自国の歴史と利害関係が絡み合う問題なのである。ここではこれらの事実を基礎に、最近のロシア・メディアが独島問題をいかに紹介し説明しているかを確かめ、独島問題に対する認識の変化過程を追跡することを目標としている。

Ⅱ．ロシア・メディアの独島報道：整理分析

ロシアはその国土の面積と人口に見合うように、新聞の種類と発行部数が極めて多い。ロシアの新聞の種類は地方紙を含めて2635紙に達する。(2) このうち発行部数と影響力の面で、最も注目すべき新聞は「コムソモーリスカヤ・プラウダ（*Комсомольская Правда*）」「モスコフスキー・コムソモーレツ（*Московский Комсомолец*）」「アルクメンティ・パクティ（*Аргументы и факты*）」「ベトモスチ（*Ведомости*）」「コメルサント（*Коммерсант*）」「イズヴェスチャ（*Известия*）」「プレマ・ノボスチ（*Время Новости*）」などである。(3)

このうち「コムソモリースカヤ・プラウダ」「モスコフスキー・コムソモーレツ」「アルクメンテイ・パクティ」は、主に恋愛、スポーツなど娯楽中心の報道をする一般娯楽紙である。反面、「ベトモスチ」「コメルサント」「イズヴェスチャ」「プレマ・ノボスチ」は、政治・経済・社会の主要分野に対する正論報道をする新聞である。したがって国際問題である独島問題と関連するメディアの認識を把握するためには、後者を中心に分析しなければならない。また、発行部数と影響力の面では、後者には及ばないが中央紙の役割を果たしている「ノーヴァヤ・ガゼータ（*Новая Газета*）」「ガゼータ（*Газета*）」「ラシイスカヤ・ガゼータ（*Российская Газета*）」などを分析の対象とし

た。さらに、国際関係の専門紙である「ロシア・ブ・クロバルニエ・ポリチィケ（*Россия в Глобальной Политике*）」の報道内容と、極東地域のローカル新聞である「ウラジオストック」の報道内容についても考察することにした。

ひとつつけ加えておくと、ロシアの主要メディアについて政治的色彩を基準に判断するのは困難である。ほとんどの主要メディアが政府の支援を受けており、最大の「イズヴェスチャ」や「アルクメンテイ・パクティィ」などは、最も大きな国営企業の所有になっている。したがってこれらの論調を左と右、あるいは保守と進歩に区分することは不可能なのである。

次に分析時点であるが、１９９５年以降に限定する。歴史的に１９９１年のソ連邦の崩壊以後のロシアは、政治・経済・社会の全般にわたり大きな変化が生まれ、ソ連邦に存在した伝統的なメディアも大きな変革を強いられた。１９９０年代の半ばまでは、こうした余波から逃れられなかったため、ソ連邦時代に１８００万名の読者を誇った「プラウダ（*Правда*）」を例にとれば、１９９３年の読者数は33万１０００名へと激減した。そのほかにも「イズヴェスチャ」は１０００万名から43万５０００名へ、「コムソモリースカヤ・プラウダ」は２２００万名から87万１０００名へと大きく減少している(4)。

１９９０年代におけるこうした各紙の全体的縮小状態は、他のヨーロッパ諸国に比べて対外問題に関する報道を相対的におざなりにする結果になった。したがって１９９０年代にロシア・メディアが独島問題について報道した件数は、相対的に多いとは言えない。しかし１９９０年代後半、さらに２０００年代になるとロシア経済は活力を取り戻し、国際的立場がある程度回復した。それにつれて、国際問題に対するロシア政府の発言回数が増加している。そして主要メディアも広く国際問題、特に領土問題について報じるようになった。したがって、ここではソ連邦の崩壊以後、ロシア連邦が成立して初期の混乱が少しは落ち着き、社会が安定に向かう、まさにその直前の１９９５年を分析の開始時点としている。

以下においては、ロシア・メディアの独島報道の回数、主に使用された独島の名称など、独島報道に対する定量的な分析を試みた。次の表は分析対象とした新聞の１９９５年から２０１０年までの報道回数を示したものである。

〈表1〉独島関連記事の回数

新聞社（括弧内は略語）	報道回数
イズヴェスチャ（Из）	２５
コメルサント（Ком）	２５
ラシイスカヤ・ガゼータ（РГ）	１７
ノーヴァヤ・ガゼータ（НГ）	１０
ブレマ・ノボスチ（ВН）	９

ガゼータ（Га）	7
ウラジオストック（Вл）	6
トルード（Тр）	3
ロシア・ブ・クロバルニエ・プリティケ（РПГ）	2
計	104

さらにこれを具体的に見ると次のとおりである。

〈表2〉独島関連、年度別記事回数

年度	新聞名									計
	Из	Ком	РГ	НГ	ВН	Вл	Тр	Га	РПГ	
1996		3								3
2000		1				1				2
2002	1	2		1						4
2003		1								1

2004		1								1
2005	1	8	4	4	4		1			22
2006	5	5		1	2		2	2		17
2007										
2008	16	4	9	3	2	5		4	2	45
2009	2		4					1		7
2010				1	1					2
計	25	25	17	10	9	6	3	7	2	104

〈表1〉から、ロシア最大の日刊紙のひとつである「イズヴェスチャ」と「コメルサント」が、独島に関連して最も多くの報道をしていることがわかる。これに「ラシイスカヤ・ガゼータ」が続いている。つまり、これらの新聞が特別に独島問題や領土問題に関心を寄せるというよりは、新聞社の影響力に応じて報道回数に差があるとの分析が可能である。

年度別にみると、独島の記事が増えたのは２００５年でその数は22件、記事数が最も多かったのは２００８年の45件だった。２００５年は島根県が「竹島の日」を制定したため、韓日間の外交的摩擦が強まった年であり、高野駐韓日本大使が「竹島は明白に日本の領土である」と発言をし、混乱が起きた年でもある。さらに日本の新しい教科書が検定を通過し、周辺諸国との外交的な摩擦が生じた年でもあった。

記事が最も多く報道された2008年は、日本と周辺諸国のあいだに領土関連紛争が頻発しており、独島との関連から見ると、ソウル地下鉄内の日本のコンドーム会社の広告撤去や駐韓日本大使が韓国人デモ隊の参加者から卵を投げられた事件などが起きている。

メディア各社別に、独島関連記事の回数と独島の名称に関する表現を見ると、メディアの独島問題に対する視角の一面がうかがえる。まず、有力紙のひとつ「イズヴェスチャ」は次のとおりである。

〈表3〉「イズヴェスチャ」の独島関連記事

日付	タイトル	島名表記
2002・8・13	日本人はもうひとつの島を求めている	独島（淋しい島）、竹島（竹の島）
2005・3・17	日本人はまた隣国と激しく争った	竹島・独島
2006・4・19	韓国は日本から独島を強く守る準備をしている	独島、竹島
2006・4・19	日本は韓国のクリル列島に対する戦闘を始めた	独島、竹島
2006・4・25	独島は韓国と日本の間の〝静かな外交関係〟を問いかける	独島（竹島）

2006・4・28	クリルで教育された人々：日本は最初から〝占領された〟島々の返還のために争っている	竹島（独島）
2006・8・15	小泉首相の靖国神社参拝は中国と韓国の抗議を引き起こした	独島、竹島
2008・5・19	韓国は日本に竹島関連の主張を明らかにすることを要求する	竹島（独島）
2008・7・1	日本の学生に南クリルの〝非合法的占領〟について語っている	竹島（独島）
2008・7・9	韓国は日本に〝自分の島〟独島に対して忘れろと確かに要求した	独島（竹島）、竹島（独島）
2008・7・14	日本の攻撃的な政策は韓国を立ち上がらせた	竹島（独島）
2008・7・16	ソウルで日本大使にトマトと卵が投げられた	竹島（独島）
2008・7・17	韓国は日本の外務大臣との面談を故意に取り消した	竹島（独島）
2008・7・17	韓国は関係の断絶で日本を威嚇した	竹島（独島）
2008・7・17	韓国人は日本のコンドーム広告を喜ばなかった	独島、竹島
2008・7・21	平壌は独島に対する主張に対して日本を批判した	独島
2008・7・27	〝島〟問題は日本と韓国のあいだの外交関係をまたも断絶させた	竹島（独島）
2008・7・29	日本は韓国の総理に問題となっている島に対して不満を表す	竹島（独島）

2008・7・30	韓国は日本に二つの島に対する彼らの要求に対して忘れろと強く要求した	独島（竹島）
2008・7・31	ブッシュは独島の地図に韓国と表記するよう指示した	独島、竹島
2008・7・31	日本は韓国との争いにブッシュが介入しないことを希望する	独島、竹島
2008・8・5	日本は韓国の岩礁〝占領〟という悲しい成果を得た	独島（竹島）
2008・9・2	日本はロシアと韓国の島にまたも介入しようとした	独島、竹島
2009・1・27	韓国は問題の島から、自国の将校を〝立ち去らせた〟	独島（竹島）
2009・12・25	日本はモスクワに領土問題決定を望まないと表明	竹島、独島

「イズヴェスチャ」は１９１７年3月に創刊され、ソ連政府の公式機関紙の役割を果たしていたが、１９９１年のソ連邦崩壊以後、独立採算の国営メディア会社となり、１９９６年に独立した民営メディア会社となった。〈表３〉のとおり、全25件の記事を見ていくと、「独島・竹島」と併記した場合が24件、「独島」だけを表記したのが1件だった。この部分だけを詳しく見ると、「イズヴェスチャ」は少なくとも独島の名称問題に関しては、努めて客観的な立場に拠ろうとしており、国際的に論争が続く地域であると認めている。また3件がロシアと日本との北方領土問題を報道しながら、日本が東アジア諸国とくり広げているほかの領土問題を付け加えている。その点からも独島問

題と東北アジア情勢に対する関心がかなり高いことがうかがわれる。「イズヴェスチャ」と同じ報道回数であるのが、「コメルサント」である。この新聞の独島関連報道は〈表4〉のとおりである。

〈表4〉「コメルサント」の独島関連記事

日付	タイトル	島名表記
1996・2・10	日本はロシア以外とも領土紛争をしている	独島（竹島）
1996・2・21	露日間の問題：人為的設定が問題の島に到達できる	独島（竹島）
1996・2・22	アジア太平洋地域で領土問題、政治的観点から経済水域	独島（竹島）
2000・10・11	ワシントンに北朝鮮の将軍が到着した	独島（竹島）
2002・8・13	議定書	独島（竹島）
2002・8・16	北朝鮮と韓国は祝賀テーブルで統一を果たした	独島、竹島
2003・7・28	地理的境界	独島、竹島
2004・3・25	中国人が無人島に現れた	独島（竹島）
2005・1・19	日本の与党は南クリルで道を決めた	竹島（独島）
2005・2・25	議定書	竹島

2005・3・21	日本は問題地域を拡大させている	竹島、独島
2005・3・30	公式見解	竹島
2005・3・31	議定書	独島（3）、竹島（1）
2005・4・15	戦争で真実	独島（竹島）
2005・4・19	議定書	独島（竹島）
2005・5・3	興奮状態で発表	独島（竹島）
2005・6・1	問題の価値	独島
2006・3・31	日本は教科書問題を引き起こした	独島、竹島
2006・4・20	日本と韓国は最も底辺まで到達した	（竹島）独島
2006・6・13	議定書	独島、竹島
2006・6・14	議定書	独島（竹島）
2008・8・1	ブッシュが地図を校訂する	独島、竹島
2008・9・29	ソウルの新たな実用主義	独島、竹島
2008・10・8	最初の人物	独島、竹島
2010・8・20	40年の悲しみ	独島、竹島

「コメルサント」は経済・ビジネスの専門紙で、1989年12月に週刊誌として創刊された。1992年9月からは日刊紙として発行されている。〈表4〉でもわかるように、全25件の記事のうち2件は「竹島」と表記し、1件は「独島」と、残りの22件は「独島・竹島」と併記している。やはりこの新聞も独島と竹島の表記において中立性を守ろうとしていると分析される。また、独島問題を単独で報道した記事は5件、日本の歴史教科書に関連する記事が1件、そして残りは、すべて日本と周辺国とのあいだの領土問題と外交問題を扱いながら、独島問題を付加的に説明している。

3番目に独島問題を多く報道しているのは、「ラシイスカヤ・ガゼータ」で、〈表5〉のとおりである。

〈表5〉「ラシイスカヤ・ガゼータ」の独島関連記事

日付	タイトル	島名表記
2005・4・15	歴史を歪曲してはならない	竹島（独島）
2005・5・26	韓国と日本のあいだに新たな巨大な外交スキャンダル発生、5月11日、谷内正太郎の韓国国会議員との面談での発言が今回の事件の原因となった	（独島）
2005・6・24	だれだれ？ 独島！	独島
2005・7・15	クリルシンドローム、EUは日本人にロシア領土を渡せという	独島、竹島

2008・1・30	韓国の〃仏教徒〃が全世界をめぐる	独島
2008・7・14	韓国は文部科学省が発刊した教科書に興奮している。この教科書は日本海にある独島が日本領土と叙述している	独島
2008・7・22	韓国は日本の領土主張に対応して独島群島を開発することを決定した	独島（竹島）
2008・7・30	韓国は日本と争っている独島群島地域で作戦を開始した	独島（竹島）
2008・7・30	韓国で自身の対外政策の亀裂について知られるようになった	独島
2008・8・1	信じられない敵対者、米大統領が韓国を戦闘準備させた	独島（竹島）
2008・8・6	韓国を訪問したホワイトハウス首脳の安全は2万7000名の警察官が守る	独島
2008・8・18	涙の中の記念日、韓国の国家記念日にデモが起きる	独島
2008・12・4	〃韓国のハワイ〃鬱陵島	独島
2009・3・2	韓国は航空母艦の導入を準備している	独島
2009・7・19	日本は独島の返還を求めている	独島
2009・7・20	独島に対する日本の所有権主張は、島の資源と通過時点の役割のためである	独島（竹島）
2009・6・29	韓国大統領：北朝鮮の核保有は絶対認めることはできない	独島

元来、この新聞はロシア政府が発行しており、1990年に創刊されたが、1997年からはロシア議会のニュースを伝える新聞となった。他紙に比べてこの新聞の報道には独特な傾向がある。同紙の全17件の記事のうち「独島・竹島」と併記した場合は6件、残り11件は「独島」とのみ表記している。おおむね新聞が「独島・竹島」と併記するのは、暗黙のうちに独島領有権問題に対して韓日両国の解決されない領土問題と認めているためと考えられるが、同紙は表記問題だけを取り上げても、韓国の独島領有権主張により接近しているようだ。また独島について単独に報道した記事は9件で、他紙に比べてその比重が高く、独島以外の問題との連関で掲載したときにも、主に韓国の外交問題と関連する記事になっている。

4番目に多くの独島関連報道を掲載しているのは、「ノーヴァヤ・ガゼータ」である。〈表6〉は、その報道内容をまとめたものである。

〈表6〉「ノーヴァヤ・ガゼータ」の独島関連記事

日付	タイトル	島名表記
2002・8・6	中谷賢：私はモスクワと公開的対話を望む	竹島
2005・3・10	最大の敗北、日本はクリル列島全体の返還を望む	独島、竹島

2005・4・25	東側での急激な冷却、アジアで多数の民族の増大する熱望が国際関係の深刻な困難を引き起こしている	独島（竹島）
2005・5・23	海の近くで月桂冠をかぶせるもの―ロシアと日本は互いに優先的にすべきものを決定しなければならない	竹島（独島）
2005・7・14	ヨーロッパはクリル返還を求める	独島、竹島
2006・9・25	新しい国の建設のために	竹島（独島）
2008・7・15	極東で地図上の戦争	独島（3）、竹島（1）
2008・7・31	韓国は日本が権利を主張している島の付近で、BMCとBBC作戦を始めた	独島（竹島）
2008・10・23	アジアとヨーロッパが北京で出合った	独島（竹島）
2010・9・16	韓国併合百周年	独島、竹島

同紙は1997年に、メディアグループの政商ベレゾフスキー（*Березовский*）が発行を始めたもので、この新聞に掲載された独島関連報道の10件のうち、「竹島」と表記した記事は1件で、残り9件は「独島・竹島」となっている。注目すべきは、2002年同紙に独島問題が初めて登場したときを除けば、そのすべてを「独島・竹島」と併記していることである。さらに進んで「独島」を主たる表記とし、「竹島」を付随的な説明表記に使用しているのが注目される。記事内容におい

ても、2008年以後になると「独島（竹島）」と表記した後に、すべてを「独島」に統一している。これは時間が経過するにつれ、「独島・竹島」を併記する立場から、徐々に韓国の主張に移行したことを暗示するものである。そして同紙は10件のすべてを「独島」と単独報道したばかりか、日本の東アジア政策と露日間の外交問題などに対する分析記事で、状況説明のために独島問題を取り上げている。

次の表は、10件未満の独島関連報道のタイトルと、発行日、そして各記事における独島表記方法を示し、簡単な分析を試みたものである。

〈表7〉「ブレマ・ノボスチ」の独島関連記事

日付	タイトル	島名表記
2005・3・22	日本の領土的野心	独島、竹島
2005・4・6	逃れられない歴史	独島（竹島）
2005・4・19	日本と韓国のあいだに深刻な衝突が熟す	独島（竹島）
2005・4・20	島に対する追撃	独島、竹島
2006・5・4	日本とアメリカはともに戦うのか？	独島
2006・7・4	障害物岩礁	独島、竹島

2008・7・14	島問題で韓国大使が日本から召還される	独島、竹島
2008・7・30	不適合な群島	独島、竹島
2010・4・15	領土的要求に対する断固とした「拒否」	独島、竹島

この新聞は２０００年３月から発行を始めており、創刊後10年間に独島関連の報道は９件だった。そのうち「独島・竹島」の併記が８件、「独島」単独表記が１件だった。同紙の特徴は２件を除いて、すべて独島問題を単独記事として報じ、他紙とは異なり日本がロシアや東アジア諸国との領土問題と関係する記事は１件だったことである。また、比較的詳細な記事づくりで独島問題を紹介し、この問題に対してかなり関心を抱いていることを示している。

〈表8〉「ガゼータ」の独島関連記事

日付	タイトル	島名表記
2006・4・19	日本と韓国が国境で武力対決	竹島（独島）
2006・12・6	古地図が日本の所有権主張と論争を始めている	独島（竹島）
2008・7・14	韓国が日本から自国大使を召還	独島、竹島
2008・7・22	日本が領土紛争を平和的に解決しようと韓国にサインを送る	独島、竹島

２００８・７・31	米大統領が以前の状況に、韓国の島独島に戻せと指示	独島、竹島
２００８・12・18	島に今は席がない	独島（竹島）
２００９・12・25	日本の教科書でロシアの領土的権利に対する部分を削除	独島、竹島

「ガゼータ」は２００１年９月に創刊された新聞で、２００５年から英国の「デイリー・テレグラフ」「ソンディ・テレグラフ」と公式に協力関係を結んでいる。同紙は７件の記事すべてを「独島・竹島」と併記しているが、２００６年には「竹島」を主たる表記とし、「独島」は付随的説明としていた。しかし、２００８年以後には「独島」と「竹島」を同じ比重で表記するようになった。また、７件のうち１件だけが、北方領土問題を論じながら独島問題を報道しており、残り５件は独島問題を短信で報道したものだった。

〈表９〉「ウラジオストック」の独島関連記事

日付	タイトル	島名表記
２０００・９・29	韓国と日本の関係が再び複雑化した	独島、竹島
２００８・１・18	障害となる島２	独島、竹島
２００８・３・25	クリル島とは何なのか？	独島、竹島

2008・5・21	日本の「隘路から」の警戒線	独島、竹島
2008・7・22	自分の地は守らねばならない	独島、竹島（主に竹島を使用）
2009・9・30	継続する領土紛争	独島、竹島

ウラジオストックの地域新聞で、1996年から発行を開始した。極東地域の地方紙であるだけに、独島に関する報道はしばしば登場している。6件の記事すべてが「独島・竹島」と併記しており、うち2件が独島問題を単独で報道し、残り4件は北方領土問題と関連する報道だった。

〈表10〉「トルード」の独島関連記事

日付	タイトル	島名表記
2005・5・11	北朝鮮、日本と論争中の島を扱った切手シリーズを発行	独島、竹島
2006・4・19	日本は韓国の隣にある島の調査を続けようとする	独島
2006・4・20	韓国と日本、国境で武力対峙	独島、竹島

1921年に創刊された旧ソ連の労働組合の新聞であり、現在も中央の日刊紙としてかなりの影

響力を行使している。同紙は3件の独島記事を掲載したが、うち2件は「独島・竹島」と併記し、残りの1件は「独島」だけを表記した。新聞の影響力に比べて独島報道が多くないのは、同紙が独島及び東アジア問題に対してそれほど関心を示していないからである。ロシアのメディアは、独島問題を韓日間の領土問題としてだけ把握するのではなく、東アジア各国と日本とのあいだの領土問題の延長線上で扱かっている。「トルード」には東アジア各国間の領土紛争に関する記事がほとんど見当たらない。この問題と関連する独島報道の回数も、他紙に比べると少なかった。

〈表11〉「ロシア・ブ・クロバルニエ・ポリティケ」の独島関連記事

日付	タイトル	島名表記
2008・12・14	武器としての過去	独島、竹島
2008・12・14	均衡追求の中で韓国	独島（竹島）

2002年に創刊された国際関係専門紙である。2008年に分析記事として2件の独島関連記事を掲載している。表記においては「独島・竹島」と併記し、過去の歴史問題と韓日両国の独島関連の外交問題を比較的詳しい分析記事にしている。

以上、メディア別に独島報道との関連で定量的な分析をしてみた。まず、独島名称の表記において「独島・竹島」と併記することで、表面的には独島問題を中立的な立場から記事にしている。しかし、104件の独島関連記事のうち、半分程度は日本の東アジアにおける領土問題を扱っており、そのうえ、大部分はロシアと日本の北方領土問題に関連する報道だった。特にロシアの歯舞・色丹島の占領の非合法性を、公式に表明した日本の新しい教科書が検定された2005年を起点に、各メディアの独島関連記事の報道には大きな変化が見られる。報道件数が急増し、さらに「独島・竹島」の併記から「独島」を単独に表記するか、あるいは併記するにしても「独島」を主表記とするケースが増えている。このように報道傾向が徐々に変化してきた。

Ⅲ．ロシア・メディアの独島認識

これまで見たように、独島に対するロシア・メディアの関心は2005年までは微々たるものだった。特別な関心を示さなかった理由は、韓国政府の政策にあると説明している。すなわち、韓国政府はこの問題が国際社会で言及されないことが、韓国にとって有利と判断し、独島に関する情報を統制したというのである。(5)

ロシアのメディアにおいて、独島の記事が急激に増加したのは、2005年2月23日にソウル駐在の高野日本大使の発言がきっかけだった。彼は、記者会見で「独島・竹島は歴史的にだけでなく、地理的にも日本領土である」と発言した。この時期における報道によれば、これは独島に関する韓国政府のメディア政策が変化する時期にあたる。この頃から韓国政府は、海外のメディア向けに独島に関する積極的な広報活動を展開した。いわゆる「メディア戦争」を開始したと、ロシアのメディアは伝えている(6)。

それでも独島に関するロシア・メディアの深層報道は、限られたものだった。それは、何よりも独島について深層的に報道する記者が「コメルサント」のアンドレイ・イワノフ(7)（*Андрей Иванов*）と、「ラシイスカヤ・ガゼータ」のオルレック・キリヤノフ(8)（*Олег Кирьянов*）の2人だけだったからである。独島に関連する深みのある記事が、両紙に集中した理由もこのためである。深層的な分析記事ではなく、短信報道や状況説明程度の記事は、2005年を起点に大きく増加した。1995年から2010年までの独島関連報道の104件のうち、1995年から2004年までに報道された記事は11件にすぎなかった。

したがって2005年から現在までの10余年間、ロシアの新聞に現れた独島問題の記事を分析すると、独島に関するロシア・メディアの関心の変化過程が追跡できる。その変化は大きく3段階に区分される。第1段階は、ロシア・メディアが独島の環境に関心を示した時期であり、第2段階は、独島の歴史に関する報道が多かった時期である。このとき、メディアは南北韓の問題と独島問題を関連させて報道することもあり、他の東北アジア諸国と日本が摩擦を引き起こしている領土問題との関連で報じたこともあった。第3の段階は、独島問題に関してロシア・メディアが、北方領土と歴史教科書問題に集中する時期である。

以下では、独島の環境と資源に対する認識、独島をめぐる一連の紛争の歴史的背景に対するロシアの視角、そして日本と南北韓関係に対する認識、東アジア諸国との関係と独島認識について、さらに詳しく見ていくことにしたい。

2005年以前におけるロシアのメディアは、自然環境及び独島地域のもつ潜在的な天然資源に対する利権を、領土紛争の中心に置いて説明してきた。1996年2月27日付の「コメルサント」は、「論争の的になっている竹島（韓国名は独島）」について言及し、この島の大陸棚は豊かな魚類と鉱物資源をもつと説明している。2000年10月11日付と2002年8月13日付の記事でも、独島は韓国と日本のあいだの「紛争中の島嶼」であり、「天然資源の宝庫」なので、韓国政府はその領土主権を主張すると述べている[9]。

1990年代末と2000年代の初頭、独島紛争の関連記事は、主に日本と韓国との葛藤に関心を寄せていた。しかし、これらの記事は独島問題に対する歴史的な根源や背景に対する深層的理解を基礎とした報道ではなかった。その代わりに独島の重要性を領土権の争いという現象、そして独島の周辺海域に埋蔵されているという、天然資源に対する利権に葛藤の焦点を合わせて説明していた。

こうしたメディアの表面的な理解と認識は、2002年から少しずつ深まりを見せはじめる。独島問題を現在の観点から扱うのではなく、韓国・北朝鮮と日本の対立構図のなかで、さらには東北アジア各国と日本の対立構図のなかで観察するようになる。これは南北関係の進展と日本植民地時代の遺産を克服するという両国の共通の課題、そして北方領土と尖閣列島をめぐってロシア及び中国が日本と対立している状況との関連のなかで、把握するようになったからである。

2002年8月16日付の「コメルサント」は、イワノフ記者の書いた「北朝鮮と韓国は祝賀テーブルで統一を果たした」と題する記事で、35年に及んだ日本占領の〝遺産からの克服〟という韓国・北朝鮮の共同目的に照らすと、独島問題は日本に対抗する両国の問題であると説明している。そして「ソ連邦は韓国を解放させ、現在は南北の統一に最高の貢献をしている」とし、日本占領の過去からの克服と独島問題においてロシアがその一端を担っていると強調した[10]。つまり、独島をめぐる領土紛争において韓国・北朝鮮とロシアが日本と対立せざるを得ない理由を、日本の植民地支配からの解放及び過去の遺産の克服という歴史的観点によって解説したのである。

こうした「韓国・北朝鮮対日本」の構図は、その後の独島関連記事においていっそう明らかになってくる。特に南北の分断以前の時期、さらに植民地時代の独島を歴史的に振り返りながら、現在の問題の説明をしている。2002年8月13日付の「イズヴェスチャ」の「日本人はもうひとつの島を求めている」との記事は、18世紀から現在までの独島の歴史を扱っている。特に1945年の日本の敗戦以降、韓国政府が「自国の歴史的権利を回復」する意味で、独島領有権を主張しているとし、日本人は独島だけでなく、北方四島及び尖閣列島を自分のものと主張していると報じた[11]。とりわけ島根県議会が「竹島の日」を制定した時点で、韓国と日本の過去の歴史が解決されなかったと明らかにし、この問題を日本に対する韓国・北朝鮮の国際政治的な問題と把握している。

２００５年3月21日付の「コメルサント」の「日本は問題地域を拡大させている」という記事は、独島について韓国人の主張、すなわち「５１２年から韓国の古代国家である新羅の所有だった」との内容を紹介した。また、韓国人が、日本の独島領有権の主張について「朝鮮半島に植民地主義を復活させようとする」と批判する状況を伝えた。日本の植民地支配との関連で、独島問題は「日本政府によって性的奴隷にさせられた韓国の女性、南サハリンに強制徴用された韓国人、そして広島と長崎で原子爆弾に被爆し、いまだに苦痛を味わっている韓国内の被害者への賠償金の支払い」問題とつながっていると述べている。[12]

また、２００６年12月6日付の「ガゼータ」は、独島の所有権問題で「朝鮮民主主義人民共和国は韓国の同盟者になった。昨日、韓国の大衆メディアは、北朝鮮に所在するある図書館で、日本の古地図を発見したが、その地図には独島が日本の領土と表記されてはいなかった」と伝えた。また、「カゼータ」はこの記事で韓国と北朝鮮が独島問題を通じて日本に共同で対抗していることを明確に示した。[13]

こうした対立の構図は、独島領有権をめぐって韓国と日本が鋭く対立した２００６年だけに留まるものでなく、２００９年にまで続いている。「ラシイスカヤ・ガゼータ」の２００９年7月20日付の「独島に対する日本の所有権主張は、島の資源と通過時点の役割のためである」という記事は、独島と関連して「北韓は日本との論争で南韓を支持する準備ができていると公式に発表した」という事実を伝えた。「日本の軍国主義者たちの攻撃的な熱気」に対応し、北朝鮮もまた韓国に支

持の意思を伝えていると報じている。(14)

これまで見てきたように、ロシア・メディアは独島紛争を領土主権及び資源の紛争であり、韓国と日本が対立する現在の問題として見ているわけではない。独島は分断された南北を含む韓国と日本のあいだの問題であり、その背後には日本がその昔、朝鮮半島を強制占領していた歴史的背景が控えている。ロシア・メディアは日本の領土主権の主張と、南北の反日感情及び過去の清算問題とを連結させ、独島紛争の意味を拡大させている。また、分断状態に置かれている南北が共有している歴史的経験を土台に、二つの国がともに独島問題に対応すると見ていることがわかる。

しかし、ロシア・メディアの独島問題の認識は、韓国と日本の対立に留まってはいない。現在、北方領土をめぐってロシアと日本が対立している状況に、独島問題を連結させている。また、中国と日本が対立している尖閣列島問題を含めて、東北アジア全体の問題として領土紛争を取り上げている。さらにこれらを通じて、日本が他の東北アジアの諸国と紛争を引き起こしていることを想起させ、東北アジアの他の国々に、日本が過去に行った不幸な歴史的経験についても覚醒させている。

ロシア・メディアは2005年からは、独島問題についてロシアが日本と対立している北方領土問題と関連させて報道を行った。「コメルサント」(2005年1月19日付)の、「日本の与党は南クリルで道を決めた」という記事で、イワノフ記者は次のように述べている。「帝国主義軍隊が中国と東アジア諸国を占領した1930年代から日本人は明らかに変わった。(略)昨日の自民党の会議で、日本は他の国々によって『不法に占有された』自国の領土を少しずつ取り返すために闘うとの声明を発表した。それが韓国の管轄下にある竹島（独島）と南クリル（北方領土）である[15]」。こうした言及は北方四島と独島が日本に対する歴史的経験を共有していることを示すものだ。また、独島と北方四島の管轄国家である韓国とロシアが、日本に対抗する共通の理解関係をもっていることを暗示している。以後、ロシア・メディアは独島問題にいっそう関心をもち、それとともに北方領土問題に言及している。

２００５年3月21日付の「コメルサント」は、イワノフ記者の書いた「日本は問題地域を拡大させている」という記事で、緊張が高まっている独島の状況を説明しながら、北方領土問題を次のように報じている。「日本側は領土問題の解決方法を双方が模索することを希望している。しかし、ロシアではこの問題に対しては特別な希望をもっていない。日本は紛争中の四島のうち、ただ二島だけを日本に譲渡するとの１９５６年の日露共同宣言に基づき、問題を解決することに絶対に同意しないと判断したからだった。（略）すなわち、領土紛争を解決するために、日本は北方四島だけでなく、『紛争中のあらゆる領土』の返還を要求するというのである[16]」。

さらに２００５年6月1日付は、独島の紛争をひとつの事例としながら、北方領土問題を扱っている。この記事はロシアと北方列島問題に対する外交的論議の過程のことを、次のように書いている。「ロシアと日本の外交関係は南クリル及び江華島条約の締結に関する定例協議を数年のあいだ続けながら、さまざまな対話が続いており、長いトンネルの端から光がすでにちらついていることを報告した」。そして独島に対する島根県の権利主張と、これを日本の総理が支持していると述べた[17]。こうした北方領土問題に対するロシアの立場を明らかにしようとするときに、ロシア・メディアは独島と北方領土とを連携させる方法を選択した。これは太平洋戦争の戦勝国ロシアと被支配状態に置かれていた韓国を、日本との対立構図に置きながら、領土紛争を当事国間の問題ではなく、東北アジア全体の問題としての意味に拡大しようとする意図のように思われる。

2000年代後半、北方領土問題とともに独島問題を報道するロシア・メディアの、もうひとつの関心は教科書問題である。歴史的経験を基盤に日本との対立構図を説明するロシア・メディアの認識は、日本の教科書問題を領土紛争と連結させる場面において一層はっきりしている。「ラシイスカヤ・ガゼータ」の2005年4月15日付の記事「歴史を歪曲してはならない」は、日本の教科書改訂問題を扱いながら、独島と尖閣列島、さらに北方領土問題に言及している。日本の教科書が日本の軍国主義の過去を水に流そうとすると批判しつつ、日本の教科書は韓国併合があたかも韓国を解放させたかのように叙述したと指摘している。「まさしく内容を修正するだけで終わるものではない。例えば、島根県ではしばらく前に〝竹島の日〟を制定した。新しい教科書が記述したように、竹島（韓国名では独島）、尖閣列島（中国名では魚釣島）、南クリル――択捉・国後・歯舞・色丹――などは、それぞれの島嶼を韓国・中国・ロシアなどが管轄しているにしても、歴史的観点から日本の領土」という教科書の内容を紹介している。青少年向けのこうした説明に対しては「報復行為と言わざるをえない」との評価を付け加えた[18]。

2005年5月3日付の「コメルサント」は、日本政府が韓国と中国、そして東アジアで犯した犯罪に言及しない歴史教科書を承認したと指摘した。政府のこうした決定とともに、島根県議会が韓国の領土である独島を日本の領土と宣言したことも紹介した。それと同時に日本外務省が定期刊行物の『外交青書』を通じて、この点に関する日本の権利を主張したと知らせた。新聞はこうした日本の歴史教科書と地方政府と中央政府の決定に対して、韓国と北朝鮮が連帯の示威をしたと報道した。

2008年7月14日付の「ラシイスカヤ・ガゼータ」は、「日本が韓国大使館に送った釈明文で、独島をめぐる韓国との領土問題を、南クリル列島の所有に関するロシアとの論争と同一線上に置いた」と報道した。北方領土をめぐって日本との緊張関係が高まった時点で、ロシア・メディアは歴史的経験、教科書問題、そして領土紛争を、ロシア対日本の関係ではなく、「韓・中・ロ対日本」という構図で描いていることを、端的に示す内容である。[19]

独島問題に関するロシア・メディアの記事の分析を整理すれば、次のとおりである。

2002年以降、独島領土紛争を、1990年代の視角だった韓国と日本のあいだの領土及び天然資源に関する紛争ではなく、日本に対する韓国・北朝鮮が共同対応する問題として把握している。一定程度の進展をみせた南北関係を意識したものであるが、これは明らかにロシア・メディアが、植民地支配された経験のある韓国と北朝鮮を、独島問題と連結させたと言うことができるだろう。また、歴史的経験を基準に現在の問題を把握する点で、20世紀の前半期に日本に対抗した他の東北アジア諸国が、現在、領土紛争を抱えて日本に対抗していることを示そうとする。特にロシアが、現在、日本と対立している北方領土問題を扱う際に、独島紛争と連結させ、さらに日本の歴史教科書問題まで論じているのは、独島領土紛争を東北アジアの国際秩序の水準で把握していることを示すものである。

Ⅳ．むすび

独島をめぐる韓国と日本との紛争に対して、ロシアの関心は格別なものである。それはまず、独島を取り巻く韓日間の紛争の始発点が日露戦争であるからである。もうひとつの理由は、ロシアと日本のあいだで焦点となっている北方領土問題が、独島問題と極めて類似した展開をしているからである。したがってロシアは独島問題を自国の歴史と利害関係が絡み合った問題と見ている。

１９９５年から２０１０年までのロシアの主要日刊紙を調査した結果、全１０４件の独島関連報道があった。けれども１９９５年から２００４年までの報道回数は11件とわずかなものに留まっていた。つまり、ロシアのメディアは２００４年以前まで独島問題に対する言及は微々たるものだった。独島問題を本格的に扱うようになったのは、韓国政府がより積極的に独島問題に対応し始めた２００５年以降である。この時期から韓国の消極的な態度が積極的なものに転換したからである。ソ連邦解体以後、10年が経過して社会が安定したロシアは、国際的立場が強まるにつれ、国際問題に対する関心が高まった。東アジアの戦略的重要性と経済的地位の向上も、独島関連報道を多く登場させる要因となった。

最近の15年間、ロシアの新聞に見られる独島関連記事の特徴や変化は、大きく三つの段階に区分できる。第1段階は、メディアが独島問題にほとんど注目しなかった時期で、この時期の関心は独島の環境、特に表面的には領土主権と天然資源にあった。ロシア・メディアは韓国政府が独島に関する情報を統制し、この問題が国際的に広がることを避けようとしていたことが、独島問題をロシアの国内、さらに海外に知らせることが消極的になってしまった原因と見ている。

第2段階は、2000~05年であり、独島問題をたんに韓国と日本との領土問題として見るのではなく、歴史的観点から説明している。また、韓国と北朝鮮が共有する植民地時代の経験によって独島問題に接近し、この問題に対する韓国・北朝鮮の共同歩調を強調するようになった。つまり、この時期の特徴は、第1に、ロシアのメディアが独島紛争を韓国・北朝鮮の共同の利害関係と把握していたことである。第2に、独島紛争を韓国と日本との紛争と理解するよりは、ロシア、中国、そして韓国が日本と対立する領土問題と説明している点である。

第3段階は、2005~10年である。ここでは本格的に独島問題を北方領土問題と関連させて説明し、他方では、日本の教科書問題と関連して分析した時期にあたる。

ロシアのメディアは、独島紛争の歴史と韓日関係を詳しく把握していた。独島とは直接関連がないことでも、韓日関係の改善と協力を報道した記事であっても独島問題が扱われている。独島問題は領土紛争であると同時に、韓日関係の紛争を象徴する中心の輪であり、東北アジア不安定の主要要因のうちのひとつと認識している。ロシアのメディアにおける独島関連記事の特徴は、独島問題を韓国・北朝鮮の共同の問題と把握している点と、独島をめぐる紛争を日本と周辺諸国、すなわち、ロシア・中国・韓国が対立する領土と歴史問題として認識している点である。

注

（1）ロシア海軍艦隊文書保管所 PГАВМФ, ф.870, o. 1, д. 7208.

（2）http://www.pressreference.com/No-Sa/Russian-Federation.html?ixzz.14KEh9jK6

（3）Ha（HTC）:http://www.pressaudit.ru/

（4）http://www.pressreference.com/No-Sa/Russian-Federation.html#ixzz14 h9jK6

（5）Poccukar（24. jul. 2005）

（6）上の新聞を参照。

（7）1957年生まれ。1983年にモスクワ国立歴史アーカイブ研究所を卒業した後、日本財団の招きで1994～95年、東京大学に留学した。1997年から「コメルサント」で東アジア担当記者として働いている。

（8）「ラシイスカヤ・ガゼータ」のソウル特派員で、ソウル大学校韓国学科碩士（修士）である。

（9）Kommepcaht（Oct. 11. 2000）（Aug. 13. 2002）

（10）Kommepuahm（Aug. 16. 2002）

（11）（Aug. 13. 2002）

（12）（Mar. 21. 2005）

（13）（Dec. 6. 2005）

（14）（Jul. 20. 2009）

（15）（Jan. 19. 2005）

（16）（Mar. 21. 2005）

（17）（Jan. 1. 2005）

(18)(Apr. 15. 2005)
(19)(Jul. 14. 2008)

参考文献〈日刊紙〉

「イズヴェスチャ(*РИзвестия*)」
「コメルサント(*Коммерсант*)」
「ラシイスカヤ・ガゼータ(*Российская Газета*)」
「ニジャビシマヤ・カゼータ(*Независимая Газета*)」
「ブレマ・ノボスチ(*Время Новости*)」
「ガゼータ(*Газета*)」
「ウラジオストック(*Владивосток*)」
「トルード(*Труд*)」
「ロシア・ブ・クロバルニエ・ポリティケ(*Россия в Гловальной Политике*)」
「モスコフスキー・コムソモーレツ(*Московский Комсомолец*)」

資料［ロシア・メディア6編］（巻末312ページより原文掲載）

イズヴェスチャ――〈2002年8月13日付〉

日本人はもうひとつの島を要求している。

無人島をめぐる論争は、韓国と日本の関係をまたしても悪化させる兆候を示している。両国は伝統的に相手を良く思っていない。しかし、しばらく前にW杯サッカー大会の共同開催を成功裏に終えたことで、過去の疎遠な関係を大きく克服してきたように見えた。だが今週の韓国は、またしても尖鋭化した関係への復帰を決定づけた。すなわち、韓国は漁業資源、動植物の保護という神聖な目的で、2004年まで自国の東海岸で、新たに海上国立公園を建設するための調査をするとの意思を明らかにした。しかし日本語で竹島と、韓国語で独島と呼ばれるこの島が、300平方kmに達する今回の調査地域に含まれると予想されるだけに問題が生じる。

韓国メディアは、こうした措置が朝鮮半島の沿岸と、日本列島の本州からほぼ等距離に位置するこの岩礁に対する権利を強化するという唯一の目的でなされることを隠さずに報じている。

両国の漁民たちが独島を利用していただけに、すでに18世紀からこの島嶼をめぐって衝突があった。20世紀の初頭、明らかに国力が脆弱だった韓国は、この「淋しい」島を自国のものと考えていた。しかし、1904~05年の日露戦争当時、日本は戦略的考慮からこの島嶼を「竹島」と名づけた後に、この島を固い決意をもって占領した。

1945年以後、第二次世界大戦での日本の敗戦に乗じ、韓国は事後申告の形で「自らの歴史的権利を復権させた」。現在、この島嶼は韓国の国境守備隊によって厳しい統制を受けており、独島には小型守備隊が駐屯し、船舶の係留施設とヘリコプター基地が設置されている。

所有に関する問題は、おのずから1905年と同じ形態で解決された。しかし、日本はこの損失を認めることができない。あらゆる形で「竹島」に対する歴史的、また法的権利をもつと引き続き主張しており、日本のメディアはこの島を「本来は日本の領土」であると主張している。

今週、日本の外務省は韓国の国立公園の設立計画を知ると、これに対して「遺憾」の意を表明した。韓国はいつものようにその抗議を無視したが、またしても失望を感じたとだけ通告した。そして公園に関する最終決定は後日になると付け加えた。日本側はこれへの反応として公園の決定がなされた場合には、韓国側にいっそう厳重な抗議をすると言葉を強めた。

簡略に言うなら、日本が極東で隣接の国々とくり広げている領土競争のように、状況は画然と表面化した膠着的性格を帯びている。日本人は南クリル（北方領土）も、やはり「本来の日本の領土」と考えている点まで想起する必要はない。日本は19世紀に占領した東中国海の尖閣列島（中国名は魚釣島）の領土主権についても頑強に主張している。中華人民共和国、そして台湾もやはりこの島嶼を自国のものと主張している。それだけに、この論争は当該地域でのたんなる島の問題で終わるものではなく、時の流れにつれ、この海域全体において進行しているのである。

一例を挙げると、7月末に韓国と北朝鮮の専門家たちは、ウラジオストックで開催されたシンポジウムにおいて、今後日本海の名称を改名するように共同で要求した。彼らの見解によれば、日本は狡猾な方法で純真な国際社会に日本海の名称を強要したというのである。韓国人たちはこうした致命的な失敗を矯正するために、この海域を誰もが不快に感じない「東海」と命名するように要求した。

コメルサント――〈2002年8月16日付〉

北朝鮮と韓国は祝賀テーブルで統一を果たした

アンドレイ・イワノフ

昨日、ソウルで日本の植民地支配から朝鮮半島解放57周年の祝祭が開催された。北朝鮮使節団がこの祝祭に初めて参加した。この使節団には影響力をもつ政治家が入っていた。南北双方は共同の祝祭を「民族単一会合」と呼んだ。光復節の行事に参加した北朝鮮代表団の代表は、朝鮮民主主義人民共和国の指導部で、最も影響力をもつ人物のうちの一人である金英大民族和解協議会長だった。ほかに使節団員で韓国の大衆メディアが関心を示したのは、74歳の女性、呂燕九で、彼女は1947年に亡くなった民族英雄、呂運亨の娘だった。解放後、呂運亨は右派と左派の政治集団を和解させようと努力したが、この双方の争いは資本主義韓国と共産主義北朝鮮の分裂につながった。祝祭に参加した使節団には、北朝鮮の学者・文化活動家・社会や宗教組織のメンバーが含まれていた。

「民族単一会合」の行事は、昨日、ソウルのシェラトンホテルで「われわれは（略）ひとつの民族である」、そして「われわれは統一されねばならない」との歌の合唱で始まった。韓国側からは約400の社会組織の代表がこの会合に参加した。韓国当局は混乱を避けるべく、過激分子と極左派の入場を認めなかった。そのため学生らで構成された約40名の急進主義集団は、ソウル市内の建国大学校で、朝鮮民主主義人民共和国との統一を支持する集会を開いた。国会議事堂の近くでは右派の韓国自由市民連帯に属する約400名の会員が、平壌との和解に対する自分たちの反対意思を表明した。

今日も「民族単一会合」は日程の消化をしている。参加者たちは35年に及んだ日本占領の「遺産克服」の方法を議論する予定であり、日本の独島所有権主張に対する共同の立場を表明する。韓国は独島が日本式名称に変わることを認められないので、独島に自国の部隊を駐屯させている。

日本との対立は、韓国と北朝鮮の双方にとって統一のための一要素となった。最近、数か月のあいだに韓国と北朝鮮は、日本海を東海に、または「東海／日本海」のような形に、地図の呼称を変更せよと主張している。両国からの圧力を受けた国際水路機関は、この問題を72の会員国の投票に付した。これに対し日本外務省は、昨日、公式に抗議することを決定した。専門家たちは、これが韓国と北朝鮮の接近をもたらし、日本人が満足できない最後の驚きになるのではないかという。韓国も北朝鮮も日本の過去の過ちを許すことができない。日本とは異なりロシアは韓国と北朝鮮の和解に驚くことはない。昨日、ロシアのプーチン大統領は韓国と北朝鮮に民族祝祭祝賀のメッセージを送った。57年前にソ連邦は韓国を解放させ、現在は南北の統一に最高の貢献をしていることを想起させてくれた。

コメルサント――〈2005年1月19日付〉

日本の与党は南クリルで道を決めた

アンドレイ・イワノフ

専門家たちが考えているように、日本が近々アジアで支配権を求める列強の地位に並ぶ心配はなさそうだ。帝国主義軍隊が中国と東アジア諸国を占領した1930年代から日本人は明らかに変わった。彼らの内部に陣取った平和主義を根絶させるのは、いまやまったく難しくなった。

それにもかかわらず、昨日の自民党の会議で、日本は他の国々によって「不法に占有された」自国の領土を少しずつ取り返すために闘うとの声明を発表した。それが韓国の管轄下にある竹島（独島）と、南クリル（北方領土）である。自民党が採択した「行動方針」では、「歴史的そして国際的観点からすると、これらの島嶼はもともと日本の領土である。したがって北方四島と竹島の占領は不法である。われわれは与党の権威をもって、この問題を解決するために努力するものである。わが与党はまとまって北方領土返還促進のために、国民運動を幅広く展開しなければならない。国際社会の世論を喚起し、ロシアが自分の頑迷な立場を変更するように促さねばならない」と宣言している。

コメルサント――**〈2005年5月3日付〉**

興奮状態で発表

最近数か月にわたって、日本は韓国及び中国との関係をひどく悪化させてしまった。隣国の不満は小泉首相と日本政府の最近の行動によるものだ。日本政府は征服した韓国と中国、そして東アジア諸国に対する犯罪に言及しない歴史教科書を承認した。その後、島根県議会は、現在、韓国に属している独島（日本名は竹島）を日本の領土と認定する闘いを宣告した。日本の外務省は「外交青書」（対外政策、国際情勢の分析をした年次報告書）に、この島に対して「日本」が権利をもつと明記した。これは韓国側に抗議デモを引き起こさせ、朝鮮民主主義人民共和国は、その示威に対する連帯を表明した。韓国の盧武鉉大統領は自国領土を保護するために、日本との関係悪化も敢えて辞さないと語った。その後を追うように、日本と中国の関係もやはり悪化している。中国全土にわたり日本関係機関への攻撃と、日本政府批判の激しい動きがあった。この波は誤った歴史教科書に対する不満と、国連安保理の非常任理事国になろうとする日本の努力が引き起こしたものである。

コメルサント――――――――――――**〈2005年3月21日付〉**

日本は問題地域を拡大させている

アンドレイ・イワノフ

先週末、日本は韓国の島嶼である独島に対する自己の権利を主張した。これに対して韓国は対馬を自国の領土と表明した。しばらく前に日本国会は南クリルだけでなく、「紛争状態のあらゆる領土」、すなわち、クリル全体とカムチャッカと南サハリンまでのすべての領土を、ロシアから獲得するとの決議を採択した。

日本の島根県議会が「竹島の日」制定を決議すると、先週、韓国と日本の関係は鋭く対立した。日本では韓国に属する独島を竹島と呼んでいる。

1910年から独島及び韓国の領土全体が日本の植民地支配のもとに置かれ、独島は島根県の一部に属することになった。日本は魚類が豊富で天然ガスが埋蔵されている竹島 - 独島に対するみずからの所有権を、次のように主張している。すなわち、1618年に江戸幕府から独島付近で軟体動物を捕らえ、アシカ狩りをし、また木材を伐採する許可を得たというのだ。これに対し韓国側は、独島は512年から韓国の古代国家である新羅の所有だったと主張している。

先週の水曜日、「竹島の日」を制定した島根県の決議と同時に、日本は偵察機RF - 4Cを群島（独島）に派遣した。しかし、韓国の迎撃機や偵察機が韓国領空からわずか16キロの距離を飛行していると無線警告されると、日本の偵察機は基地に戻った。細田官房長官は「計画に従って飛行がなされた」とし、この飛行が「竹島の日」の採択とは関係がないと語った。

しかし木曜日に、韓国は朝鮮半島に植民地主義を復活させようとする日本を批判する次のような声明を発表している。「日本は植民地支配の過程で、かつては力でわが領土を奪い取ったが、光復［解放＝1945年8月15日］によって、われわれはその領土を取り戻した。こうしたわが領土に対する日本の権利主張は、たんに主権に関する問題だけではない。これは光復の歴史に対する否定にほかならない」。外交通商部の潘基文長官は、予定していた日本訪問を延期し、韓国駐在の日本大使は議論の行き違いによって、予定外の東京召還を命じられた。

韓国当局は対日政策を変更すると発表した。韓国は今後、経済的・文化的関係の発展に対する路線を維持しながら、「日本の植民地主義の歴史（第二次世界大戦の時期）と、日本による自己の過去の新たな認識を徹底的に研究し、謝罪を求めていく」旨を決定した。韓国政府の特別委員会は、日本政府によって性的奴隷にさせられた韓国の女性、南サハリンに強制徴用された韓国人、そして広島と長崎で原子爆弾に被爆し、いまだに苦痛を味わっている韓国内の被害者への賠償金の支払いをせよと要求した。ソウルの日本大使館に向けての抗議の示威が展開され、示威参加者は日本国旗と小泉首相（当時、彼は日本と韓国に〝過去ばかりではなく未来を見つめよう〟と訴えた）の肖像写真を燃やした。さらに日本商品の不買運動をという声も巻き起こった。金曜日には馬山市議会が、日本の統治下の対馬に対する馬山市の管轄権を制定しており、6月19日を「対馬の日」と定め公式日程に組み込んだ。金曜日に日本外務省は「日本大使館の近くで各種団体による抗議の示威が起きている」韓国を旅行する際には注意し、「不測の事態を避けるために、示威が行われている場所には近づかないように」と日本人に呼びかけた。

日本の野党は政府を批判するために、韓国との激化した論争を利用している。民主党（第一野党）の野呂国会対策委員長は「小泉内閣の外交」は、隣国との関係を尖鋭化させ、日本を孤立に追いやっていると語った。韓国はもちろん、ロシアとの関係まで緊張させたというのだ。彼は現在まで「領土問題の解決の展望は見えない」、高位レベル、そして日ロ両国の首脳接触の予定も同意されていないと指摘した。たぶん彼は前日、日ロ両国外相が電話会談をしたこと、協議の結果、ラブロフ外相が5月30〜31日に日本を訪問し、プーチン大統領来日の準備をする、と合意した事実を知らなかったのだろう。

ロシアの外務部は、訪日して両国の協力発展に関するある種の文書を締結する場合にのみ、その訪問は意味をもつと判断した。日本側は領土問題の解決方法を双方が模索することを希望している。しかし、ロシアではこの問題に対しては特別な希望をもってはいない。日本が紛争中の四島のうち、ただ二島だけを日本に譲渡するとの１９５６年の日ロ共同宣言に基づき、問題を解決することに絶対に同意しないと判断したからだった。しばらく前に日本の議会は、共産主義者たちの圧迫のもとで、ロシアとの関係発展に関する決議文に、次の条項を挿入せざるを得なかった。すなわち、領土紛争を解決するために、日本は北方四島だけでなく、「紛争中のあらゆる領土」の返還を要求するというのである。

日本の共産主義者たちは、与党に比べて領土返還闘争にいつもかなり急進主義的であり、クリル全体とカムチャッカ（サハリンと交換する代わりに、１８７５年、日本に割譲された）、そして、さらには南サハリン（日露戦争の結果、ロシアから日本に割譲された）の返還を要求した。こうした要求（この要求ではクリルと南サハリンのすべてが〝紛争中の領土〟と書かれている）が、日本議会の公式文書に最初に含まれることになった。

竹島－独島をめぐる最近の事態は、領土返還の理念が日本では、さらに一般的なものになっていることを示している。

ガゼータ――〈2006年12月6日付〉

古地図が日本の所有権主張と論争を始めている

韓国は独島が自分の領土であるとの主張を裏づけてくれる論証を、もうひとつ発見した。独島の地位に関する韓国と日本のあいだの論争は、すでに数十年にわたって続いている。日本は独島（日本では竹島と呼ぶ）が法的に日本に属し、韓国はその所有権主張を否認しなければならないと主張している。ここに朝鮮民主主義人民共和国は大韓民国の同盟者になった。昨日、韓国の大衆メディアは、北朝鮮に所在するある図書館で、日本の古地図を発見したが、その地図には独島が日本の領土と表記されてはいなかったという事実を伝えた。韓国のメディアはこの地図が、独島に対する日本の所有権主張が事実無根であることを証明していると判断した。地図には1929年及び1933年と書かれていた。

韓国の伝統的な政治的競争相手である北朝鮮の韓国支持は予想外のものだった。北朝鮮の国営中央通信は、「歴史的現実の観点からも、また国際法的観点においても、独島は昔から韓国の領土の一部だった」と伝えている。

独島に関するロシアの認識――報道から見えるもの

ロシアは、韓国と日本のあいだの独島論争に強い関心を示している。これは、日露戦争に起因している。つまり、この戦争が二国間に領土問題を引き起こしたためである。ロシアの関心の別の理由として、千島列島に関する日本とロシアの対立が、独島論争と似たような状況で展開していることがある。要するに、ロシアからすると、日本とロシアの歴史や利害関係まで結びつけられると困難な状況になるのである。本調査は、独島論争と千島列島問題を比較したうえで、独島についてのロシアの主要メディアの記事を量的及び質的に分析するものである。

ロシアのメディアには、この論争の歴史と韓日関係について確かな認識がある。過去15年間のなかで、ロシアのメディアは、2005年からこの独島問題をより熱心に報道するようになり、新聞は、専門家を雇ったうえでこの問題を紹介・分析している。2000年代半ばから独島に関する記事が増えているのは、この地域の戦略的重要性や経済状況を映し出したものである。独島問題は、ロシアに直接関係ない問題という記事だけではなく、日韓関係の改善とロシアの提携の問題としても語られている。独島問題は、領土問題のひとつであるが、二か国間の対立を象徴する中心軸であり、北東アジアの不安定要素のひとつでもある。

記事における主な特徴は、次のとおりである。

第1に、ロシアのメディアは、この領土争いは、北朝鮮と韓国の両国にとっての共通の利害であると理解している。第2に、本論争を韓国と日本のあいだの争いと見なすのではなく、日本と他の国々、つまり、ロシア、中国そして韓国と北朝鮮にかかわる論争であると認識している。

Позицию Южной Кореи неожиданно поддержала КНДР - традиционный политический соперник Сеула. По сообщению северокорейского государственного пресс-центра, "острова Токто с давних времен являются частью корейской территории, как с точки зрения исторических реалий, так и с точки зрения международных правовых норм".

В Токио надеются, что стороны нащупают пути решения территориальной проблемы. Однако в Москве на этот счет особых надежд не питают, понимая, что Токио ни за что не согласится с решением проблемы на условиях Декларации 1956 года, предусматривавшей передачу Японии лишь двух из четырех спорных островов. Тем более что недавно японский парламент под давлением коммунистов был вынужден включить в резолюцию о развитии отношений с Россией пункт о том, что при решении территориального спора Токио будет требовать возвращения не только четырех островов Южных Курил, но и "всех спорных территорий".

Японские коммунисты в борьбе за возвращение территорий всегда проявляли больший радикализм, чем правящие партии, и требовали возвращения всех Курил до Камчатки (переданы Россией Японии в 1875 году в обмен на Сахалин) и даже Южного Сахалина (получен Японией от России в результате войны 1905 года). И вот теперь впервые это требование (в нем Курилы и Южный Сахалин фигурируют как "все спорные территории") включено в официальный документ парламента Японии.

Последние события вокруг островов Такэсима-Токто показывают, что идея возвращения территорий становится все более популярной в Японии.

〈ロシアメディアの資料 6〉

Газета

Старые карты оспаривают японские претензии

2006.12.06.

Южная Корея нашла еще один аргумент в пользу того, что острова Токтоявляются ее территорией. Спор между Сеулом и Токио о статусе этого архипелага продолжается уже несколько десятилетий. Токио утверждает, что Токто (по-японски архипелаг называется Такэсима) по праву должен принадлежать Японии и Южная Корея обязана отказаться от своих претензий. На этот раз союзницей Сеула в этом споре стала КНДР. Вчера южнокорейские СМИ сообщили, что в одной из библиотек Северной Кореи были найдены старые японские карты, на которых Токто не обозначен в качестве территории Японии. Это свидетельствует о том, что претензии Токио на архипелаг беспочвенны, считает южнокорейская пресса. Карты датируются 1929 и 1933 годом.

Сохраняя курс на последовательное развитие экономических и культурных связей, Южная Корея решила "настаивать на доскональном изучении истории японской колонизации (в период второй мировой войны), переосмыслении Японией своего прошлого и принесении извинений". Специальный комитет при правительстве Южной Кореи предложил добиваться от японского правительства выплаты компенсаций корейским женщинам, принуждавшимся к сексуальному рабству; корейцам, насильно оставленным на Южном Сахалине и пострадавшим в Корее от ядерной бомбардировки Хиросимы и Нагасаки. У посольства Японии в Сеуле прошли демонстрации протеста, участники которых жгли японские флаги и портреты японского премьер-министра Дзюнъитиро Коидзуми (который в эти дни призвал Японию и Южную Корею "не оглядываться на прошлое, а смотреть в будущее"). Звучали даже призывы бойкотировать японские товары. А в пятницу совет южнокорейского города Масан постановил установить юрисдикцию города над контролируемыми Японией островами Тэмадо, более известными как Цусима, и ввести в официальный календарь отмечаемых событий День Тэмадо -- 19 июня. В пятницу же МИД Японии призвал соотечественников соблюдать осторожность во время поездок в Южную Корею, где "различные группы проводят демонстрации протеста у посольства Японии", и "не приближаться к местам таких манифестаций во избежание ненужных проблем".

Японская оппозиция использовала обострение территориальных споров с Сеулом как повод для критики правительства. Председатель комитета по парламентской политике Демократической партии (ведущей оппозиционной силы Японии) Иосио Хатиро заявил, что "дипломатия кабинета Дзюнъитиро Коидзуми" завела страну в изоляцию, обострив отношения с соседями. Причем не только с Южной Кореей, но и с Россией. Он указал на то, что до сих пор "не видно перспектив разрешения территориального вопроса" и даже не согласован график японо-российских двусторонних контактов на высоком и высшем уровне. Он, видимо, не знал о состоявшемся накануне телефонном разговоре глав МИД двух стран, в ходе которого была достигнута договоренность о том, что 30-31 мая Сергей Лавров посетит Японию и обсудит с Набутакой Матимурой вопросы, связанные с организацией визита в Токио президента РФ Владимира Путина. В МИД РФ считают, что визит будет иметь смысл лишь в том случае, если в его ходе сторонам удастся подписать какие-то документы о развитии двустороннего сотрудничества.

остров Токто, а корейцы в ответ -- на Цусиму. А незадолго до этого парламент Японии принял резолюцию добиваться от России возвращения не только Южных Курил, но и "всех спорных территорий", то есть всех Курил до Камчатки и Южного Сахалина.

Отношения между Японией и Южной Кореей резко обострились в середине прошлой недели, когда законодательное собрание японской префектуры Симанэ постановило отмечать День Такэсимы. Так в Японии называют принадлежащий Южной Корее архипелаг Токто.

С 1910 по 1945 год он, как и вся территория Кореи, находился под колониальным господством Японии и входил в состав префектуры Симанэ. Свои претензии на Такэсиму-Токто, акватория которого изобилует рыбой и, не исключено, скрывает под собой газовые месторождения, японцы обосновывают тем, что в 1618 году получили от своего сегуната (военного правительства) разрешение ловить у берегов архипелага моллюсков, охотиться на морских львов и рубить деревья. В свою очередь, корейцы ссылаются на то, что Токто еще с 512 года принадлежал древнему корейскому государству Силла.

В прошлую среду одновременно с принятием префектурой Симанэ решения о внесении Дня Такэсимы в официальный календарь отмечаемых событий к архипелагу направился японский самолет-разведчик RF-4C. Однако, получив по рации предостережение от корейских перехватчиков о том, что он находится всего в 16 км от границы воздушного пространства Южной Кореи, самолет вернулся на базу. Генеральный секретарь кабинета министров Японии Хироюки Хосода заявил, что "полет проводился в плановом порядке", отрицая связь между инцидентом и принятием законопроекта о введении Дня Такэсимы.

Однако в четверг Южная Корея обвинила Японию в намерении возродить колониализм на Корейском полуострове. "Притязания Японии на нашу территорию, которая была силой отторгнута в прошлом в процессе колониального захвата, но затем возвращена в результате освобождения,-- это не просто вопрос о суверенитете, а отрицание самой истории освобождения",-- заявило правительство Южной Кореи. Министр иностранных дел и внешней торговли Республики Корея Пан Ги Мун отложил свой визит в Японию, а японский посол в Сеуле был временно отозван для консультаций в Токио.

Власти Сеула заявили, что изменят свою политику в отношении Японии.

за возвращение северных территорий, поднять международное общественное мнение и побудить Россию изменить ее упрямую позицию".

〈ロシアメディアの資料 4〉

Коммерсантъ

Стрельба на раздражение

2005.05.03.

В последние месяцы Япония ухитрилась сильно испортить отношения с Южной Кореей и Китаем. Недовольство соседей обусловлено последними действиями администрации премьер-министра Коидзуми. Правительство Японии утвердило учебник истории, в котором отсутствует упоминание о преступлениях в оккупированный Корее, Китае и странах Юго-Восточной Азии. Затем местное законодательное собрание префектуры Симанэ провозгласило борьбу за признание японской территорией принадлежащего сейчас Южной Корее острова Токто (по-японски Такэсима), а МИД Японии включил этот остров на правах "японского" в очередное издание "Голубой книги японской внешней политики" (ежегодник, рассказывающий об очередных задачах японской внешней политики). Это вызвало демонстрации протеста в Южной Корее, солидарность с которой выразила КНДР, а президент Южной Кореи Но Му Хен объявил, что готов ради защиты своей территории к ухудшению отношений с Японией. Вслед за этим резко обострились отношения Японии с КНР. По Китаю прокатилась волна антияпонских выступлений, сопровождавшихся погромами японских учреждений и избиениями японских граждан, вызванная недовольством китайцев все тем же злополучным учебником истории и стремлением Японии стать постоянным членом СБООН.

〈ロシアメディアの資料 5〉

Коммерсантъ

Япония прирастает спорными территориями

АНДРЕЙ ИВАНОВ

2005.03.21.

В конце прошлой недели японцы заявили свои претензии на корейский

значения его на картах как "Восточное/Японское". Под нажимом двух корейских государств Международная гидрографическая организация поставила этот вопрос на голосование 72 стран--членов организации, в связи с чем МИД Японии вчера принял решение заявить официальный протест. Наблюдатели утверждают, что это далеко не последний неприятный сюрприз, который может преподнести японцам сближение двух корейских государств. Ни Северная, ни Южная Кореи не могут простить Японии прошлых обид.

В отличие от Токио, Москву примирение Южной и Северной Кореи не пугает. Вчера президент РФ Владимир Путин направил в Сеул и Пхеньян поздравления по случаю национального праздника, напомнив, что 57 лет назад Россия освобождала Корею, а сейчас старается внести посильный вклад в то, чтобы государства объединились.

〈ロシアメディアの資料 3〉

Коммерсантъ

Правящая партия Японии взяла курс на Южные Курилы

АНДРЕЙ ИВАНОВ

2005.01.19.

Как считают эксперты, вряд ли стоит опасаться того, что Япония вскоре вернется в состояние державы, претендующей на господство в Азии: с 30-х годов прошлого века, когда императорская армия начала захват Китая и стран Юго-Восточной Азии, японцы сильно изменились, и искоренить воспитанный в них пацифизм теперь будет довольно трудно.

Тем не менее вчера на съезде ЛДП было заявлено, что, не претендуя ни на пядь чужой земли, Япония будет бороться за возвращение каждой пяди своей, "незаконно оккупированной" другими странами. Например, острова Такэсима (Токто), находящегося под юрисдикцией Южной Кореи. И, разумеется, Южных Курил. "Очевидно, что в историческом и международном плане они являются нашими исконными территориями, однако оккупация четырех северных островов и Такэсимы незаконна, и мы будем стремиться к решению этого вопроса, поставив на карту свой престиж правящей партии,-- говорится в принятом ЛДП 'Курсе действий'.-- Вся наша партия как один человек должна широко развернуть народное движение

Вчера в Сеуле начались торжества, посвященные 57-й годовщине освобождения Корейского полуострова от японского колониального ига. Впервые в них принимает участие делегация Северной Кореи, в которую входят влиятельные политические деятели. Совместное празднование назвали Конгрессом национального единства.

Северокорейскую делегацию, прибывшую на празднования Дня освобождения, возглавляет глава совета национального примирения Ким Ион Дэ (Kim Yong-dae), считающийся одной из самых влиятельных фигур в руководстве КНДР. Среди прочих гостей внимание южнокорейских СМИ привлекла 74-летняя Йо Вон Гу (Yeo Won-gu), дочь погибшего в 1945 году национального героя Кореи Йо Ун Хьюна (Yeo Un-hyung). Он пытался примирить правые и левые политические группировки, борьба между которыми впоследствии привела к расколу Кореи на капиталистический Юг и коммунистический Север. В делегацию, приехавшую на торжества, вошли также ученые, деятели культуры, члены общественных и религиозных организаций Северной Кореи.

Мероприятия в рамках Конгресса национального единства начались вчера в сеульском отеле Sheraton с совместных песнопений на темы: "Мы -- одна нация" и "Нам нужно воссоединение". Со стороны Южной Кореи в конгрессе участвуют представители около 400 общественных организаций. Во избежание эксцессов, южнокорейские власти не допустили на мероприятия радикалов и экстремистов. Поэтому около 40 левацких, преимущественно студенческих, группировок провели митинги в поддержку воссоединения с КНДР в сеульском университете Конкук. А у здания парламента около 400 членов правого Альянса свободных граждан Кореи выражали свое недовольство наметившимся примирением с Пхеньяном. Сегодня Конгресс национального единства продолжит работу. Его участники обсудят пути "преодоления наследия" японской оккупации, длившейся 35 лет, и выработают совместную позицию в отношении претензий Японии на расположенный в Японском море остров Токто. Чтобы не допустить превращения Токто в Такэсиму, как его называют японцы, Южная Корея держит на острове свои войска.

Противоречия с Японией стали для КНДР и Южной Кореи еще одним объединяющим фактором. В последние месяцы Юг и Север пытаются совместными усилиями добиться переименования Японского моря в Восточное или хотя бы обо-

После 1945 года, воспользовавшись поражением Японии во Второй мировой войне, Сеул явочным порядком "восстановил свои исторические права". Сейчас остров плотно контролируют южнокорейские пограничники, там есть мини-гарнизон, построен причал и вертолетная площадка.

Вопрос о принадлежности вроде бы решился сам собой примерно таким же образом, как и в 1905 году, однако Токио не соглашается с потерей. На всех уровнях он продолжает твердить, что имеет исторические и юридические права на "Бамбуковый", а японская печать дружно именует остров "нашими исконными территориями".

На этой неделе МИД Японии уже выразил Сеулу "сожаление" в связи с планами создания национального парка. Южная Корея претензии соседа, как всегда, отвергла, но уведомила, что расстраиваться пока рано: окончательное решение о заповеднике будет принято позже. В ответ японцы пообещали в этом случае заявить Сеулу еще более решительный и жесткий протест.

Короче, ситуация носит ярко выраженный тупиковый характер - как и с другими территориальными тяжбами, которые Токио ведет с соседями по Дальнему Востоку. Не надо напоминать, что Южные Курилы японцы тоже считают своими "исконными территориями". Сама Япония в свою очередь упрямо удерживает оккупированные еще в XIX веке острова Сэнкаку (Дяоюйдао) в Восточно-Китайском море, которые считают своими и КНР, и Тайвань. Впрочем, споры в регионе не ограничиваются клочками суши, а идут временами на уровне целых океанских бассейнов. В конце июля, например, эксперты из КНДР и Южной Кореи на международном симпозиуме во Владивостоке совместно потребовали раз и навсегда переименовать Японское море.

По их мнению, Токио самым коварным путем навязал это название наивному мировому сообществу. Для исправления роковой ошибки корейцы требуют именовать море "Восточным" - чтобы никому не было обидно.

〈ロシアのメディアの資料 2〉

Коммерсантъ

Северная и Южная Кореи объединились за праздничным столом

АНДРЕЙ ИВАНОВ

2002.08.16.

chen. Er müsste mit Stimmenverlusten bei der nächsten Wahl rechnen. Außerdem wäre jeder Kompromiss ein gefährlicher Präzedenzfall für Japan, da das Land um weitere Inseln streitet. Mit Russland kann sich Tokio nicht einigen, wie mit einigen Kurileninseln verfahren werden soll, die sowjetische Truppen 1945 besetzt hatten. China und Japan erheben zudem beide Anspruch auf Felsen im Ostchinesischen Meer.

Die wirtschaftlichen Fragen im südkoreanisch-japanischen Streit spielen somit nur eine untergeordnete Rolle, obwohl die Gewässer um die Felsen als fischreich gelten und dort Gasvorkommen vermutet werden.

〈ロシアメディアの資料 1〉

Известия

Японцы требуют еще один остров

2002.08.14.

Спор из-за необитаемого островка грозит вновь отравить отношения между Южной Кореей и Японией. Обе страны традиционно недолюбливают друг друга, но вроде бы сумели во многом преодолеть былое отчуждение в результате удачного совместного проведения недавнего чемпионата мира по футболу. Однако на этой неделе Сеул решил опять пойти на обострение: он объявил о намерении изучить вопрос о создании уже в 2004 году нового морского национального парка у своего юго-восточного побережья со святой целью - охрана флоры и фауны. Однако вся штука в том, что в пределы этой зоны площадью 300 квадратных километров предполагается включить остров, который по-японски именуется Такэсима("Бамбуковый"), а по-корейски - Токто ("Одинокий").

Сеульская печать не скрывает, что такой шаг сделан с единственной целью - закрепить права страны на это скопище скал, расположенных примерно на одинаковом расстоянии от кромки Корейского полуострова и от главного японского острова Хонсю.

Стычки из-за островка происходили еще с XVIII века, поскольку им пользовались рыбаки обеих стран. Заметно ослабевшее к началу XX века Корейское государство считало "Одинокий" своим, однако во время войны с Россией 1904-1905 гг. Япония из стратегических соображений решительно захватила островок, провозгласив его "Бамбуковым".

bodscha um einen Hindu-Tempel

Der Kampf um ein paar Felsen im Meer - und noch viel mehr

Von Michael Dick

2008.07.19.

Es geht um Nationalstolz, Innenpolitik und Ressourcen. Weder Seoul noch Tokio können Kompromisse akzeptieren.

Hamburg/Seoul. In Südkorea kocht die Volksseele: Es gibt wilde Proteste vor der japanischen Botschaft in Seoul. Demonstranten zünden japanische Flaggen an. Die Emotionen schlagen hoch, weil das Nachbarland Japan Anfang dieser Woche neue Richtlinien für Schulbücher vorlegte, in denen zwei kleine Felsinselchen und ein paar Riffs als japanisches Territorium bezeichnet werden. Zum ersten Mal gab die Regierung den Verlagen diese Empfehlung. Diese Inseln heißen im Koreanischen Dokdo, im Japanischen Takeshima. Sie haben zusammen nur die Größe von 22 Fußballfeldern, und seit 1952 sind dort einige südkoreanische Polizisten stationiert.

Südkoreas Präsident Lee Myung Bak reagierte auf den Schulbuch-Erlass mit aller diplomatischer Schärfe und beorderte seinen Botschafter aus Japan zurück nach Seoul. Er unterstellt Tokio eine Langzeitstrategie, um Dokdo zu einem internationalen Territorialstreit zu machen. Ein Regierungssprecher zitierte den Präsidenten: "In Bezug auf Dokdo müssen wir langfristige und strategische Gegenmaßnahmen treffen. Wir werden unsere Kontrolle über die Inseln festigen."

Japan hatte in der Vergangenheit versucht, den Konflikt zu internationalisieren und vorgeschlagen, den Internationalen Gerichtshof in Den Haag darüber entscheiden zu lassen. Dies geht aber nur, wenn beide Seite damit einverstanden sind. Korea hat das bisher stets abgelehnt.

Beide Länder versuchen ihren Anspruch auf die Inseln historisch zu rechtfertigen. Japan verweist darauf, dass man 1905 die Inseln zu japanischem Staatsgebiet ernannt habe - als Korea immer stärker unter japanischen Einfluss geriet, bis es 1910 zur Kolonie wurde. Korea zweifelt deshalb die Rechtmäßigkeit dieser Handlung an und verweist zudem darauf, dass historische Quellen bewiesen, dass die Inseln seit dem Jahr 512 koreanisch seien. So klein die Inseln sind: Für Südkorea ist die Behauptung gegen die frühere Kolonialmacht eine Frage des Nationalstolzes. Innenpolitisch kann es sich somit kein südkoreanischer Politiker - aber auch kein japanischer - leisten, Zugeständnisse zu ma-

mütze, freue er sich auf die Rückkehr zum Festland. „Man ist hier sehr weit weg von der realen Welt. Ich fühle mich einsam."

Die Polizisten vertreiben sich die Zeit mit Computerspielen und Internet. Mittlerweile hat die Konfliktinsel auch Lan-Anschluss. Von Juli bis September können die jungen Männer zudem im Meer schwimmen. Viel mehr jedoch gibt es nicht zu tun. Wohl deshalb wird nach drei Monaten Aufenthalt in der Regel rotiert.

Die Kims verbringen drei Tage in der Woche mit Fischen. Ihren Fang verkaufen sie an ein vorbeifahrendes Schiff, das damit zur Insel Ulleongdo fährt. „Mehr Fische als für drei Tage gibt es hier auch nicht", sagt Herr Kim. Doch wie ehrlich ist diese Äußerung? Schließlich sind die Fischrechte um Dokdo/Takeshima auch einer der Streitpunkte. Fischer der japanischen Präfektur Shimane pochen auf Rechte aus einer Einigung zwischen Japan und Korea von 1999.

Ob neben den Fischen, wie von einigen Experten vermutet, wirklich Methanvorkommen tief in der umstrittenen See liegen, ist unklar. Denn der eigentliche Grund für den Konflikt um die Insel sind die Territorialansprüche für die umgebende See. Vermessungen des Meeresgrundes und der -vorkommen sind so sensibel, weil auch sie Fakten schaffen können. Unter anderem will Südkorea die Unterseelandschaft mit koreanischen Namen versehen. Namen sind wichtig. Nicht umsonst versucht die südkoreanische Regierung seit Jahren, die derzeit größtenteils als „Japanisches Meer" bekannte umgebende See in „Ostmeer" umzubenennen.

Captain Kang und seine Kollegen sind derweil damit beschäftigt, ihren Felsen weiter zu bebauen. Ein Aussichtsturm soll her. Denn seit knapp anderthalb Jahren bringt Südkorea Touristen hierher. Und da die Insel in der Bevölkerung mit so vielen Emotionen verbunden ist, erweist sich das als voller Erfolg. In diesem Jahr landeten bis Ende Juli bereits weit über 42 000 Touristen auf der Insel.

Nach oben klettern dürfen sie allerdings nicht. Doch wenn sie Glück haben, erhaschen sie vielleicht sogar einen kurzen Blick auf die Kims vor ihrem Haus – auf das Symbolpaar, das für einen merkwürdigen Streit um eine kleine, unwirtliche Felseninsel steht.

〈ドイツメディアの資料 8〉

Hamburger Abendblatt

Gebietsstreit: Japan und Korea im Zwist um eine Inselgruppe, Thailand und Kam-

Deswegen wurde vermutlich zu Jahresbeginn auch eine Telefonleitung gelegt. Die letzten vier Ziffern des Anschlusses der Kims lauten 1693 – es ist das Jahr, in dem koreanischen Quellen zufolge der Fischer Ahn Yong-Bok sich hier im Streit mit japanischen Fischern durchsetzte.

Die Vergangenheit spielt eine große Rolle in diesem Territorialstreit. Karten aus dem 15. Jahrhundert werden ebenso herangezogen wie Dekrete aus dem 20. Jahrhundert. Wer hat die Felseninsel zuerst als Teil seines Reichs betrachtet? Im Februar 1905 erhob Japan offiziell Anspruch für die Präfektur Shimane – wenige Monate vor der Kolonialisierung Koreas. Hätte sich Korea da noch dagegen wehren können? Japan sagt Ja, Korea Nein.

Auch die Rechtsprechung nach dem Zweiten Weltkrieg ist unklar. Der Internationale Gerichtshof könnte den Fall klären, wenn ihn beide Länder anrufen. Doch das lehnt die südkoreanische Regierung ab. Ein solcher Schritt würde in der Bevölkerung auch für breite Proteste sorgen – anders als in Japan ist die Inselfrage in ganz Korea ein äußerst emotionales Thema, das stark mit der Kolonialzeit unter der Herrschaft der Japaner verbunden wird. Statt vor den Internationalen Gerichtshof zu gehen, schafft Südkorea deshalb lieber Fakten.

Frau Kim freut das, denn nun kann sie zumindest mit ihren beiden Töchtern und ihrem Sohn auf dem Festland telefonieren. „Wir sehen sie ja nicht sehr oft", sagt die Fischersfrau. Jeder Einkauf, jeder Arztbesuch, jedes Treffen ist für die Kims ein enormer Aufwand. „Wir versuchen einfach, nicht viel auszugehen", meint Herr Kim lachend, während er über sein Tattoo am Unterarm streicht. Warum hat es die beiden zurückgezogen auf diese einsame Insel? Patriotismus ist zumindest bei Herrn Kim wohl das Hauptmotiv.

Lesen Sie weiter auf Seite 3: Der eigentliche Grund für den Konflikt.

Die einzigen Nachbarn sind die gut 30 Männer der südkoreanischen Küstenwache, die auf der gegenüberliegenden Felseninsel wachen und gerade ihr Wohnheim hoch oben auf dem steilen Fels von Arbeitern renovieren lassen. Alle sind höchstens halb so alt wie das Fischerpaar. Manchmal brächten sie den Kims ein Abendessen vorbei, meint der Diensthöchste auf dem Nachbarfels, Captain Kang Lee-Hwang. 23 Jahre ist er alt und leistet statt Militärdienst zwei Jahre Dienst bei der Küstenwache. Nach drei Monaten auf Dokdo/Takeshima, gesteht der junge Mann mit den Pausbacken unter der Uniform-

die Japaner Takeshima – „Bambusinsel".

Aber nicht nur die Namen sind umstritten. Beide Länder – die zweit- und die zehntgrößte Volkswirtschaft der Welt – beanspruchen die Felseninsel und die Rechte für das umgebende Meer für sich. Vor wenigen Monaten standen sie kurz vor einem Zusammenstoß, als Japan ankündigte, das Meer in der Nähe der Felseninsel untersuchen zu wollen, und die südkoreanische Küstenwache auslief, dies zu verhindern.

Ungelöste Territorialfragen sind keineswegs selten. Mehr als dreißig seien auf der ganzen Welt zu klären, sagt Professor Lee Seok-Woo, der sich an der südkoreanischen Inha-Universität auf internationale Territorialstreitigkeiten spezialisiert hat. Japan allein liegt mit China, Taiwan und Russland im Clinch.

Die Inselstreitigkeiten gelten mittlerweile auch in US-Regierungskreisen als ein möglicher Konfliktherd, der das stabile Wachstum in Nordostasien gefährden könnte. Der Druck des US-Allianzpartners ist ein Grund, warum Japans neuer Ministerpräsident Shinzo Abe in den vergangenen Tagen die Beziehungen zu Südkorea und China mit einem Staatsbesuch bessern wollte. Der neue politische Wind macht sich auch im Streit um Dokdo/Takeshima bemerkbar: Seit Samstag untersuchen Schiffsteams beider Länder das Meer in der umstrittenen Region erstmals gemeinsam auf Strahlen.

Der Konflikt jedoch schwelt weiter, denn es gibt keinerlei Anzeichen, dass Japan oder Korea ihre Ansprüche aufgeben. Zudem, meint Lee, sei der historisch tief verwurzelte Dokdo/Takeshima-Konflikt in Südkorea emotional so aufgeladen, dass jeder kleine Funke ihn wieder eskalieren lassen könne.

Lesen Sie weiter auf Seite 2: In dem Territorialstreit spielt die Vergangenheit eine große Rolle.

De facto sitzt derzeit die koreanische Seite auf Dokdo/Takeshima. Deshalb dürfen – und sollen – die Kims hier leben. Acht Jahre waren sie nicht auf der Felseninsel. Ein Sturm hatte das kleine Haus zerstört. In der Zwischenzeit hat die koreanische Regierung am Rand der steilen Felswand ein neues, dreistöckiges Haus gebaut, in dem die Kims umsonst wohnen. Straßen oder Nachbarhäuser gibt es nicht, dafür einen Fernsehanschluss und zwei südkoreanische Flaggen, die vor dem Haus flattern. Das Heizöl zahlt auch die Regierung.

Nichts ist hier wirklich privat. Die südkoreanische Regierung hat ein Interesse daran, dass die Insel von Zivilisten bewohnt ist. Es stärkt den Status quo, schafft Fakten.

Tidten ist der Konflikt mit Korea aber dramatischer, da dessen Unterjochung total war: „Den Koreanern wurde die Sprache herausgeprügelt."

Dabei wurde der neue Konflikt eigentlich von Südkorea provoziert. Seoul machte für ein Ozeanografentreffen Vorschläge zur Bezeichnung des Meeresbodens in dem strittigen Gebiet. Da wollte Tokio nicht zurückstehen und plante seinerseits eine Vermessungsaktion in der fischreichen Region, die Teil von Sonderwirtschaftszonen beider Länder ist. „Tokio wurde offenbar überrascht und musste dann sein Gesicht wahren", sagt Tidten. Ob es nun zu einem versöhnlichen Gipfeltreffen kommen wird, wie es Koizumi vorgeschlagen hat, ist fraglich. Koreanische Kommentatoren vermuten vielmehr, dass Japan den Streit vor einem internationalen Tribunal regeln lassen will. Wenn es dabei Recht bekommt, könnte der Sturm in Seoul zum Taifun werden.

〈ドイツメディアの資料 7〉

Handelsblatt

Japan und Korea streiten um Felseninsel:

Nicole Bastian

2006.10.12.

Seit Jahren streiten Südkorea und Japan um ein kleines Eiland, das außer ein paar Felswänden und einer Festung nicht viel zu bieten hat. Mit der Ansiedlung eines alten Fischerehepaares wollen die Koreaner endlich Fakten schaffen.

Eine Handelsblatt-Reportage.

DOKDO / TAKESHIMA. Seewind und Salzwasser haben die Falten in ihrem Gesicht tief eingekerbt. Die Fischersfrau Kim Si-Yul schaut verlegen auf den Boden und zieht die schmalen Schultern in ihrem karierten Hemd nach vorne. Reden ist nicht ihre Sache. Ihr Leben hat sie am Meer verbracht, ist getaucht, um Fische zu fangen, wie es üblich ist in ihrer Heimat. Doch nun ist die 68-jährige Südkoreanerin zu einer seltsamen Repräsentantin ihres Landes geworden – weil sie und ihr Ehemann Seong-Do auf einer der einsamsten, unwirtlichsten und umstrittensten Inseln der Welt leben.

Nach Jahren der Abwesenheit ist das Ehepaar Kim im Februar zurückgekehrt auf die nur teilweise begrünte Felseninsel, die noch nicht einmal drei Kilometer im Umfang misst. Mehr als fünf Schiffsstunden vom Festland entfernt, ragt sie rund 170 Meter aus dem ruhigen Meer. Die Koreaner nennen die beiden Felsen Dokdo – „einsame Insel",

Felsen der Schande
Südkorea und Japan streiten über ein paar Eilande – und damit wieder über ihre Geschichte
Von Edeltraud Rattenhuber
2006.04.26.

Von außen betrachtet mutet es an wie ein Frühlingssturm im Japanischen Meer, der sich bald legen wird. Und so sieht es wohl auch die Regierung in Tokio, die sich im wieder aufgeflammten Streit um eine kleine Felsengruppe nordwestlich seines Territoriums versöhnlich gibt. Doch Südkorea ist mehr als verärgert. Präsident Roh Moo-Hyun nahm am Dienstag den Territiorialdisput gar zum Anlass, grundsätzlich zu werden. In einer Ansprache an die Nation warf er Japan vor, dass es noch immer nicht mit seiner kolonialen Vergangenheit gebrochen habe und Korea keine Unabhängigkeit zugestehen wolle. Das zeige Japans Festhalten am Anspruch auf die unbewohnten Eilande. Roh forderte, dass Tokio seine „beleidigenden Akte gegen die Souveränität der Koreaner" einstellt. Seoul werde entschlossen auf jede weitere Provokation durch Japan reagieren.

Dass es zu einer militärischen Eskalation kommt, halten Experten für unwahrscheinlich, auch wenn Seoul vergangene Woche bereits 20 Patrouillenboote mobilisierte, um einem japanischen Schiff die Stirn zu bieten. Seit Jahrzehnten wird über die Eilande gestritten, die in Korea Dokdo und in Japan Takeshima genannt werden. Sie sind eigentlich nicht mehr als eine vom Meer umtoste Ansammlung vulkanischen Urgesteins. Doch speziell den Koreanern gelten sie als Symbol – der nationalen Schande wie der wiedererlangten Unabhängigkeit.

Als Japan zu Anfang des 20. Jahrhunderts begann, Korea zu unterjochen, wurden zuerst die Felsen annektiert. „Da fing die ganze Chose an", sagt Markus Tidten, Ostasienexperte bei der Stiftung Wissenschaft und Politik in Berlin. Jede Regung, die Japan im Umkreis von Dokdo/Takeshima tut, wird daher in Korea als Affront wahrgenommen. Japans Weigerung, sich seinen Gräueltaten zu stellen, hat zu zunehmender Bereitschaft in Südkorea geführt, hoch emotional und nationalistisch zu reagieren. Die Besuche des japanischen Regierungschefs Junichiro Koizumi am Yasukuni-Schrein, wo auch Kriegsverbrechern gedacht wird, sowie die Herausgabe von japanischen Schulbüchern geschichtsklitternden Inhalts, tun ihr Übriges, um die Wunden nicht verheilen zu lassen. Auch China gerät mit Japan wegen ähnlicher Themen immer wieder aneinander. Laut

China die Kredite als Wiedergutmachung für die Aggressionen während des Zweiten Weltkriegs. Knapp 30 Milliarden Dollar hat Japan seit 1979 an China gezahlt und damit dessen wirtschaftlichen Aufschwung kräftig angekurbelt - zum eigenen Vorteil. China ist mittlerweile Japans größter Handelspartner, Japan ist Chinas drittgrößter. Trotz der wachsenden gegenseitigen Abhängigkeit haben sich die nachbarschaftlichen Beziehungen verschlechtert. "Das Verhältnis zwischen Japan und China muß vollkommen neu geordnet werden", sagt Tanaka. Chinas Aufstieg zu Japans größtem Konkurrenten sieht er als Risiko, aber auch als Chance für die Wirtschaft seines Landes. Um Streitigkeiten zu bereinigen, müßten binationale Kommissionen gegründet werden.

Tanaka sieht zudem eine große Chance in den Sechs-Parteien-Gesprächen zu Nordkoreas Atomprogramm. "Pjöngjang ist der Schlüssel, um die Beziehungen zu China und Südkorea zu verbessern", sagt er. Als Vize-Außenminister hat er 2002 den Besuch von Premier Junichiro Koizumi in Pjöngjang vorbereitet, mit dem Japan wegen 13 entführter Landsleute im Clinch liegt. Tanakas Versuch einer Normalisierung der Beziehungen zu Nordkorea kam sehr gut an in Südkorea und China. Alle drei waren Opfer japanischer Aggressionen. Reflexartig rücken sie zusammen, wenn es darum geht, Japan eins auszuwischen - oder jüngst auch den USA. So wächst in Südkorea die Überzeugung, man könne das Problem Nordkorea besser ohne den amerikanischen Bündnispartner lösen: durch Annäherung, Gespräche und Zusammenarbeit und nicht durch das Drohszenario eines Regimewechsels. "Die USA wollen das Problem Nordkorea wegoperieren", sagt Kim Seok Hwan, Kolumnist der südkoreanischen Zeitung "Joongang Ilbo" und Berater des Präsidenten Roh Moo-hyun. "Wir verlassen uns auf die asiatische Kunst der sanften Heilung."

Wie Japan träumt auch Südkorea von einer ostasiatischen Gemeinschaft. Als Roh 2003 sein Amt antrat, verkündete er die "Nordostasiatische Kooperationsinitiative für Frieden und Wohlstand". Dennoch ist das Land selbst verwickelt in Konflikten, allen voran mit dem Norden. Dieser hat auf den jüngsten bilateralen Ministergesprächen in Pjöngjang dem Süden wieder eine Abfuhr erteilt: An eine Rückkehr zu den Atomgespräche sei nicht zu denken - wenn nicht die USA ihre Sanktionen gegenüber dem Land aufgäben.

〈ドイツメディアの資料 6〉

Süddeutsche Zeitung

Mittellinie Richtung Nordost, die man ziehen würde, um Südkorea und Japan sauber voneinander zu trennen, liegen zwei nackte Felsen im Meer: die Inselgruppe Dokdo oder Takeshima, so heißt sie in Japan. Ihretwegen kam es nun fast zum Eklat: Japan hatte zwei Forschungsschiffe entsendet, die dort Meeresuntersuchungen vornehmen sollten. Südkorea schickte daraufhin 20 Kanonenboote in die Region. Nach zwei Tagen zähen Verhandlungen in Seoul einigten sich die Vizeaußenminister beider Länder. Die Schiffe kehrten in ihre Heimathäfen zurück. Japan verzichtet auf seine Vermessungen. Südkorea unterläßt, koreanische Namen für die Region nahe der Inseln bei der Internationalen Hydrographischen Organisation eintragen zu lassen.

In letzter Minute hatte die Vernunft über nationale Empfindlichkeiten gesiegt. Das ist nicht immer so in Nordostasien, wo die boomende Wirtschaft das Selbstbewußtsein der jungen Staaten stärkt - und gleichzeitig die Erinnerungen an die Kolonialzeit und die japanischen Kriegsaggressionen frisch sind. "Es ist unmöglich, in Nordostasien eine Wertegemeinschaft nach dem Beispiel der Europäischen Union zu formen", sagt Hitoshi Tanaka, japanischer Ex-Außenminister, jetzt beim Think Tank "Japan Center for International Exchance". Anders als in Europa tummeln sich in Fernost höchst unterschiedliche Systeme: Diktaturen und Demokratien, Markt- und Planwirtschaften.

Trotz der vielen Stolpersteine wächst in der Region die Erkenntnis, daß man nur gemeinsam an politischer und wirtschaftlicher Stärke gewinnen kann. "Wir müssen eine Ostasiatische Gemeinschaft bauen", sagt Tanaka, "mit Institutionen nach dem Vorbild der Europäischen Union. Ob Vogelgrippe, Umweltprobleme, Energieversorgung, Handel oder Terrorismus: Es gibt viel zu besprechen und zu regeln. Deshalb fand im Dezember der erste Ostasiengipfel in Kuala Lumpur mit 16 Ländern statt, eine Erweiterung der Treffen Asean plus 3. Ohne greifbares Ergebnis, hat man sich immerhin auf ein zweites Treffen auf den Philippinen in diesem Jahr geeinigt.

Noch problematischer als das Verhältnis zwischen Südkorea und Japan ist derzeit die chinesisch-japanische Beziehung. Auch Peking und Tokio streiten sich um Inseln und Gasvorkommen - und um noch viel mehr. Im Hintergrund geht um die politische und wirtschaftliche Vorherrschaft in der Region, vordergründig liegen sich die beiden Nachbarn wegen Japans Umgang mit seiner Kriegsvergangenheit in den Haaren. Als der japanische Kabinettsekretär Shinzo Abe kürzlich die Bewilligung zinsgünstiger Darlehen an China verschoben hat, war die Reaktion aus Peking vorhersehbar. "Das helfe nicht, die schwierigen Beziehungen zu verbessern", hieß es prompt. Tokio gewährt

Der südkoreanische Vereinigungsminister Chung Dong Young erklärte am Freitag, der japanische Anspruch auf Dokdo (Takeshima) laufe auf eine nachträgliche Rechtfertigung der Invasion Koreas durch Japan vor hundert Jahren und aller Kriegsverbrechen Japans hinaus.

Bereits am Donnerstag hatte Präsident Roh Moo Hyun in Seoul eine völlige Kehrtwende der Beziehungen Südkoreas zu Japan angekündigt. Die von ihm verkündete neue Doktrin gibt die bisherige "leise" Diplomatie gegenüber Japan auf. Von Tokio wird verlangt, Abbitte für die Besetzung und Kolonisierung der koreanischen Halbinsel von 1905 bis 1945 zu leisten und die Opfer der Kolonialpolitik zu entschädigen. Die im Grundlagenvertrag von 1965 getroffenen Regelungen reichten nicht aus. Zwangsarbeiter, zum Militärdienst Eingezogene und Zwangsprostituierte hätten Anspruch auf weitere Leistungen. Den koreanischen Opfern der Atombombenabwürfe auf Hiroshima und Nagasaki müsse das gleiche Recht wie den japanischen Opfern zuerkannt werden (Koreaner waren damals unfreiwillig Bürger Japans). Japans Anspruch auf Dokdo bedrohe die territoriale Integrität Koreas. Seouler Regierungskreise forderten Nordkorea zu solidarischem Verhalten auf.

Die koreanische Provinz Nord-Kyongsang, zu der Dokdo administrativ gehört, setzte den seit 15 Jahren bestehenden Freundschaftsvertrag mit der japanischen Provinz Shimane aus. In Korea tätige japanische Firmen stellten Aktionen im Rahmen des laufenden "Koreanisch-Japanischen Freundschaftsjahres" zurück. Während die Tokioter Regierung unter Junichiro Koizumi sich irritiert zeigt und zur Ruhe mahnt, werfen koreanische Publizisten den japanischen Parteien vor, den Inselstaat durch eine geplante Verfassungsreform zur imperialistischen Macht zurückentwickeln zu wollen. Die japanische Verfassungsdebatte geht vor allem darum, den Artikel 9, der Krieg und Rüstung verbietet, zu ändern.

〈ドイツメディアの資料 5〉

Die Welt
Fernes Vorbild Europa - Streit um Inseln und um die Geschichte
Von Kirstin Wenk
2006.04.25.

Ostasien hofft auf eine Union wie die EU. Ziemlich genau auf der imaginären

Website unterhält, in der die heutige koreanische Kontrolle über die Inseln als Verstoss gegen internationales Recht bezeichnet wird.

Die japanische Regierung behauptet, die Erklärung von 1905 habe nichts mit der Annexion der koreanischen Halbinsel zu tun. Die koreanische Regierung hingegen betrachtet diese Erklärung als Teil von Japans Kolonialpolitik und tut alles, damit dieser Gedanke in der Bevölkerung wach bleibt. Deshalb schlagen die Wellen wieder einmal hoch um die Felsen von Dokdo/Takeshima, um die zu streiten sich aus materiellen Gründen gewiss nicht lohnt. Zwar spricht man von reichen Fischgründen; weitaus bedeutender aber sind die historischen Abgründe.

〈ドイツメディアの資料 4〉

Frankfurter Rundschau

Kalter Krieg zwischen Japan und Südkorea

Streit über Takeshima-Inseln eskaliert / Seoul vollzieht außenpolitische Wende gegenüber Tokio

Von Karl Grobe

2005.03.19.

Ein Selbstverbrennungsversuch in Seoul belastet die Beziehungen zwischen Südkorea und Japan weiter. Die Regierung in Seoul reagiert mit einer außenpolitischen Wende auf den Beschluss einer japanischen Region, einen "Takeshima-Tag" einzuführen.

Frankfurt a. M. 18. März · Am Freitagmittag zündete sich ein Koreaner vor der japanischen Botschaft in Seoul selbst an, um gegen den in der japanischen Provinz Shimane ausgerufenen "Takeshima-Tag" zu protestieren. Demonstranten und Polizisten löschten den Brand. Der Protestierer wurde in ein Krankenhaus eingeliefert.

Die Regionalversammlung von Shimane an der japanischen Westküste hatte am Mittwoch trotz energischer Proteste den 22. Februar zum Feiertag erklärt. Am 22. Februar 1905 hatten japanische Fischer die in Japan Takeshima genannte Inselgruppe aufgesucht, die in Korea Dokdo (Tokto) heißt und seit 1500 Jahren als koreanisches Territorium angesehen wird. Die Erklärung ist nach Ansicht der konservativen Seouler Zeitung Chosun Ilbo "ein feindseliger Akt, der nicht weit von einer Kriegserklärung entfernt ist". Japans Botschafter in Seoul hatte im Februar Dokdo als historisch und rechtlich zu Japan gehörig bezeichnet. Er wurde zur Berichterstattung zurückberufen.

versuchte, das zu verhindern, indem er 1907 drei Abgesandte zur zweiten internationalen Friedenskonferenz nach Den Haag schickte, um gegen den Protektoratsvertrag Protest einzulegen. Sie hatten jedoch keinen Erfolg, ja sie wurden nicht einmal angehört, denn die 43 versammelten Staaten akzeptierten als Teilnehmer in zirkulärer Logik nur souveräne Staaten, eben die, die zur Konferenz eingeladen waren.

Staatenlose Gebiete konnten sich «die Mächte» nach den Vorstellungen des Völkerrechts des 19. Jahrhunderts aneignen, ja ihr Status als solche bestand wesentlich darin, dass sie das taten. Japan war erst vor kurzem in diesen erlauchten Kreis aufgestiegen. Nachdem die Amerikaner die Japaner Mitte des Jahrhunderts mit vorgehaltenen Kanonen dazu gezwungen hatten, ihr Land dem internationalen Verkehr zu öffnen, hatten ihre Politiker früh erkannt, dass die einzige Möglichkeit, der Kolonialisierung zu entgehen, darin bestand, selbst zur Kolonialmacht zu werden - und zu expandieren.

Die koreanische Halbinsel war nach Okinawa und Hokkaido das nächstliegende Ziel der Expansion. Obwohl sich das Königreich seit Jahrhunderten selbst regiert hatte, arbeitete Tokio seit den 1870er Jahren systematisch daran, seine Eigenstaatlichkeit zu unterminieren, zu welchem Zwecke es sich sehr geschickt des bis dahin nur als Diktat der Mächte über sogenannte Vertragshäfen geltenden internationalen Rechts bediente. Auf diese Weise gelang es Japan, sich als Garant des internationalen Rechts in Ostasien zu profilieren und gleichzeitig seinen Anspruch auf Korea zu zementieren. Beide Seiten dieses Prozesses waren unauflösbar miteinander verknüpft. Japan erhielt sich seine Unabhängigkeit dadurch, dass es Korea die seine nahm. Auf der Friedenskonferenz in Den Haag wurde Korea mit Einverständnis der Staatengemeinschaft durch Japan vertreten. Der Eliminierung seiner Existenz wurde auf diese Weise durch das internationale Recht der Stempel der Legalität aufgedrückt. In einem Geheimabkommen vom Juli 1905 tauschten Washington und Tokio die Vorherrschaft der USA in den Philippinen gegen die Japans in Korea. In der anglo-japanischen Allianz einen Monat später wurden Indien und Burma gegen Korea aufgerechnet. Bei der Haager Friedenskonferenz 1907 brauchte Tokio nicht mehr zu fürchten, dass sein Anspruch auf Korea angefochten würde.

Just in dieser Zeit, im Januar 1905, erklärte Tokio die heute umstrittenen Inseln zu japanischem Staatsgebiet. Im Februar desselben Jahres machte die Korea gegenüberliegende Präfektur Shimane Takeshima zum Teil eines Verwaltungsdistrikts. Jetzt, hundert Jahre später, hat die Präfektur den 22. Februar zum «Tag Takeshimas» erklärt, was die Koreaner mindestens ebenso verbittert, wie dass das japanische Aussenministerium eine

〈ドイツメディアの資料 3〉

Neue Zürcher Zeitung

Recht und Geschichte in der Strasse von Korea

Von Florian Coulmas

2005.04.02.

In einem «Brief an das Volk» warnt der südkoreanische Präsident Roh Moo Hyun vor einem «diplomatischen Krieg» mit Japan - letzte Etappe in einem jüngst wieder hochgekochten alten Streit um zwei Felsen im Meer, zusammen so gross wie vier Sportplätze. Takeshima, erklärte kürzlich in Seoul ein japanischer Diplomat, dem der für sein Metier so wichtige Takt nicht eben zweite Natur ist, sei historisch und nach internationalem Recht japanisches Territorium. Dokdo, wie die Koreaner die unbewohnten Riffe nennen, sei unverbrüchlich koreanisch, entgegnen diese. Proteste auf der Strasse, ganz Aufgeregte schneiden sich vor der japanischen Botschaft Finger ab: Mit ihrem Blut wollen sie das Heimatland verteidigen. Das japanische Aussenministerium wiegelt ab. Japan arbeite an guten Beziehungen mit dem Nachbarn, und im Übrigen könne man mit dem Takeshima/Dokdo-Problem zum Internationalen Gerichtshof nach Den Haag gehen.

Unparteiische entscheiden zu lassen, ist das kein fairer und sinnvoller Vorschlag? Zur Lösung von Territorialkonflikten kann der Internationale Gerichtshof nur angerufen werden, wenn beide Parteien einverstanden sind. Seoul hat den Gang nach Den Haag bisher abgelehnt und wird ihn auch jetzt nicht beschreiten. Darin die Angst zu unterliegen zu sehen, hiesse freilich, die historische Dimension des Problems zu verkennen. Wenn ein Land Grund hat, daran zu zweifeln, dass das Völkerrecht etwas anderes ist als das Recht des Stärkeren, dann ist es Korea. Denn das Völkerrecht war das Instrument, mit dem die schiere Existenz des koreanischen Staates eliminiert und seine Annexion durch Japan ins Werk gesetzt wurde. Japans Kolonialherrschaft über Korea, betonen japanische Politiker noch heute, war rechtmässig. Für Korea ist Den Haag mit besonders schlechten und schmerzhaften Erinnerungen verbunden. - Der vor hundert Jahren geschlossene, vom amerikanischen Präsidenten Theodore Roosevelt vermittelte Vertrag von Portsmouth zur Beendigung des Russisch-Japanischen Kriegs machte Korea zum japanischen Protektorat. Roosevelt bekam den Friedensnobelpreis. Korea verlor das Recht, seine aussenpolitischen Belange selbst wahrzunehmen. Der koreanische Kaiser Kojong

Chaco zum eigenen Territorium gehörte. Das Nachbarland Paraguay schlug mit einer größeren Marke zurück, auf der Gran Chaco wiederum innerhalb der paraguayanischen Grenzen lag. Die Marken wurden größer und größer, bis es schließlich zu Schießereien kam.

Auch im Südkorea und Japan von heute gibt es Rechtsradikale, die wegen der Felsen- oder Bambusinsel am liebsten zur Waffe greifen würden. "Wieder" zur Waffe greifen, muss es heißen. Denn Japan hatte die Insel im Russisch-Japanischen Krieg von 1904 bis 1905 erobert. Südkorea beansprucht sie jedoch, seit es nach Jahrzehnten japanischer Besatzung im Jahr 1945 seine Unabhängigkeit errang.

Ein paar südkoreanische Matrosen sollen Medienberichten zufolge bisweilen auf der Insel herumlaufen. "Die Bambusinsel sollte sofort zurückerobert werden", schrieb dazu ein japanischer Nationalist im Internet. "Wir sollten die Selbstverteidigungsstreitkräfte in Bewegung setzen".

Südkoreanische Hacker antworteten mit Attacken auf Webseiten der japanischen Rechten und legten sie vorübergehend lahm.

Liegt das Eiland im Japanischen oder im Ostmeer?

Die Regierungen beider Länder versuchen zwar, die Krise diplomatisch beizulegen. Allerdings streiten sie sich sogar über den Namen des Meeres, das die Felsen-Bambus-Insel umspült. Das "Japanische Meer" heißt es in Japan und auf den meisten internationalen Karten. Südkoreas Regierung aber hat eine Kampagne gestartet, das Meer offiziell in "Ostmeer" umzubenennen. In Japan aber möchte niemand "Ostmeer" zu einem Teich sagen, der aus eigener Perspektive eindeutig im Westen liegt.

Japans Außenministerin Yoriko Kawaguchi blitzte am Dienstag jedenfalls ab, als sie ihren südkoreanischen Amtskollegen in der Briefmarkenaffäre anrief. Sie habe den Südkoreaner "aufgefordert, die Marken nicht herauszugeben, weil die Insel zum japanischen Staatsgebiet gehört", sagte Kawaguchi.

"Die Inseln sind rechtmäßiges Territorium Koreas", erwiderte Südkoreas Außenminister Yoon Young Kwan, bevor er am Donnerstag aus anderen Gründen zurücktrat. Die Briefmarken, so heißt es in Seoul, sollen am heutigen Freitag wie geplant am Postschalter liegen.

Genau betrachtet sind es bloß zwei aus dem Wasser ragende Steinbrocken, voll weißem Möwenkot und zu klein für eine sinnvolle Besiedelung. Lediglich die Fischgründe rund um die Insel sind reich an Krabben, Makrelen und den in beiden Ländern beliebten Tintenfischen. Auf den 560000Briefmarkenbögen soll deshalb vor allem die "Meeres- und Pflanzenwelt" der Inseln abgebildet werden.

In Japan ist man empört, denn zwischen beiden Ländern ist sie höchst umstritten. Auf Japanisch heißt sie Takeshima, also Bambusinsel. Südkoreas Regierung wolle mit den Briefmarken ihren Anspruch auf die Insel zementieren, vermutet man in Tokio. Japan solle mit einer eigenen Bambusinsel-Briefmarkenserie zurückschlagen, forderte Postminister Taro Aso vor einigen Tagen in einer Kabinettssitzung.

Damit erntete er in Seoul nur Trotz. "Das Drucken von Briefmarken ist grundsätzlicher Bestandteil unserer hoheitlichen Rechte", erwiderte Südkoreas Postdirektor Park Jay-Q. Da fand es sogar Japans Ministerpräsident Junichiro Koizumi nötig, sich zu Wort zu melden. "Die Bambusinsel ist japanisches Territorium", sagte Koizumi. Seine Regierung versuche herauszufinden, was Südkorea mit der Herausgabe der Briefmarken bezwecke.

Öl ins Feuer

Damit hatte der Ministerpräsident noch mehr Öl in die Flammen gegossen. Eine "absurde Rede", schäumten wütende nationalistische Aktivisten in Seoul. Die südkoreanische Millenniumspartei kündigte an, Koizumi und Tausenden seiner Beamten Briefe zu schicken, auf denen die neuen Marken kleben.

Ein Blick in die Geschichtsbücher zeigt, dass dergleichen Absurditäten bisweilen schon zu echten Kriegen geführt haben. Der so genannte Fußballkrieg zwischen El Salvador und seinem Nachbarland Honduras kommt in den Sinn, der 1969 nur wenige Stunden nach einem umstrittenen Weltmeisterschaftsspiel ausbrach und 3000 Tote forderte.

Im "Kuchenkrieg" hatte einst Frankreich eine Armada von Kriegsschiffen nach Mexiko geschickt, um die Entwendung einiger Pasteten aus Bäckereien französischer Besitzer zu bestrafen. Der bislang einzige "Briefmarkenkrieg" aber fand 1932 statt.

Die Radikalen wollen zu den Waffen greifen

Bolivien hatte eine Marke gedruckt, auf der die umstrittene Grenzregion Gran

Koreas, verkündeten die Japaner ihre Souveränität über die Inseln - die ihnen nach Ende des Zweiten Weltkriegs die amerikanischen Besatzer wieder aberkannten.

Der Konflikt spannt die Lage in Ostasien zu einem denkbar ungünstigen Zeitpunkt an. Eine Eskalation des Streits können sich weder Seoul noch Tokio leisten: Gemeinsam mit den USA waren sie bislang bemüht, mögliche Erschütterungen einzudämmen, die sich aus dem sichtbaren Verfall der kommunistischen Diktatur in Nordkorea ergeben. Auch Chinas jüngste Drohgebärden gegen Taiwan zwingen die Nachbarn zur Zusammenarbeit.

Denn da kündigt sich schon die nächste Auseinandersetzung an: Die Machthaber in Peking erheben seit langem Anspruch auf die Senkaku-Inseln (chinesisch: Diaoyu) zwischen Okinawa und Taiwan. Und die liegen ebenfalls in der von Japan beanspruchten 200-Meilen-Zone.

〈ドイツメディアの資料 2〉

Süddeutsche Zeitung
Möwengeschrei über der Bambusinsel
Von Henrik Bork
2004.1.16.

Wie die Herausgabe einer Briefmarkenserie über ein winziges Eiland die Beziehungen zwischen Japan und Südkorea belastet. Solle keiner sagen, wegen einer Briefmarke werde schon kein Krieg ausbrechen. Hat es alles schon gegeben, und deshalb muss man fast ernst nehmen, was sich gerade zwischen Japan und Südkorea abspielt. Es tobt eine diplomatische Schlacht um ein paar Briefmarken.

Die Waffen schweigen noch, aber immerhin mussten schon die Außenminister beider Länder mitein ander telefonieren. Japans Ministerpräsident hat Südkorea zur Zurückhaltung ermahnt. Nationalistische Hitzköpfe auf beiden Seiten aber rufen gar nach militärischen Maßnahmen. Der Anlass mag flach sein und auf der Rückseite klebrig, der entstandene Aufruhr aber ist voluminös. Südkoreas Post hat angekündigt, in dieser Woche eine Serie von Briefmarken über Dokdo herauszugeben - die Felseninsel. Das ist ein winziges Eiland irgendwo in der Mitte zwischen Südkorea und Japan.

Der Postminister erntete nur Trotz

Als Tokio und Seoul - jeder für sich - im vergangenen Sommer den 50. Jahrestag der japanischen Niederlage im Zweiten Weltkrieg begingen, mußte zum wiederholten Mal ein japanischer Minister zurücktreten - er hatte Japans Herrschaft über Korea von 1910 bis 1945 als Wohltätigkeit gerechtfertigt. Selbst Ex-Premier Tomiichi Murayama, der immerhin Japans "Invasionskrieg" mutig verurteilt hatte, rief in Korea wütende Proteste hervor, weil er das Annexionsabkommen, das die Japaner dem Nachbarn 1910 aufgedrängt hatten, vor einem Parlamentsausschuß als seinerzeit "rechtsgültig" verteidigte.

Auch Japans jetziger Premier Ryutaro Hashimoto tut sich schwer, die Kriegsschuld einzugestehen. Forderungen der Uno-Menschenrechtskommission, Zwangsprostituierte der kaiserlichen Armee - in der Mehrzahl Koreanerinnen - offiziell zu entschädigen, wies er barsch zurück; diese Aufgabe überläßt Tokio einer privaten Stiftung.

Solche Arroganz erklärt, warum die Koreaner auf Japans Wiederentdeckung von Takeshima unverhältnismäßig heftig reagierten. Einen vorläufigen Höhepunkt erreichte der Streit am Vorabend des 11. Februar: An diesem Tag soll Japans mythischer Urkaiser Jimmu vor über 2600 Jahren das Kaiserreich gegründet haben. Doch Seoul verdarb die Feststimmung; brüsk lud Präsident Kim Young Sam eine japanische Regierungsdelegation aus, die mit ihm den Wiederbeginn von Normalisierungsgesprächen zwischen Tokio und Nordkorea abstimmen wollte.

Mittlerweile droht der patriotische Überschwang auf beiden Seiten außer Kontrolle zu geraten. In den Nachrichten des staatlichen Fernsehens erfahren die Japaner mehrmals am Tag, für welche rätselhaften Eilande sich ihre Obrigkeit stark macht. Luftaufnahmen der begehrten Objekte sollen das Nationalgefühl anstacheln.

Vor der japanischen Botschaft in Seoul skandierten wütende Demonstranten unermüdlich antijapanische Parolen. Im März wollen koreanische Künstler auf den Inseln eine Protestkundgebung abhalten. Und Koreas Regierung kündigte vorigen Montag gar Manöver von Marine und Luftwaffe in den umstrittenen Gewässern an - erstmals könnte so die südkoreanische Armee gegen den Unterdrücker von einst auffahren.

Präsident Kim, der durch die Schmiergeldaffäre um seine Vorgänger in Bedrängnis geriet und im April Parlamentswahlen zu bestehen hat, will gegenüber dem übermächtigen Nachbarn Härte zeigen - eine bessere Gelegenheit, an Popularität zu gewinnen, gibt es nicht. Die Aufregung auf beiden Seiten erschwert einen Kompromiß in der komplizierten Frage des Rechtsanspruchs auf die Eilande. Im 19. Jahrhundert hatten Franzosen und Briten die Felsen jeweils kurz eingenommen. 1910, bei der Einverleibung

in many Asian countries, sometimes lead to international spats. In 2005, thousands of Chinese took to the streets to protest.

〈ドイツメディアの資料 1〉

Spiegel

Japan. Fahne hoch.

Südkorea fühlt sich erneut von japanischem Expansionismus bedroht. Es geht um zwei Felsen im Meer.

1996.02.19.

Für Koji Kotani ist Außenpolitik so überschaubar wie die Speisekarte einer Sushi-Bar: Makrelen, Krabben, Sardinen, Abalonen und Tintenfisch - "all das könnten wir bei Takeshima in Hülle und Fülle fangen, die Inseln gehören uns", erklärt der Funktionär der Fischereigenossenschaft in der westjapanischen Präfektur Shimane.

So schlicht sieht das auch die Regierung in Tokio. Ende März soll das Parlament die Seerechtskonvention der Vereinten Nationen von 1982 ratifizieren. Auf diese Weise würde Takeshima - zwei praktisch unbewohnte Felseninselchen von insgesamt 0,23 Quadratkilometer Größe zwischen Japan und Korea - in die 200-Meilen-Wirtschaftszone Japans fallen: Petri Heil für Nippons Fischer.

Doch auf der anderen Seite des Meeres, in Südkoreas Hauptstadt Seoul, stößt das japanische Vorhaben auf Widerstand. Südkorea erklärte die Gewässer um Tokto - wie die Eilande dort heißen - bereits 1952 zur exklusiven Nutzungszone und hat längst seine Fahne dort gehißt. Als Antwort auf Japans Maßnahmen kündigte die Regierung den Bau einer Kaianlage auf Tokto an.

Was als kleinlicher Zank um zwei vergessen geglaubte Felsen begann, spitzt sich nun zur schweren Krise zwischen den asiatischen Nachbarn zu. Japans Außenminister Yukihiko Ikeda verurteilte die koreanischen Pläne als Verletzung der japanischen Souveränität; im Gegenzug verbat sich Koreas Botschafter die Einmischung in "innere Angelegenheiten" seines Landes.

Unvermutet sind die kargen Riffe zu einem neuen Symbol für die alte Abneigung zwischen den beiden Völkern geworden. Die Koreaner betrachten Japans Alleinanspruch auf Tokto als weiteren Affront in einer Kette zahlloser Zumutungen, mit denen Tokio seine ehemalige Kolonie demütigt.

〈英国メディアの資料 10〉

Daily Mail

South Korea recalls envoy from Japan in island row

2008.07.14.

South Korea is set to recall its ambassador from Tokyo in protest after Japan said it would write about a longstanding island dispute in school teaching guides. South Korea and Japan both lay claim to a group of desolate, rocky islets which Seoul calls Dokdo and Tokyo calls Takeshima. The area surrounding the islets has fertile fishing grounds.

The Japanese government said it had informed Seoul that Tokyo would refer in a middle school teaching guide to the islands as Japanese territory. 'President Lee Myung-bak said he cannot help being deeply disappointed and feeling regret, considering the agreement between the two leaders to face past history and build a forward-looking Korea-Japan relationship,' South Korea's presidential office said in a statement. "Japan should not repeat its behaviour of promising a forward-looking relationship with Korea but then stirring up a dispute such as the Dokdo issue once in a while when the government changes."

Yonhap news agency reported that South Korea would step up its defence of the islands, citing a presidential official, but Japan's chief government spokesman called for composure. "Needless to say, South Korea is an important neighbour for Japan," Japan's Chief Cabinet Secretary Nobutaka Machimura said. "We want to avoid a situation where Japan-South Korea relations are influenced by each and every issue, and I hope both sides will calmly respond."

The document for teachers and textbook publishers, though non-binding, will likely influence classroom teaching and textbook contents, an official from Japan's education ministry said. "It is necessary to touch on the fact that our country and South Korea have different claims over Takeshima and to deepen the understanding of our territory," the ministry said in the teaching guide.

The dispute is one of a number of long-running territorial rows involving Japan and its neighbours. Last month a row over ownership of another group of tiny islands called the Senkaku isles in Japan, the Diaoyu in China and the Tiaoyutai in Taiwan, flared up when a Japanese coastguard vessel collided with a Taiwan fishing boat, sinking it and injuring one person. School textbooks, seen as an expression of government views

rea and Japan prosper together in peace and mutual understanding if Japan insists on its claim to Dokdo, because it was on Dokdo that Korean soil was first trampled by Japanese imperial aggression."

Coming amid tensions over visits by Junichiro Koizumi, Japanese prime minister, to the Yasukuni war shrine and over school textbooks that Koreans say glorify Japan's militarism, the Korean government has spared no effort in asserting its claim over the islets. Booklets with 500-year-old maps showing Dokdo as part of Korea have been printed, a taskforce has been established to map out measures to protect Dokdo, and $36m (€28m, £19m) has been earmarked for improving facilities on the islands and researching the area. Meanwhile, Korea Telecom has installed the first private telephone line on Dokdo, saying the phone service proved who owns the islets.

It is difficult to find a Korean who is not enraged by Tokyo's claim to the islets. The number of visitors has increased more than 20-fold, from 1,673 in 2004 to almost 40,000 last year, when the dispute was last inflamed. Indeed, the dispute has set off a nationalist frenzy that analysts say is being exploited before South Korea's local elections on May 31. But Korean government officials say Korean nationalism is merely "putative" and it is Japanese politicians who are stoking nationalist sentiment in Japan. Such territorial disputes are casting a long shadow over relations in north-east Asia. Japan is also entangled in disputes with China over islands and gas fields in the East China Sea.

Kofi Annan, United Nations secretary-general, last week called on Japan, China and Korea to follow the European path of reconciliation. "You don't choose your neighbours. You are bound to live together," he said ahead of an Asian tour.

But Karl Kaiser, visiting professor at Harvard University and a former director of the German Council on Foreign Relations, says none of the preconditions for reconciliation in Europe exist in north-east Asia. "Especially, there is no recognition that all leaders should co-operate in rejecting nationalism." To resolve the stand-off, Mr Kaiser says, Japan should use quiet diplomacy to make gestures that can then be equally quietly accepted by South Korea.

But many Koreans despair that it may be too late. "I think that history is determined by a powerful country," says Hwang Sung-jo, another Dokdo tourist. "We are not as powerful as Japan, which means territorial disputes will work to our disadvantage. So I fear these disputes may continue forever."

president, into a corner. "Everyone knows Japan won't use force, so it makes no sense to press a claim," he said, adding that Tokyo should unilaterally drop its territorial claim to Takeshima/Dokdo in the interests of better regional relations. West Germany gained much diplomatic advantage through a similar strategy in Europe, he said.

〈英国メディアの資料９〉

Financial Times
Island dispute sets off nationalist frenzy in Korea
Anna Fifield
2006.05.15.

On Dokdo's east island, a rocky outcrop lashed by winds where seagulls circle cloud-covered peaks, dozens of excited South Koreans leap off one of the few boats that successfully moors at the treacherous jetty. Dressed in the ajuma (housewife) uniform of a tight perm, floral shirt and checked trousers, hordes of 60-something women cluster together to have their photos taken against the rocks. "I feel very lucky and proud to be dispatched to Dokdo," says Chae Jae-hyok, a 24-year-old from Seoul, between hugs from the housewives. "There is no doubt Dokdo belongs to Korea, historically and academically."

Called Dokdo in Korean but Takeshima in Japanese, the tiny islets in the East Sea, 250km from the Korean peninsula and home to 32 policemen and a recently returned couple in their 60s, have been a recurring flashpoint between South Korea and Japan. It was reignited last month when Japan prepared to survey the waters, an abundant fishing ground that could also contain gas deposits, and where the boundaries of the two countries' exclusive economic zones are uncertain. But the acrimonious dispute is about more than a few craggy rocks and some squid - it is casting a shadow over economic, foreign and security relations, made all the worse because Japan and South Korea are both US military allies.

For Koreans, the word "Dokdo" has become synonymous with liberation from Japanese imperialism, and the rise of Korean assertiveness. In 1905, the islets became the first part of Korea to be annexed by Japan, but Seoul has controlled them since the 1950s. "Why is it that the Japanese cannot see what is clear to all?" asks the narrator of a video on the South Korean president's website. "We will not have a future in which Ko-

on Tuesday when South Korean President Roh Moo-hyun declared he would react "strongly and sternly" if Japan tried to claim any rights to a string of rocky islets between the two countries. The islets – known to Koreans as Dokdo and to Japanese as Takeshima – have been a recurrent flashpoint between the two countries, but the row is spiralling into a major dispute, with Mr Roh suggesting Japan was trying to "negate the complete liberation and independence of Korea". "Japan's present claim to Dokdo is claiming a right to what it had once occupied during an imperialist war of aggression," Mr Roh said in a televised national address, likening Japan's actions to an attempt to reassert its sovereignty over the Korean peninsula, which it occupied during the first half of the 20th century. "This is an act of contending the legitimacy of Japan's criminal history of waging wars of aggression and annihilation, as well as 40 years of exploitation, torture, imprisonment, forced labour, and even military sexual slavery. We cannot tolerate this for anything," he added.

Tension over the islets flared again last week when Japan said it planned to conduct a maritime survey in disputed waters around the islets, currently occupied by Korea. Bad weather forced Japan to cancel plans to send ships into the area, narrowly avoiding a potential clash at sea, then emergency weekend talks led to a tentative compromise. Twenty South Korean gunboats had been ready to block Japanese coastguard ships from surveying the area, which contains rich fishing grounds and perhaps gas fields.

Japanese officials tried to play down Mr Roh's tough language, suggesting that much of it was aimed not at Japan, but at nationalist sentiment at home. South Korea is heading into crucial local elections in which Mr Roh's Uri party is expected to fare poorly.

Junichiro Koizumi, the Japanese prime minister, said: "We will respond in a cool-headed manner based on the premise of friendly ties between Japan and South Korea." Shinzo Abe, the chief cabinet secretary who is favourite to take over as prime minister from September, refused to comment on Mr Roh's broadcast, saying he needed more time to study the text. Last week, Mr Abe was uncompromising on what he said was Japan's right to survey seabed features around the disputed island, the proximate cause of the diplomatic row. Japan suspended its survey after what it said was a promise by South Korea not to rush into renaming seabed features in disputed waters with Korean names.

Robert Dujarric, visiting research fellow at the Japan Institute of International Affairs, said it was not clear why Japan had painted itself, as well as the South Korean

countries as disparate as Peru and Malaysia. "European integration, as is often pointed out, began with a bilateral agreement between France and Germany over sharing coal and steel resources," the ICG said, recommending that the three countries start to build institutions for dealing with problems of mutual interest, such as energy, that are not hostage to the whims of North Korea.

Specifically, it urges the three countries, as well as the US, to:

*Refrain from unilateral military exercises in disputed areas.

*Increase military-to-military exchanges, training and confidence-building measures.

*Establish a regional institution for energy security and co-operation that would explore such issues as establishing a depository for spent nuclear fuel.

*Set up regional co-operative mechanisms for disaster relief and environmental protection.

In the meantime, the ICG said Japan should set up a public fund to assist remaining individual victims of Japanese war crimes, build a new memorial to Japanese war dead to provide an alternative to official visits to Yasukuni, and have cabinet members refrain from making public statements which praise or play down Japan's colonial exploits.

South Korea should conclude an agreement regarding allowable catches by South Korean and Japanese fishing boats around the Dokdo/Takeshima islets, clearly state the South accepts existing border treaties, and publicly acknowledge and thank Japan for the economic aid provided under the Normalisation Treaty.

China should allow Chinese internet users greater access to Japanese and western media to provide alternative views, accept in principle Japanese offers for joint development of oil and gas deposits in the East China Sea, and publicly acknowledge Japan's role in China's economic development.

〈英国メディアの資料 8〉

Financial Times

Sea dispute between Japan and S Korea intensifies

Anna Fifield

2006.04.25.

An acrimonious territorial dispute between Seoul and Tokyo intensified sharply

〈英国メディアの資料 7〉

Financial Times

North-east Asia should integrate as region

Anna Fifield

2005.12.14.

Japan, China and South Korea should separate diplomacy from public opinion to try to advance regional co-operation regardless of nationalistic concerns about war crimes or territorial disputes, the International Crisis Group will recommend today. Calling north-east Asia one of the world's least integrated regions, the influential think-tank said Beijing, Tokyo and Seoul needed a forum to focus on their mutual problems and to co-operate on areas of joint interest, such as energy and security. "It is possible that the ongoing six-party process aimed at solving the North Korean nuclear crisis, if ultimately successful, could be transformed into a regional security dialogue," the report said. "However, that possibility is well in the future and is contingent on a host of uncertainties. Japan, South Korea and China should not wait for a solution of the region's most difficult problem to make progress among themselves in other areas."

The report comes as Chinese premier Wen Jiabao and South Korean president Roh Moo-hyun this week declined to hold bilateral meetings with Junichiro Koizumi because of the Japanese prime minister's visits to the Yasukuni shrine. Both Beijing and Seoul have experienced a sharp deterioration in relations with Tokyo owing to the shrine visits and history textbook revisions they say brush over Japanese war crimes, and because of territorial disputes about uninhabited islands surrounded by potentially lucrative economic zones.

The disputes work against each country's best interests, the ICG said. "Japan cannot realise its Security Council ambition without the support of China. China's goal to have the world accept its rise as peaceful is undermined by scenes of protesters attacking Japanese consulates," the report said. "South Korea needs strong economic and political support from its neighbours to achieve its goal of reconciliation and eventual reunification with North Korea. While appeals to nationalism and ancient grudges may help politicians to get elected, they detract from long-term diplomatic objectives," it said.

In contrast to Europe - which has dedicated security, economic and political organisations - north-east Asia belongs to only broad regional institutions which include

competition for the exploitation of natural gas in the East China Sea and Tokyo's campaign for a permanent Security Council seat have ignited Chinese Nippophobia. Amid calls for a written apology and the insertion into the constitution of references to the militaristic past, Japanese diplomatic missions and businesses have been attacked. There has also been an anti-Chinese demonstration in Osaka. The situation requires mediation at the highest level, and the readiness of each side to compromise. Mr Koizumi should stop going to the Yasukuni Shrine, which commemorates those who have died for the country, including more than 1,000 convicted war criminals.

The government should also pursue with greater vigour the question of textbooks, which, 60 years after VJ Day, still convey a false view of history. Japan has been notoriously slow to accept moral responsibility for its behaviour in China and the Korean peninsula, or towards British POWs. For his part, Mr Hu has no right to sit pat. He should acknowledge the pacific nature of Japan's post-war constitution and the huge contribution the Japanese have made to its economic development. It sticks in the craw to hear Chinese officials (such as Zha Peixing, the Chinese ambassador to Britain, yesterday) demanding that Japan face up to its history when they continue to draw a veil over the horrors of Mao Tse-tung and the Tiananmen Square massacre of 1989.

At stake are not only the extensive trade and investment links between the two countries but the stability of one of the most volatile regions in the world. North Korea fired a rocket over the central Japanese island of Honshu in 1998 and is pursuing a nuclear weapons programme. China has foolishly upped the ante against Taiwan by passing an anti-secession law. Japan and South Korea are at odds over school textbooks and the islets of Takeshima/Dokdo. And now the two giants of East Asia have allowed raw nationalism of the kind familiar to Europeans in the 1930s to embitter their relationship.

It will require vision and moral courage to prevent a slide towards a regional nuclear-arms race in which the extraordinary economic gains of the past decades would be put at risk. As the chief guarantor of peace in Asia, America has an important role to play. But the groundwork must be done by China and Japan, through the exercise of statesmanship that has so far been wanting. Much hangs on Messrs Hu and Koizumi. Each must face down the jingoists at home.

dents?"

Japan is doing little to clear up its murky colonial past, however. "The Japanese government is inflaming opinion across Asia with these textbooks," said Takashi Hasegawa, a teacher and anti-textbook campaigner in Tokyo. "If they really think Chinese communists are to blame, why are they playing into their hands?"

Tokyo hopes that red-hot trade with China, which grew by 17 per cent last year as China surpassed the US as Japan's largest trade partner, and growing cultural links with Korea, will overcome the fallout from its unpopular take on history. But a looming clash of old nationalisms in the world's most dynamic economic region may not be good for business.

Although support among ordinary Japanese for school textbooks that extol the benefits of Japan's imperial rule in Asia is minuscule, the backing of much of the country's political leadership is bound to have an impact on the revisionist campaign. Revisionists already control the country's largest educational council in Tokyo, which will decide this summer whether the textbooks are to be used in thousands of schools.

〈英国メディアの資料６〉

Daily Telegraph

Raw nationalism threatens East Asia

2005.04.23.

The 1955 Bandung Conference gave Zhou Enlai the opportunity to persuade the Asian and African participants that revolutionary China did not pose a threat. That same conciliatory note was struck yesterday in Jakarta by President Hu Jintao at a much larger gathering to mark the 50th anniversary of Bandung. "China will always be a member of the developing world," he said. "Let's stand shoulder to shoulder, hand in hand." However, Mr Hu made no mention of the issue that has cast a cloud over the summit, the drastic deterioration in relations between Beijing and Tokyo. It was Junichiro Koizumi, the Japanese prime minister, who offered an olive branch by expressing "deep remorse and heartfelt apology" for the "tremendous damage and suffering" caused by the militarist governments of the 1930s and 1940s. The two leaders may meet today in an attempt to defuse a situation that threatens to get out of hand.

The glossing in school textbooks of Japanese wartime atrocities on the mainland,

of a right-wing media conglomerate, have sold nearly one million copies since 2001. This success has dragged the teaching of history sharply to the right: just one new history textbook out of eight mentions the comfort women this year, down from seven in the mid-1990s, and references to other war crimes have been toned down or dropped.

If Tokyo can afford to ignore the anguish of Gil Won Ok and her dwindling fellow survivors, however, the weekend riots in its biggest trading partner, China, are far more worrying. The textbooks have inflamed many already angry at Prime Minister Junichiro Koizumi's visits to the Tokyo war memorial, the Yasukuni Shrine, and Japan's handling of the territorial conflict over the Diaoyutai (in Japanese, Senkaku) Islands claimed by both China and Japan. A boycott of Japanese goods is growing, and attacks on Japanese businesses in Chengdu and Shenzhen have spooked otherwise bullish investors.

The attacks come on the heels of an online campaign in China which claims to have gathered more than 25 million signatures against Japan's hope for a permanent seat on the UN Security Council. China's foreign ministry spokesman, Liu Jianchao, said last week that China will not endorse Japan's UN campaign until the nation "clarifies some historic issues" regarding its aggression. In a year full of political and business possibilities, Tokyo is finding the way forward blocked by its undigested history.

Tokyo's response to the textbook controversy has been a series of bland statements calling on Korea and China to prevent differences in historical interpretation from damaging ties. "It is important to control emotions," Mr Koizumi said. But behind the diplomatic platitudes lies a hardening of sentiment among his fellow Liberal Democrats, well over 100 of whom - including his Education Minister, Nariaki Nakayama - publicly back the historical revisionist movement in schools. Under Mr Koizumi's government, hundreds of teachers have been punished for refusing to stand for the national anthem.

Many in the government say that Japan has apologised enough, and given enough cash - 3,000bn yen (£15bn) in overseas aid to China alone since 1980. China is stoking patriotism and anti-Japanese sentiment, they say, while Korea has failed to digest its own history of collaboration with Imperial Japan.

Historical revisionists also criticise US and European "hypocrisy" for failing to teach their own children about their colonial past. "Great Britain committed war crimes," one of the movement's leading lights, Professor Nobukatsu Fujioka, said. "America too. My concern is that Japanese children are taught to hate their country. They're taught that only Japan was wrong in the war. Don't all countries use history to instill pride in stu-

〈英国メディアの資料 5〉

The Independent

Textbook war escalates as China and Korea vent their fury at Japanese rewriting of history

David McNeill

2005.04.11.

Thousands of Chinese protesters pelted the Japanese embassy in Beijing with missiles and shouted "Japanese pigs come out" and "stop distorting history" over the weekend, dragging Sino-Japanese relations to a new low. Thousands of Chinese protesters pelted the Japanese embassy in Beijing with missiles and shouted "Japanese pigs come out" and "stop distorting history" over the weekend, dragging Sino-Japanese relations to a new low. The protests against Tokyo's authorisation of textbooks that many Chinese say whitewash Japan's 15-year occupation is the latest incident to rock the shaky partnership between Asia's leading power and its rising star.

Protests also took place in South Korea, where Gil Won Ok and her elderly comrades gathered at the Japanese embassy in Seoul to plead, pray and bitterly denounce Tokyo. "Who will take away my pain," cried the frail 77-year-old who was barely a teenager when she was forced to provide sex to Japanese soldiers. "Atone for the past and let me die in peace!"

The pensioners - among the few still alive from up to 200,000 comfort women (sex slaves) of the Imperial Japanese Army, have been assembling at the embassy since 1992 to demand an apology. But neither time nor mortality has dulled the emotional heat of their campaign, which is regularly stoked by what Chinese and Koreans consider fresh insults. The new textbooks, which Korean government spokesman Lee Kyu Hyung said "beautify and justify" Japan's occupation of much of Asia until 1945, have added fuel to the fire.

The most contentious history text removes all references to the comfort women and suggests that Korea and China invited or benefited from the Japanese occupation. A civics text claims jurisdiction over a clump of rocks called Takeshima (in Korean, Tokdo) that Korea has held since 1945. "What nonsense is this," said an editorial in the normally mild Korea Herald.

Written by a group of neo-nationalist academics, the two texts, with the backing

who also has territorial disputes with Russia and, most pressingly, with China, called for a cooling of passions. "There are issues of history to deal with but we should not be mired in the past," he said. "We should deal with the situation in a forward-looking manner by considering how to develop friendship and overcome emotional conflicts."

Those words fell on deaf ears this week as civic groups and netizens in South Korea urged boycotts of Japanese goods. The government ordered the closure of five pro-Japanese websites, saying they could harm youngsters' health. The dispute has even achieved the not insignificant feat of uniting North and South Korea. Seoul is considering importing a Dokdo stamp issued by Pyongyang. Shim Jae-hoon, a political commentator in Seoul, says the eruption is the result of accumulated tension over Mr Koizumi's visits to the Yasukuni shrine, considered a nationalist outrage in China and South Korea, and over continued disputes about differing versions of Japan's war record.

There are economic implications, too. "Koreans regard this as an attempt by the Japanese fishing lobby to move into this area, which is rich in cod and squid," Mr Shim says. The sea around the islands may also contain the equivalent of 600m tons of liquefied natural gas. Japan is South Korea's third-largest trading partner, last year receiving \$21.7bn (€16.2bn, £11.3bn) worth of South Korean products and sending goods worth \$46.1bn to South Korea.

More worryingly, there is a potential military dimension. South Korea is increasing its aerial surveillance of the islands after a Japanese spyplane flew within 16km of the disputed territory on Thursday. Seoul has filed an official protest over the Shimane legislation and warned it is willing to risk links with Tokyo over what it considers a matter of sovereignty. Chung Dong-young, chairman of South Korea's National Security Council, said: "The series of recent Japanese actions make us fundamentally doubt whether Japan intends to co-exist with its neighbour."

There may be a domestic element too. Analysts in Seoul say it has allowed the dispute to escalate partly to divert attention from domestic problems. "Dokdo is like manna from heaven," says Kim Byung-ki, professor of international relations at Korea University. "The past couple of years have been difficult because the economy is not doing too well, the US-South Korean alliance is not on a level footing and by-elections are approaching."

With Washington ratcheting up the pressure on South Korea to take a harder line against Pyongyang - Condoleezza Rice is due in Seoul today - the dispute also allows South Korea to show the US it will not be pushed around.

Matters have been made worse by a proposal to designate a "Takeshima Day", when Japan's claimed ownership of the island will be celebrated. Last year Taro Aso, the Japanese Home Minister, suggested that Japan should refuse to handle South Korean mail after the country issued a set of stamps bearing images of Tokto/Takeshima.

〈英国メディアの資料 4〉

Financial Times

Islands dispute with Japan infuriates Seoul

Anna Fifield and David Pilling

2005.03.19.

This is supposed to be Japan-South Korea friendship year, marking the 40th anniversary of normalised relations between the former colonial master and its subject. But on the streets of Seoul this week, Japan has been nothing but foe. Years of trying to repair relations could be undone by a fiery dispute over a cluster of volcanic islands halfway between Japan's Shimane prefecture and the South Korean port of Uljin. Known as Dokdo to Koreans and Takeshima to Japanese, a dormant dispute over the islands' ownership erupted this week when Shimane passed a law designating February 22 as "Takeshima Day" in recognition of the day in 1905 when the prefecture declared its ownership of the islands. Seoul says historical records show they are South Korean.

The row has fuelled nationalist sentiment and reignited anti-Japanese sentiment left over from the 1910-45 occupation. South Korea is known for its vibrant protests but even by local standards this week's reaction has been noteworthy. Newspapers labelled Japan's claim a hostile act bordering on a declaration of war. A mother and son cut off their little fingers with a meat cleaver outside the Japanese embassy in Seoul, saying they planned to send their stubs to Junichiro Koizumi, Japan's prime minister.

Japanese officials have been taken aback by the strength of feeling to what they regard as an act by an individual prefecture. Officials rue the fact that so much good work in mending relations has been undone. Japanese culture has blazed a diplomatic trail in South Korea, which recently legalised Japanese comics and films. In Japan, South Korean stars, such as Bae Yong-joon - who starred in a popular soap opera - are mobbed by fans. Sapporo's snow festival this year even featured an ice-carving of "Yon-sama", as the Korean star is known respectfully in Japan. This week all that goodwill melted. Mr Koizumi,

2005.03.15.

An elderly South Korean woman and her son severed their own fingers yesterday in protest at Japanese claims over a barren, rocky islet in the middle of the ocean. Park Kyung Ja, 67, chopped off one of her little fingers with a meat cleaver in front of the Japanese Embassy in Seoul in protest at Tokyo's claim to the disputed island known as Tokto in Korean and Takeshima in Japanese. Moments later her 40-year-old son, Cho Seung Kyu, cut off his finger with a pair of secateurs, and police struggled to confiscate knives from other protesters.

The bloody protest came a day after Japan's Ambassador to South Korea flew back to Tokyo for emergency consultation on the escalating dispute, which is further undermining relations between the neighbours. It has made a farce of what was supposed to be "South Korea -Japan Friendship Year", an attempt to overcome resentment at Japan's colonial occupation of Korea.

Ban Ki Moon, the South Korean Foreign Minister, cancelled a visit to Tokyo this month because of the dispute. Two weeks ago President Roh Moo Hyun suggested that Japan should apologise and pay compensation to Korean victims of the war. Japanese diplomats point out that their Government apologised ten years ago, and that South Korea gave up compensation rights when the countries resumed diplomatic relations 40 years ago.

The dispute seems all the more remarkable given the prize over which the countries are squabbling -a few thousand square yards of low, wind-blasted rock that make the Falklands look like paradise. The islet's importance comes from the 1982 United Nations Convention on the Law of the Sea, which defines a 200-mile economic zone within which each signatory enjoys exclusive rights to fishing, natural resources and land reclamation. Whoever owns Takeshima/Tokto also has the rights to 16,600 square nautical miles of sea and seabed, and the potential locked within them.

The islands are at the centre of rich fishing grounds and, geologists suspect, significant mineral and oil deposits -both important considerations for two industrialised countries nervously conscious of their lack of natural resources. Japan maintains a theoretical claim on the islands but there is no question of attempting to enforce it. Such is Korean sensitivity that merely to restate Japan's position -as Toshiyuki Takano, its Ambassador to Seoul, did this month - is to kick over a hornet's nest of antagonism.

Seoul has described Tokyo's claim as ``blasphemy'' and ``preposterous''. It has also begun construction of a $20 million (Pounds 13 million) wharf in the islands; Japan has demanded that South Korea stop the work. President Kim Young Sam has cancelled a meeting with a Japanese government delegation. Japan, in contrast, has been more moderate in its language. Officials in Tokyo have been eager to play down the dispute while pressing ahead with ratification of the UN convention, which came into effect internationally in November 1994. South Korea had ratified it in December.

The dispute among the neighbours has simmered for nearly a century. Japan claims it established military control over the islands in 1904 in its war with Russia. Six years later Japan forced Korea to sign an annexation treaty, beginning 35 years of Japanese rule. Seoul claims the islands have belonged to Korea since AD512, and that it incorporated them again after its liberation from Japan at the end of the Second World War. The latest action has resurrected Korean bitterness towards Japan for its brutal colonial rule from 1910 to 1945.

President Kim's assertive stance against Japan is aimed at bolstering the fortunes of his party. He faces an election in two months and adopting a tough line will be a vote-winner among Korean voters. Ryutaro Hashimoto, the Japanese Prime Minister, who last year demonstrated his prowess as a tough negotiator when he held his ground in a trade dispute with the United States, is viewed by voters as a strong defender of Japan's interests. However, unlike Mr Kim, he does not need to face the electorate in the near future, which may explain Tokyo's more measured public statements on the dispute.

Japan's "economic zone" will also include a separate group of islets, called Senkaku in Japanese, to which China claims ownership under the name of Diaoyutai. In December, a Chinese oil exploration ship made trial drillings close to the islands and a fortnight ago there were reports that flames had been seen, suggesting that hydro-carbons had been found. The territorial disputes are escalating as a perception grows that America lacks the resolve to maintain its role as power broker and peacekeeper in East Asia; the consequences of further rows could be potentially dangerous.

〈英国メディアの資料 3〉

The Times

Protest draws blood over barren island

Richard Lloyd Parry

300 square yards, but they are surrounded by rich fishing grounds and potential mineral resources. Japan's foreign minister sparked demonstrations in Korea and the burning of Japanese flags when he protested against Seoul's plans to build a wharf on the islets on which it has a military detachment. Tokyo's claim to the territory is based on a 1905 agreement with Korea, signed just before it colonised the peninsula. But Seoul retorts that it has well-documented claims going back to 512.

In Tokyo the dispute has raised fewer passions than in Seoul where President Kim faces parliamentary elections in April. Koreans are sensitive to the lingering issues of 35 years of Japanese colonial rule, and were angered by recent remarks made by some Japanese ministers that the rule was not all bad. "Japan will never understand unless it is conquered and occupied for 30 years," said a South Korean interviewed on Japanese television.

The Japanese have stressed that the problem can be solved by negotiations. The former prime minister, Kiichi Miyazawa, said yesterday that the dispute would be sorted out in accordance with the Convention on the Law of the Sea. A foreign ministry spokesman in Tokyo noted that Japan and Russia had managed to conclude fishing agreements in spite of disputed claims to territory. One unnamed Japanese politician, quoted in a Tokyo newspaper, said, "The best solution would be to blow up the rocks."

〈英国メディアの資料 2〉

The Times

Tokyo and Seoul declare rival zones in islands dispute

Peregrine Hodson

1996.02.21.

Japan declared a 200-nautical-mile exclusive economic zone round the country yesterday, heightening tensions in a territorial dispute with South Korea. Seoul immediately responded by declaring its own 200-nautical-mile zone. Both countries claim possession of a group of islands, known as Takeshima in Japanese and Tok-do in Korean. They are surrounded by rich fishing grounds and a mineral-rich seabed and lie within 150 nautical miles of both countries. Preparations by Japan about ten days ago to stake its claim to the area through ratifying the United Nations Convention on the Law of the Sea have led to angry demonstrations in South Korea.

cet événement. Pour la Corée du Sud, les îlots sont devenus l'un des symboles forts du passé colonial. Afin de marquer sa possession, elle y entretient un contingent d'une quarantaine de gardes-côtes. Deux civils y ont élu domicile.
En 2006, un projet japonais d'étude océanographique autour des îlots avait déjà déclenché de vives réactions en Corée du Sud. Séoul avait menacé d'user de la force. Depuis, la tension semblait retombée. La nouvelle crise montre qu'il n'en est rien. Elle intervient également au bon moment pour le président Lee Myung-bak, dont la popularité a fortement chuté au moment de la crise provoquée par l'annonce de la reprise des importations de boeuf américain, à l'origine de manifestations massives et violentes en mai et juin.

〈英国メディアの資料 1〉

The Guardian

Tokyo and Seoul clash over islands - Rivals plan to declare exclusive fishing zones

Kevin Rafferty

1996.02.21.

Japan and South Korea yesterday moved a step closer to confrontation over two rocky islets that both claim in the Sea of Japan. Japan decided to declare a 200 nautical mile economic zone around its coast, setting the stage for a possible clash with both South Korea and China on the ownership of the islands. Within hours the Seoul government responded by saying it would declare its own 200-mile zone to include the islands.

The escalation in tension between the two allies has set off alarm bells in Washington, fresh from defusing a similar dispute between Greece and Turkey over ownership of an unhabitable island in the Aegean sea. Both Japan and Korea come under the US military umbrella and between them have almost 100,000 Us troops on their soil. The latest row also comes hard on the heels of the arguments about possession of the Spratly islands, which have bedevilled international relations in south-east Asia. The United Nations convention on the Law of the Sea allows a country to claim exclusive rights to fishery and undersea mineral resources within a zone off its coast.

Adding to the mood of tension yesterday, Seiriku Kajiyama, the cabinet minister responsible, said that Tokyo had no intention of excluding the disputed islands when it drew up the zones. The two islands - Japan calls them Takeshima, the Koreans Tokdo - lie 450 miles north-west of Tokyo and 300 miles east of Seoul. They have a land area of just

Philippe Mesmer
2008.07.24.

Le brusque raidissement sud-coréen sur la question des îlots Takeshima/Dokdo intervient alors que la popularité du président Lee Myung-bak, élu au début de l'année, est au plus bas. La question des îlots Takeshima/Dokdo déchire à nouveau le Japon et la Corée du Sud. Le 20 juillet à Séoul, une rencontre entre le gouvernement et le très conservateur Grand parti national(GPN) au pouvoir, s'est conclue sur la décision de renforcer la présence habitée - par la construction d'un hôtel notamment - sur ces îlots de la mer du Japon revendiqués par les deux pays. Le renoncement au principe d'une «diplomatie apaisée» à l'égard du Japon a également été décidé. Ces choix reflètent la tension grandissante entre les deux pays depuis que, le 13 juillet, le ministère japonais de l'éducation a recommandé, pour les manuels scolaires de collège, de signaler les îlots - baptisés Takeshima au Japon, Dokdo en Corée du Sud, et autrefois connus en Europe sous le nom de Liancourt - comme parties du territoire nippon.

La réaction sud-coréenne n'a pas tardé. Le lendemain, Séoul a adressé une protestation et rappelé son ambassadeur à Tokyo. Un groupe de députés s'est rendu en hélicoptère sur les îlots. Puis la Corée du Sud a annulé tous les programmes d'échanges prévus, y compris ceux entre écoliers des deux pays. Plusieurs initiatives privées appellent au boycottage des produits japonais.

Les relations bilatérales semblaient pourtant s'améliorer, sous l'action conjuguée du premier ministre japonais, Yasuo Fukuda, avocat d'un rapprochement avec les voisins asiatiques de l'Archipel, et du nouveau président sud-coréen, Lee Myung-bak. En rupture avec son prédécesseur, Roh Moo-hyun, M. Lee souhaitait écrire une nouvelle page des relations avec Tokyo, «tournées vers le futur, sans questionner le passé». La vigueur des réactions montre à quel point la question historique reste pourtant prégnante entre Tokyo et Séoul. Au sujet des îlots, des historiens et activistes des deux pays s'efforcent, dans un climat passionnel et souvent teinté de xénophobie, de prouver l'ancienneté de la possession.

Dans l'histoire récente, ces 210 000 m2 de rochers au coeur d'une mer hostile, mais poissonneuse, ont été intégrés en 1905 à la préfecture de Shimane par le Japon, au tout début de la colonisation de la péninsule coréenne. Un «Jour de Takeshima» a été créé en 2005 dans cette préfecture de l'ouest de l'Archipel à l'occasion du centenaire de

2008.07.23.

Ce sont 18 hectares de terre qui s'appellent Dokdo pour les Sud-Coréens, Takeshima pour les Japonais. Les uns et les autres revendiquent la juridiction de ces îles inhabitées, sinon par les garde-côtes coréens, et situées à quelque quatre-vingts kilomètres de l'île coréenne la plus proche, le double côté japonais - dans des eaux particulièrement poissonneuses. Le contentieux qui anime les deux pays à leur sujet rejaillit périodiquement, jusqu'à menacer de tourner à l'affrontement physique en 2006, à propos d'une mission de recherche scientifique japonaise à leur abord. Et voilà que, la semaine dernière, le gouvernement japonais a rallumé la discorde et fait connaître aux autorités de Séoul que le ministère de l'Éducation avait donné instruction aux enseignants d'insister sur le caractère japonais de ces îles - des instructions qui doivent s'appliquer à la rentrée scolaire 2012.

La réplique ne s'est pas fait attendre : le gouvernement sud-coréen a aussitôt rappelé son ambassadeur et des manifestants ont protesté à Séoul, jetant des oeufs et des tomates en direction de l'ambassade japonaise, et scandant des slogans hostiles au premier ministre japonais, lequel s'était justement vu demander, une semaine avant cette crise, lors d'une rencontre avec le président sud-coréen, Lee Myung-bak, en marge du G8, de renoncer à revendiquer la souveraineté sur ces îles. À la suite de ce nouveau rebondissement, le gouvernement coréen a refusé de participer à une réunion convoquée par le Japon au sujet de ces îles et a annoncé un renforcement des patrouilles pour «prévenir une éventuelle tentative de militants d'extrême droite japonais de naviguer vers Dokdo».

Pour la Corée du Sud, cette question revêt une importance hautement symbolique, puisque les Japonais avaient préparé leur occupation de la Corée (1910-1945) en investissant ces îles en 1905. Côté sud-coréen, le ressentiment à l'égard du Japon est toujours très fort. Au Japon, les nationalistes poussent au contraire à en finir avec une lecture «masochiste» du passé colonisateur de leur pays. Régulièrement, les voisins du Japon sont heurtés par cette vision de l'histoire qui au mieux édulcore les faits les plus graves, au pire les nie ou les justifie.

〈フランスメディアの資料 13〉

Le Monde

Un différend territorial perturbe les relations entre Séoul et Tokyo

taines de membres de l'Association des professeurs de la fédération de Corée et d'autres groupes de citoyens coréens ont accouru devant les grilles de l'ambassade du Japon à Séoul. En décidant d'inclure dans un programme scolaire les îles Dokdo (connues sous le nom d'îles Takeshima au Japon), le ministère de l'Education et de la Culture japonais a ravivé de vieilles rancoeurs en Corée du Sud. «C'est une déclaration de guerre», estime, ému, un professeur qui aide plusieurs collègues à tenir une large banderole sur laquelle il est écrit «le Japon devrait abandonner sa revendication infondée».

«Stupidité». Pis, pour les Sud-Coréens, le Japon compare les îles litigieuses aux quatre îles Kouriles que la Russie refuse de rendre au Japon depuis les années 50. «C'est une absurdité, une stupidité sans nom, une faute grave du Japon, tonne Chang-hoon Lee, professeur de sciences politiques et président de l'Association coréenne pour l'histoire politique et diplomatique. Cette revendication soudaine a traumatisé notre pays. C'est inquiétant, car le Japon ne parvient pas à se défaire d'un néonationalisme à fleur de peau. Très affaibli politiquement, le Premier ministre japonais, Yasuo Fukuda, est prisonnier des vieux clans et courants les plus extrémistes et conservateurs de son parti [le PLD, ndlr].» Première mesure de rétorsion de Séoul : le ministère des Affaires étrangères sud-coréen a rappelé son ambassadeur au Japon.

Gaz naturel. La crise a éclaté alors que le Premier ministre Fukuda et le président sud-coréen, Lee Myun-bak - né au Japon quand celui-ci occupait la Corée -, exprimaient ces mois-ci leur volonté d'améliorer les relations bilatérales. Le rapprochement attendra.

Revendiqué par les deux pays, le minuscule (0,18 km2) chapelet insulaire et volcanique litigieux comprend deux îles principales et 30 îlots. Leurs eaux sont réputées riches en poissons et leur fond abriterait du gaz naturel. La Corée du Sud a annoncé qu'elle maintiendrait son équipe de garde-côtes sur ces îles situées à 217 km de la Corée et à 250 du Japon. «Une occupation illégale», selon le ministère des Affaires étrangères nippon, pour qui «les Takeshima sont une partie inhérente du territoire du Japon».

〈フランスメディアの言論資料 12〉

L'Humanité

Les îles de la discorde entre Tokyo et Séoul

La revendication japonaise sur des îlots inhabités mais hautement symboliques heurte la Corée du Sud

Anne Roy.

tie et de la sécurité. Ses soldats sont présents en Irak et ses marins dans l'océan Indien. Les «forces d'autodéfense» prennent de plus en plus le visage d'une véritable armée, au moins sur le plan des matériels. En 2005, un communiqué annonçant que Tokyo s'estimait – comme les États-Unis – concerné par la sécurité de Taïwan a fait blêmir les dirigeants chinois. Ces derniers voient aussi d'un très mauvais oeil les ambitieux programmes japonais dans le domaine des défenses antimissiles, menés au coude à coude avec Washington. Des moyens motivés à l'évidence autant sinon plus par une potentielle menace chinoise que par les ogives nord-coréennes.

Alors, l'Asie avance-t-elle à marche forcée vers des temps de braise ? «D'une certaine manière, ces tensions débouchent sur un nouvel équilibre intrarégional, avance François Godement, avec d'un côté la Chine et son gigantesque pouvoir d'attraction, de l'autre la formation d'une alliance maritime allant du Japon à l'Inde en passant par les pays d'Asie du Sud-Est, ces pays ayant tous une alliance bilatérale avec Washington.»

Une course au nucléaire.

Une recomposition géopolitique tempérée par une contagion alarmante des esprits dans le domaine des armes de destruction massive. Nombre de pays d'Asie du Sud-Est, restés pour l'instant à l'écart de la course au nucléaire, se révèlent aujourd'hui fascinés par les précédents nucléaires indiens, pakistanais ou coréens. On a vu récemment le Vietnam et l'Indonésie défendre le droit de l'Iran au nucléaire civil. «Il y a un effet de réaction en chaîne dans le domaine balistique, constate François Godement, et l'on peut craindre une dérive similaire pour le nucléaire.»

Au-delà d'incantations alarmistes sur les missiles du «cher leader» nord-coréen, les Européens assistent en spectateurs impuissants à ce grand jeu extrême-asiatique. Alors que les Américains en restent d'incontestables arbitres.

〈フランスメディアの資料 11〉

Libération
Querelle d'archipel entre la Corée du Sud et le Japon
Francis Temman
2008.07.19.

Envoyé spécial à Séoul Poing levé, scandant des slogans hostiles au Japon, des cen-

vit des difficultés du dialogue en Asie du Nord-Est. S'il y avait entente sino-japonaise ou intégration régionale, ses provocations ne donneraient rien.» Ce n'est pas le cas. Les tests de missiles nord-coréens ont provoqué une série de réactions en chaîne. Pékin s'est braqué contre les initiatives diplomatiques japonaises, proposant notamment des sanctions contre Pyongyang. Tokyo va se lancer de plus belle dans la défense antimissile, et les élections japonaises – évolution inédite – vont en grande partie se jouer sur la politique étrangère, à l'égard de Pékin essentiellement. Plus loin, l'Inde a procédé à un test de missile opportun tandis que Taïwan évoque la possibilité de faire de même.

La crise coréenne n'est que le dernier et spectaculaire avatar d'un contexte de fortes tensions : la question taïwanaise, bien sûr, la rivalité Chine-Japon, Inde-Chine, Japon-Corée... «Tous ces événements ne sont pas isolés les uns des autres, écrit Bruno Tertrais dans une note de la Fondation pour la recherche stratégique (FRS), ils résultent d'une logique d'affirmation identitaire et de compétition économique qui s'accompagne d'une montée en puissance militaire.» Le chercheur constate qu'avec la fin de la guerre froide et la disparition des dernières traces de la présence coloniale, «l'Asie a été rendue aux Asiatiques». Par effet miroir de l'affirmation chinoise, on assiste à une remontée des États-nations, à un renouveau des identités nationales.

Une vision de l'Asie sino-centrée.

Les différends territoriaux, comme ceux qui opposent Pékin et Tokyo sur les îles Senkaku ou le Japon et la Corée sur les «rochers de Liancourt», donnent lieu régulièrement à des incidents. Mais ces querelles de «cailloux» ne sont que les stigmates de profondes rivalités de puissance, avec comme élément central la relation sino-japonaise :

– la Chine, déjà furieuse du partenariat stratégique et nucléaire tissé entre les États-Unis et l'Inde, refuse de voir le Japon émerger comme une puissance politique et même militaire. Dans ce jeu, Pékin joue sa carte maîtresse avec son siège au Conseil de sécurité de l'ONU et le droit de veto qui en découle. D'où sa colère quand Tokyo a posé sa candidature à ce même Conseil de sécurité l'an dernier. «Les Chinois ont une vision de l'Asie totalement sino-centrée, et ne tolèrent pas l'idée d'une région multipolaire, explique Valérie Niquet, directeur du Centre Asie de l'Institut français des relations internationales(Ifri), ils plaident pour une Asie stable, ordonnée harmonieusement autour d'elle pour faire poids face au reste du monde» ;

– le Japon, lui, réinvestit avec prudence mais constance les champs de la diploma-

scientifique de recherche océanographique, a provoqué une réunion d'urgence du gouvernement sud-coréen. Le ministre des Affaires étrangères Ban Ki-Moon a ordonné le déploiement d'une flotte d'au moins 18 navires pour barrer la route aux deux vaisseaux nippons, expliquant qu'il était prêt à «tous les scénarios». La mission a temporairement été reportée par Tokyo. Le temps de trouver une solution diplomatique à la crise.

Celle-ci n'est d'ailleurs que le symbole du conflit qui oppose les deux pays depuis dix ans au sujet de leurs fonds marins. La Corée du Sud veut rebaptiser la mer du Japon mer de l'Est et renommer ses fonds marins. Le fait que l'Archipel ait occupé militairement la péninsule coréenne le disqualifie, selon Séoul, pour laisser son empreinte sur les mers. La Corée du Sud compte bien faire valoir ses droits à la conférence maritime internationale qui doit se réunir en Allemagne en juin. Ce à quoi Tokyo répond que le nom «mer du Japon» est employé partout depuis plus de cent ans et qu'en droit international, un détroit porte le nom de l'île qu'il borde.

Tokyo ne renoncera aux recherches menées par ses gardes-côtes que si Séoul cesse de vouloir renommer le détroit qui les sépare. Ces querelles mobilisent depuis 2001 des dizaines de chercheurs sud-coréens et japonais, qui écument les fonds cartographiques des bibliothèques nationales européennes à la recherche de preuves d'appellation de ces eaux.

〈フランスメディアの資料 10〉

Le Figaro
L'inquiétante montée des rivalités stratégiques en Asie
Arnaud de La Grange
2006. 07. 12.

Les gesticulations balistiques de Kim Jong-il peuvent apparaître comme les soubresauts folkloriques du dernier vrai bastion stalinien de la planète. Rien de vraiment sérieux, croient pouvoir dire certains, persuadés que l'Asie – comme l'Europe – est à l'abri de conflagrations majeures. Pourtant, la crise nord-coréenne est le révélateur de tensions régionales multiples et profondes.

Pour survivre, le régime nord-coréen a besoin d'une situation tendue dans la région. «Sa seule chance de tenir, c'est de susciter une nouvelle guerre froide, explique François Godement, directeur du centre d'études asiatiques Asia Centre, Kim Jong-il

état d'alerte maximum ». Cette crise tombe au mauvais moment pour le Japon.

Tokyo s'efforce de réchauffer les froides relations diplomatiques avec Séoul, pour éviter que celui-ci ne se lie trop avec le grand voisin chinois, lui aussi impliqué dans ce monopoly maritime. Car les rochers de Liancourt ne sont pas les seuls objets de dispute entre les puissances asiatiques. Entre la Chine et le Japon, l'enjeu est autrement stratégique. Il s'agit de trois gisements de gaz naturel. Une réserve estimée en 1999 à 200 milliards de mètres cube, située dans la zone économique exclusive japonaise en mer de Chine.

Mais la Chine aime aussi jouer avec le droit maritime, et ne reconnait pas ce titre de propriété, estimant que la règle des 200 milles doit être interprétée en considérant non pas la côte, mais la limite du plateau continental (une étendue de terre sous-marine qui précède les hauts fonds). Lundi, la Chine officialisait un embargo de fait sur cette zone prometteuse. Deux bateaux de pêche japonais ont ainsi été refoulés. Suite aux très vives protestations de Tokyo, les autorités maritimes chinoises sont revenues sur leur décision mardi en déclarant que l'empiètement de leur zone réservée sur les eaux japonaises étaient «du à une erreur technique». Il faut espérer une issue aussi pacifique à la crise entre le Japon et la Corée du Sud.

〈フランスの言論資料 9〉

Le Figaro

Ces rochers qui grippent les relations entre Séoul et Tokyo

Régis Arnaud

2006.04.21.

«IL y a clairement une possibilité de confrontation physique, mais, d'un autre côté, les efforts diplomatiques se poursuivent.» Cette déclaration au ton alarmiste ne concerne ni le Proche-Orient ni le conflit qui oppose l'Occident et l'Iran sur le nucléaire. Elle a été prononcée hier par le porte-parole du ministère des Affaires étrangères sud-coréen à propos du litige qui oppose Tokyo et Séoul sur la question de la territorialité des îlots Dokdo.

Ces minuscules rochers, perdus au milieu de la mer du Japon, occupés par l'armée sud-coréenne, sont toujours revendiqués par le Japon, qui les nomme Takeshima. L'annonce, la semaine, de l'intention de Tokyo de mener dans le secteur un programme

〈フランスメディアの資料 8〉

Le Figaro

Tensions croissantes autour des richesses maritimes en Asie

2006.04.19.

La Mer de Chine et la mer du Japon sont régulièrement le théâtre de tensions diplomatiques entre les pays côtiers. Le dernier accrochage en date commence vendredi. Le Japon annonce qu'il enverra un navire océanographique pour dresser une nouvelle carte maritime de la zone. Problème : l'objectif du navire est un petit archipel de 180 mètres carrés environ. Situé au beau milieu du détroit de Corée, l'archipel est administré par la Corée du Sud, qui l'appelle «Dok-do». Mais le Japon en revendique aussi la propriété, et le nomme «Takeshima». Régler la question du nom des îlots serait simple, en le nommant par exemple «rochers de Liancourt», du nom du baleinier français qui les découvrit en 1849, un nom parfois utilisé pour désigner ces pierres de discorde. Mais le problème resterait entier.

Selon la convention des Nations unies sur le droit de la mer dont les deux pays sont signataires, les eaux territoriales d'un pays s'étendent à 12 milles marins de ses côtes, et sa zone économique exclusive à 200 milles. Or, l'objet de la dispute se situe à moins de 200 milles des deux pays. Mais d'autres iles viennent compliquer la donne. Côté japonais, les îles Oki se trouvent à 157 km des rochers litigieux. De l'autre côté du détroit, l'île d'Ulleung, coréenne, n'est qu'à 90 km. Monopoly maritime L'îlot est la balle d'une longue partie de ping-pong diplomatique.

Ainsi, fin mars 2005, la Corée du Sud, semblant penser que ce rocher quasi-désert avait un potentiel touristique, autorise ses ressortissants à aller visiter l'îlot. Vives protestations du Japon.

Pourquoi ces rochers deviennent-ils catalyseurs de si fortes tensions ? Parce que la zone économique exclusive qui s'y attache est très copieuse en poisson. Depuis vendredi, la tension est montée. Le Japon n'a pas voulu donner le programme de la mission «afin d'éviter toute réaction passionnelle des Sud-Coréens». Selon les médias japonais, elle pourrait prendre la mer mercredi. En Corée du Sud, une manifestation de protestation a rassemblé plusieurs dizaines de personnes à Séoul à l'issue de laquelle un participant s'est poignardé à l'abdomen. Ses jours ne sont pas en danger, selon la police. 18 navires des gardes-côtes ont été déployés, et la surveillance aérienne renforcée. Le dispositif est en «

Parti libéral démocrate prônent une révision destinée à abolir ce symbole de la défaite de 1945.

Héritage de la guerre encore, les conflits territoriaux qui opposent le Japon à ses voisins. Soixante ans après la fin de la Seconde Guerre mondiale, le Japon est toujours techniquement en guerre avec la Russie. La signature du traité de paix marquant la fin des hostilités est conditionnée à la restitution au Japon des îles Kouriles ou «territoires du nord»: quatre îles situées au nord du Japon, conquises par Staline en 1945. Bon prince, Poutine serait prêt à en concéder deux mais Tokyo continue d'exiger la totalité de ce petit archipel. Avec la Corée du Sud, c'est la question des îles Dokdo, appelées Liancourt Rocks sur les cartes internationales et Takeshima au Japon. Enfin, il y a la question de l'espace marin entre le Japon et Taiwan qui implique la Chine et qui n'a toujours pas été délimité. Du pétrole et du gaz gisent dans ces profondeurs.

Ces conflits auront sans doute un premier résultat concret: le Japon n'obtiendra vraisemblablement pas le siège de membre permanent du Conseil de Sécurité des Nations unies qu'il espère. On peut compter sur la Corée du Sud et surtout sur la Chine pour écarter cette candidature. Car Pékin doit aussi tenir compte de son opinion publique. Et bien quelles aient été encadrées par le Parti communiste, les manifestations antijaponaises ont surpris le pouvoir chinois par leur virulence. «Tout a commencé par une pétition lancée sur internet par des Chinois installés aux Etats-Unis, explique le responsable d'un des principaux sites chinois. Elle a été reprise en Chine à la fin de mars. En quelques jours, 22 millions de personnes l'ont signée. Il s'agit de faire savoir au reste du monde que le Japon est indigne de siéger au Conseil de Sécurité parce qu'en ne reconnaissant pas son passé, il viole l'esprit même de la Charte des Nations unies rédigée en 1945 contre le fascisme allemand et japonais.»

L'Asie est-elle à la veille d'une déflagration? Un conseiller de la Maison-Blanche en visite à Tokyo ne semble pas vraiment inquiet: «Quand il y a une crise, il faut un arbitre pour la régler. Et je ne vois aucun pays mieux placé pour jouer ce rôle que les Etats-Unis. Je ne dis pas que ces tensions arrangent nos affaires mais elles ne nous nuisent nullement.» Peut-être. Tant que les Chinois ne manifesteront leur colère qu'en lançant des œufs contre la façade des consulats japonais.

en douceur la question de la Corée du Nord.

Cette Chine en ascension et ce Japon en recul se heurtent sur plusieurs dossiers. Le plus immédiat est celui du pétrole. La Chine est devenue le deuxième importateur de brut du monde, devançant le Japon. D'où une rivalité feutrée mais bien réelle autour du pétrole sibérien. Les deux pays manœuvrent pour obtenir l'accès exclusif aux gisements russes. Deux projets de pipe-line sont en concurrence. Le premier, financé par les Japonais, long de 4000 kilomètres, longe la rive russe du fleuve Amour et débouche près de Vladivostok, d'où les pétroliers n'auront plus qu'à embarquer l'or noir pour Tokyo. La Chine propose une alternative par la Mandchourie, avec une bifurcation qui rejoindrait la mer à Dalian, l'ancien Port-Arthur. Mais ce trajet reviendrait pour le Japon à soumettre son approvisionnement au bon vouloir des Chinois.

Pour emporter le morceau, Japonais et Chinois multiplient les promesses. Financièrement, le Japon est le plus généreux. Il est prêt à mettre 16 milliards de dollars sur la table. Mais la Chine a des atouts: son partenariat stratégique avec Moscou et ses achats de matériels militaires à l'industrie de défense russe. «Théoriquement, l'émergence de la Chine peut se gérer par la négociation, d'autant qu'économiquement ses voisins ont beaucoup à y gagner, note un diplomate en poste en Asie. Mais les Asiatiques sont prisonniers d'une grille de lecture qui ne conçoit le monde qu'en termes de supérieurs et d'inférieurs. Il n'y a pas d'égalité basée sur les complémentarités. Un pays doit dominer les autres. Pour les Chinois, c'est bien évidemment à la Chine que doit revenir cette position. Et pour les Japonais, accepter la suprématie chinoise revient à s'humilier.»

Le Japon n'est pas l'Allemagne. Pour la droite japonaise – le Parti libéral-démocrate au pouvoir presque sans interruption depuis 1955 –, si la guerre du Pacifique est condamnable, c'est surtout parce qu'elle n'a pas abouti à la victoire escomptée à l'époque. Les fondements de l'idéologie qui y a conduit ne sont pas remis en cause. Depuis une trentaine d'années, cette idéologie a même en partie été réhabilitée au point d'être peu à peu présentée comme l'un des creusets de l'identité nationale. Dans les années 1970, les noms des criminels de guerre sont ajoutés à la liste des soldats morts veillés dans le sanctuaire de Yasukuni. En 1982 éclate la première affaire des manuels scolaires présentant une version édulcorée des responsabilités du Japon dans l'invasion de la Corée et de la Chine. En 1985, le Premier ministre d'alors, Yasuhiro Nakasone, instaure l'usage d'une visite officielle du sanctuaire, malgré les protestations. Depuis peu, c'est la Constitution pacifique imposée par les Américains qui est de nouveau contestée. Les dirigeants du

millions de soldats japonais morts depuis 1853 sont censées reposer à l'intérieur de ce temple lugubre entouré d'arbres épais survolés par des corbeaux. Mais parmi les tablettes de bois où sont inscrits le nom de chacun des défunts figurent aussi celles de quatorze criminels de guerre exécutés par les Alliés. Voilà pourquoi chacune de ces visites est considérée à Séoul et à Pékin comme une tentative de réhabilitation des crimes passés du Japon. Et à l'issue de la cérémonie, le discours de Takao Fujii, l'homme le plus puissant de la droite japonaise, chef de file de la faction la plus importante du Parti libéral-démocrate, est bien loin des propos apaisants de Koizumi: «Il y a différentes religions et façons de voir l'histoire selon les pays. Nous n'entendons pas imposer notre vision de l'histoire aux autres pays. Il est regrettable que nous ne puissions bénéficier de la compréhension de nos voisins, y compris de la Corée du Sud et de la Chine.»

Les excuses présentées à l'étranger reflètent-elles les convictions réelles du gouvernement japonais? Ou bien ne sont-elles que des reculs tactiques imposés par la diplomatie lorsque les tensions sont trop fortes? Les Japonais cultivent en vertu cardinale le «honne» et le «tatemae», cet art délicat d'affirmer en public le contraire de ce qu'on pense. Censée éviter les conflits inutiles et préserver l'harmonie, cette règle de politesse a un effet aujourd'hui inverse: elle renforce l'impression d'un double langage qui accroît la suspicion des capitales asiatiques. Mais au-delà de ces polémiques sur le passé, n'est-ce pas la question d'une ambition secrète du Japon, celle de sa remilitarisation, qui est posée?

L'Asie est actuellement le théâtre d'un choc des nationalismes qui en fait potentiellement la zone la plus dangereuse de la planète. L'émergence de la Chine bouleverse les équilibres politiques et militaires de la région. Le cas de Taïwan, en permanence menacée d'une invasion militaire par Pékin, prouve que la diplomatie chinoise n'exclut pas le recours à la brutalité pour atteindre ses objectifs. Le Japon, lui, est en déclin relatif. Treize ans de déflation l'ont ramené à son niveau économique de la fin des années 1970. L'ancien banquier du monde est aujourd'hui l'Etat le plus endetté de la planète. Mais il reste une puissance militaire sous-estimée. Sa flotte de surface, sophistiquée, est la deuxième du monde. Elle est capable de se projeter très au sud, jusqu'au détroit de Malacca, sur lequel lorgne justement la marine chinoise. Et il y a quelques mois l'intrusion d'un sous-marin nucléaire chinois a provoqué un branle-bas de combat autour d'Okinawa, l'île méridionale du Japon. Entre ces deux géants, la Corée du Sud, longtemps contrainte par la guerre froide à s'aligner sur le Japon, se rapproche maintenant de Pékin. La Chine est le premier marché des Coréens et, surtout, l'intermédiaire indispensable pour résoudre

Le gouvernement en exil à Shanghai pendant la guerre n'a pas été reconnu par l'autorité militaire américaine. Les Américains ont préféré Lee Seung-man qui ne représentait pourtant que lui-même. Pour asseoir son pouvoir, Lee Seung-man a liquidé des héros de la résistance coréenne comme Kim Gu et s'est entouré d'anciens collaborateurs pro-japonais qui ont remis sur pied l'administration coloniale laissée par les Japonais. Ensuite, il y a eu la dictature du président Park Chung-hee. Park symbolise cette continuité. Il a servi avec le rang de lieutenant dans l'armée impériale en Mandchourie, cette région chinoise occupée qui a servi de laboratoire au fascisme japonais et où il a été formé idéologiquement. L'après-guerre en Corée a donc été dominé par des hommes directement issus de la collaboration. Ceux-ci ont interdit que l'on examine le passé de notre pays car cela revenait à fouiller dans leur passé à eux.

〈フランスメディアの資料 7〉

Le nouvel Observateur

Chine-Japon : Les poisons de la mémoire

Bruno Birolli

2005.05.05.

Ce n'est pas la première fois que Pékin accuse Tokyo de chercher à réhabiliter le passé criminel de l'empire du Soleil-Levant. Mais cette crise éclaire d'un jour nouveau l'affrontement des nationalismes dans la région

«Notre pays a, par le passé, infligé d'immenses souffrances aux peuples de nombreux pays, particulièrement à nos voisins asiatiques... Nous faisons humblement face à la vérité historique...» A Djakarta, lors du sommet afro-asiatique, ces paroles de repentance du Premier ministre japonais Junichiro Koizumi visent à désamorcer la nouvelle crise qui a éclaté ces dernières semaines entre Pékin et Tokyo. Apaiseront-elles la colère de la Chine et des autres voisins du Japon qui l'accusent de minimiser les atrocités commises autrefois par les troupes nippones en Asie? On peut en douter. Car au moment même où leur Premier ministre renouvelait les excuses du Japon pour son passé colonial et criminel, 160 députés japonais ou leurs représentants se recueillaient une nouvelle fois au centre de Tokyo, dans l'enceinte de Yasukuni jinja.

Or ce sanctuaire situé à quelques pas du palais impérial est précisément au cœur des polémiques qui dressent le reste de l'Asie contre le Japon. Les «âmes» des 2,5

la péninsule coréenne [1910-1945] réfutant le terme de "mer du Japon" pour désigner le bras de mer qui sépare les deux pays, lui préférant celui de "mer de l'Est".

L'expédition, qui devrait recueillir des données océanographiques destinées à faire l'objet d'une conférence internationale au mois de juin en Allemagne, semble largement compromise. Cependant, en dépit des tensions diplomatiques, les contacts économiques et commerciaux, ainsi que le combat des deux pays contre le programme nucléaire de la Corée du Nord n'ont pas souffert de la crise.

〈フランスメディアの資料 6〉

Le nouvel Observateur

«En Asie, l'histoire n'est pas une science»

Joo Sup-il

2005.05.05.

Il y a deux mois, l'ambassadeur du Japon à Séoul a répété que les îles Dokdo sont un territoire japonais. Imaginez qu'un diplomate allemand affirme en plein centre de Paris que l'Alsace et la Lorraine sont allemandes! Ou bien qu'on enseigne en Allemagne que la Wehrmacht n'a pas envahi la Pologne! Ou que le Premier ministre allemand se rende chaque année dans un cimetière où sont enterrés les criminels de guerre nazis! Imaginez la colère de l'opinion européenne! En Asie, l'histoire n'est pas une discipline soumise aux règles de la science objective, elle est l'objet d'interprétations politiques selon des points de vue nationalistes. La Corée du Sud ne fait pas exception.

Pour les Coréens, l'occupation de notre pays relève de la seule culpabilité du Japon. Ils refusent de reconnaître que si la Corée a été pendant trente-cinq ans une colonie japonaise, c'est parce qu'il y a eu des hommes qui, comme le régime de Vichy chez vous, ont choisi de vendre leur pays et qui ont eu intérêt à ce que la colonisation dure. Si cette partie de l'histoire est occultée, c'est parce qu'il n'y a pas eu d'épuration après la guerre, ni au Japon ni en Corée du Sud. Au Japon, dès la fin de l'occupation américaine, en 1952, l'une des premières décisions du gouvernement japonais a été d'amnistier tous les criminels de guerre emprisonnés. L'un d'eux, Nobusuke Kishi, a ensuite été Premier ministre de 1957 à 1960. Il y a eu en Corée du Sud un début d'épuration juste après la libération, en 1945. Mais en 1949, il a été interrompu par une amnistie générale décrétée par le président Lee Seung-man.

milieu de la mer du Japon, ces affleurements rocheux font l'objet d'un contentieux entre Séoul et Tokyo. Le ton est brusquement monté après la mise en œuvre par le Japon d'un programme scientifique mené par deux navires de recherche à destination de cet archipel océanique. Le premier navire devait quitter la côte est du Japon mercredi.

Le ministre des affaires étrangères sud-coréen, Ban Ki-moon, a ordonné mercredi le déploiement autour des îlots d'une flotte de navires de patrouille visant à empêcher la progression de l'expédition japonaise. De plus, le Japon a refusé de fournir aux autorités maritimes coréennes le plan de navigation et la durée de l'expédition, confirmant simplement, selon l'agence de presse japonaise Kyodo News, le lancement des recherches jeudi 20 avril.

Ban Ki-moon a exigé que Tokyo n'aille pas plus loin dans la provocation et a déclaré se préparer "à tous les scénarios", sans toutefois donné plus de détails. Lors d'une conférence de presse, il a estimé que Séoul "réagirait fermement dans le respect des règles de droit international et national".

Le président sud-coréen, Roh Moo-hyun, a réuni d'urgence, mardi 18 avril, les ministres en charge de la sécurité pour aborder la question. Le Parlement coréen a adopté, dans la foulée, une résolution appelant l'arrêt des recherches japonaises. Un média sud-coréen a rapporté que Séoul pourrait même envisager la capture des navires de recherche.

LA SCIENCE AU CŒUR DU CONFLIT DE SOUVERAINETÉ

De leurs côtés, les autorités japonaises ne cèdent pas, estimant leur revendication territoriale légitime et promettent que le projet scientifique sera mené jusqu'à son terme. Mercredi, le dignitaire japonais Shinzo Abe a affirmé que "le droit de mener des recherches était reconnu et protégé par le droit international".

Des appels à la négociation diplomatique ont tenté de faire baisser la tension entre les protagonistes. Mais la situation semble dans l'impasse, les pays s'opposant depuis longtemps sur la souveraineté de ses îlots volcaniques aux eaux très poissonneuses et riches en ressources naturelles.

Le conflit a connu des rebondissements successifs. La publication d'ouvrages scolaires destinés aux écoles publiques japonaises reconnaissant la propriété japonaise de ces archipels a suscité un vif ressentiment en Corée du Sud. D'autre part, les Sud-Coréens nourrissent une rancœur profonde pour la période coloniale japonaise et l'occupation de

protester contre la demande de Tokyo de devenir membre permanent du Conseil de sécurité de l'ONU et des mots d'ordre de boycottage des produits nippons ont été lancés.

〈フランスメディアの資料 4〉

L'Humanité

Les trous de mémoire du Japon

2005.04.07.

Au pays du Soleil-Levant, il est parfois difficile de regarder la vérité en face. En témoigne la publication d'un manuel scolaire d'histoire qui fait grand bruit au Japon, mais aussi dans d'autres pays de l'Asie. Ainsi, les critiques soulignent-elles le fait que le mot «invasion» n'est jamais utilisé pour désigner l'occupation d'une partie de l'Asie par l'armée impériale. De même, le massacre de Nakin, en 1937, qui, selon la plupart des historiens, a entraîné la mort d'au moins 300 000 personnes, est qualifié «d'incident» au cours duquel «beaucoup de Chinois» ont été tués ! L'ouvrage fait aussi silence complet sur les esclaves sexuelles exploitées dans les bordels de campagne militaires. La Chine et la Corée du Sud ont convoqué l'ambassadeur du Japon pour protester contre cette édition minimisant scandaleusement les brutalités de l'impérialisme japonais durant la première moitié du XXe siècle. Le climat diplomatique est donc des plus tendus au moment où la droite japonaise affiche de plus en plus ouvertement un nationalisme sans complexe après un demi-siècle de pacifisme. L'ouvrage contient d'ailleurs des revendications territoriales nippones, en particulier sur des îlots Dokdo.

〈フランスメディアの資料 5〉

Le Monde

La tension monte entre le Japon et la Corée du Sud pour une dispute territoriale maritime

AP

2006.04.19.

La Corée du Sud, dans un communiqué publié mercredi 19 avril, a fermement exigé l'abandon du programme scientifique de recherche japonais sur les îlots de "Takeshima", dont les deux pays se disputent la souveraineté territoriale. Situés au beau

d'"incident" le terme d'"invasion" n'est jamais mentionné lorsqu'il est fait état de la "guerre de la Grande Asie" que mena le Japon à partir des annéees 1930 . sont dénoncés à Péekin et àa Séoul. Autre sujet sensible : la question des "femmes de réconfort", euphémisme pour désigner les 200 000 Asiatiques, essentiellement Coréennes, contraintes à se prostituer dans les bordels de l'armée impériale.

Evoqué dans certains manuels en 2001, cet épisode peu glorieux n'y figure plus. Cet infléchissement du contenu des livres scolaires, fruit de la campagne lancée dans les annéees 1980 par la droite japonaise pour changer une "vision masochiste" de l'histoire, nourrit un nouveau prurit nationaliste en Asie orientale. Des différends territoriaux provoquent régulièrement des tensions dans la région. Ces dernières années, les visites du premier ministre, Junichiro Koizumi, au sanctuaire Yasukuni àa Tokyo, où sont honorées les âmes des morts pour la patrie, parmi lesquels figurent des criminels de guerre, ont alourdi le climat.

A Pékin et Séoul, elles ont été interprétées comme une absolution du passé militariste nippon. Avec Pékin, le contentieux porte sur la ligne de démarcation des zones économiques exclusives en mer de Chine orientale (région riche en ressources énergétiques) et sur la souveraineté d'îlots inhabitées. Ainsi, Senkaku en japonais, Diaoyu en chinois. Récemment, un nouveau litige territorial est apparu, concernant désormais la Coréee du Sud. Il porte sur les îilots Takeshima (Dokto en coréeen), en mer du Japon (appeléee "mer de l'Est" par Séoul).

MAGASINS ATTAQUÉS

Un tollé s'est éelevé à Séoul quand le département de Shimane (sud-ouest de l'archipel nippon) a pris un arrêté établissant la souveraineté nippone sur ces îlots inhabités et sous contrôle coréen. Les relations entre les deux pays, qui s'étaient réchauffées ces derniers temps, se sont brutalement rafraîchies. En réaffirmant jusque dans les nouveaux manuels scolaires sa souveraineté sur Takeshima, Tokyo a provoqué un regain de courroux à Séoul. Avec la Chine, l'absence de visite réciproque des chefs d'Etat ou de gouvernement depuis l'arrivée au pouvoir de M. Koizumi en avril 2001 témoigne de la froideur des relations entre les deux pays en dépit de relations économiques en plein essor. Attisé par les diatribes de la droite nippone sur la "menace chinoise", l'antagonisme entre Pékin et Tokyo suscite une vague antijaponaise sur le continent. En fin de semaine, àa Shengzhen et à Chengdu, des groupes de jeunes "patriotes" ont attaqué des magasins japonais pour

Unis, élément le plus tangible de la pérennité d'un accord stratégique que l'évolution des rapports économiques pourra bousculer, le moment venu. En outre, la crise ouverte par le viol, à Okinawa, d'une fillette par trois soldats américains, a fait office de sonnette d'alarme.

Alors qu'ils sont obsédés par la réduction de leur déficit budgétaire, combien de temps encore les Américains financeront-ils le coût de la sécurité dans la région ? Les Japonais et ils ne sont pas les seuls à le faire commencent sans doute à se poser la question lorsque, pour d'autres raisons, le Pacifique fait tout autant figure de frontière que de lien : la croisade américaine en faveur du libre-échangisme se heurte déjà aux besoins d'économies asiatiques émergentes, soumises aux lois d'une ultra-compétitivité et gérées par des systèmes peu perméables aux conceptions occidentales. A l'aube d'un dialogue au plus haut niveau, l'Europe y trouvera matière à réflexion supplémentaire sur cette Asie orientale aux ressources, certes, exceptionnelles mais dont l'émergence, en tant que troisième pôle de développement de la planète, n'offre pas la garantie d'une paix durable.

〈フランスメディアの資料 3〉

Le Monde
Des manuels scolaires japonais scandalisent la région
Philippe Pons
2005.04.07.

La révision des manuels scolaires destinés aux lycéens japonais ne pouvait plus mal tomber : adoptée, mardi 5 avril, par le ministère de l'éducation, la nouvelle version de l'histoire moderne du pays a jeté de l'huile sur le feu de ses relations déjà tendues avec ses voisins chinois et coréen.

Cette mise à jour des manuels, qui intervient tous les quatre ans, porte sur l'ensemble des matières. Elle vise surtout à donner plus de substance àa l'enseignement scientifique. Mais, une fois encore, les manuels de "sciences sociales", qui traitent de l'histoire, suscitent des controverses.

La version donnée par le Japon de la guerre d'expansion qu'il mena dans la région heurte régulièrement les sentiments de ses voisins. Ces derniers estiment que Tokyo nie ou édulcore les faits, quand il ne justifie pas des actions coupables. Une nouvelle fois, des sujets controversés. le massacre de la population civile à Nankin en 1937, est qualifié

personne ne souhaite à Séoul, les nouveaux maîtres de la péninsule pourraient alors être tentés de trouver, aux difficultés engendrées par une telle absorption, un exutoire dans l'hostilité au Japon, dont on n'a pas oublié l'occupation de 1910 à 1945.

A plus long terme, cependant, la coexistence entre la Chine et le Japon sera le principal problème. Leurs économies ont beau être complémentaires, les deux grands de l'Asie orientale n'en affichent pas pour autant des trajectoires parallèles. Il y a peu de raisons de croire que la Chine renoncera à s'afficher comme le pôle majeur de la sécurité dans la région. Qu'il le veuille ou non, le Japon est éligible au Conseil de sécurité des Nations unies et Pékin s'accommoderait sans doute fort mal que Tokyo y trouve, en permanence, un fauteuil. Pour contenir d'éventuelles bouffées de nationalisme chinois, le Japon accorde, chaque année, à Pékin une aide de deux milliards de dollars. Toutefois, cette prudence n'a guère été payée de retour : Pékin continue de procéder à des essais nucléaires et reste prêt, à tout moment, à ressortir l'arme du passé nippon dans la région.

Même si rien ne le justifie encore, on ne peut écarter le scénario le plus dramatique : que le Japon, se sentant trop menacé par la Chine, se dote d'une arme nucléaire que la Corée s'empresserait alors d'acquérir à son tour à moins qu'elle soit déjà devenue, entretemps et sans l'avoir voulu, une puissance nucléaire par le biais d'une réunification. Si le pire n'est jamais sûr, la menace incite déjà les Japonais, les Sud-Coréens et la plupart des gouvernements du Sud-Est asiatique à souhaiter le maintien d'une présence stratégique américaine dans la région. En effet, si l'on met de côté la guerre du Vietnam, la pax americana est une formule qui, dans l'ensemble, a joué en faveur de l'Extrême-Orient. Mais, depuis la fin de la guerre froide, l'habitude de ce statu quo présente aussi l'inconvénient d'occulter à la fois les propensions américaines au repli et l'importance de non-dits déstabilisateurs intra-régionaux.

LE COÛT DE LA SÉCURITÉ

Or, justement en raison des vertus antérieures de la pax americana, l'Asie orientale n'est dotée d'aucun système de sécurité. Créé, en 1994, le Forum régional de l'Asean (FRA), réunion annuelle consacrée à ces problèmes des principaux acteurs de la région y compris les Etats-Unis, l'Union européenne et la Russie , n'est encore qu'une tribune dépourvue de mécanisme de négociation. D'un autre côté, Washington a renoncé, en 1978, à s'engager à défendre Taïwan en cas d'agression, notamment de la part de la Chine. Le seul véritable mécanisme en place est donc le traité de sécurité entre le Japon et les Etats-

de l'archipel des Spratleys, en mer de Chine du Sud, que six Etats revendiquent au moins en partie?

Certes, sans attendre la fin de la guerre froide, les guérillas séparatistes ou «révolutionnaires» ont perdu leurs appuis extérieurs et doivent composer avec les autorités en place. Le mouvement indépendantiste musulman aux Philippines, la lente «résilience» des insurrections ethniques en Birmanie, l'agitation à Timor-Oriental ou les soubresauts sporadiques au Tibet se heurteront de plus en plus à la maturation des Etats qui dominent les populations et territoires concernés. Ici et là, un effort de modernité, de respect et de tolérance suffirait déjà à calmer un peu le jeu. Quoi qu'il en soit, les gouvernements n'en sont plus, dans l'ensemble, à entretenir chez leurs voisins des foyers de subversion.

D'un autre côté, dans une région dont l'étonnante vitalité saute aux yeux, l'interdépendance économique devrait être un facteur croissant d'apaisement. Relais du «miracle» en Asie du Sud-Est, les Chinois d'outre-mer investissent à tour de bras, aujourd'hui, en Chine alors que capitaux japonais, sud-coréens, taïwanais et même chinois, par l'intermédiaire de Hongkong, continuent de nourrir la croissance accélérée dans les pays situés à leur périphérie méridionale.

Toutefois, cet enrichissement global contribue aussi à financer un sérieux effort d'armement ou de réarmement qui a peu de liens avec d'éventuelles menaces extérieures à la région. Les différends, entretenus par de sérieuses méfiances réciproques ou des volontés de puissance, sont intra-régionaux.

DÉSACCORDS FRONTALIERS

Revigorée, la marine chinoise pousse, d'une année sur l'autre, ses pions en mer de Chine méridionale, s'installant même sur des récifs à quelques coudées de l'île philippine de Palawan. La plupart des tracés frontaliers, terrestres comme maritimes, sont l'objet de désaccords plus ou moins graves mais qui peuvent prendre des dimensions alarmantes au gré des intérêts des gouvernants ou de l'animosité entre populations.

Les sujets de préoccupation les plus sérieux sont, cependant, concentrés dans le Nord-Est, l'Extrême-Orient proprement dit. Depuis l'éclatement de l'Union soviétique, personne ne sait qu'y faire de la Corée du Nord, où une disette soulignerait, aujourd'hui, si nécessaire, la faillite économique d'un Etat tenté par le chantage nucléaire. Si l'effondrement du régime de Pyongyang débouchait sur une réunification à l'allemande ce que

〈フランスメディアの資料 2〉

Le Monde

La vitalité économique des pays d'Asie dissimule mal les contentieux politiques

Francis Deron, Jean-Claude Pomonti et Philippe Pons

1996.02.24.

Un enrichissement qui favorise un sérieux effort d'armement.

Le problème de la sécurité et les questions économiques seront au coeur de plusieurs rencontres entre les principaux pays asiatiques et leurs interlocuteurs occidentaux. Le président Clinton devait avoir, vendredi 23 février, en Californie, un entretien avec le premier ministre japonais. Avant le sommet Europe-Asie, les 1er et 2 mars, en Thaïlande, M. Chirac prononcera un discours, à Singapour, sur «l'ambition asiatique» de la France .

La défaite japonaise et même les guerres de Corée et d'Indochine appartenant à l'Histoire, l'Asie orientale donne presque, depuis lors, l'impression de s'installer à son tour, à l'image de l'Europe d'avant le démembrement de la Yougoslavie, dans le confort paisible d'une sécurité productiviste, comme si la compétition s'était reportée sur les courbes de croissance.

La Chine et le Japon, les deux Grands de la région, concourent à ancrer cette vision plutôt rassurante en s'efforçant de stabiliser leurs relations après avoir signé, en 1978, un traité de paix. Y contribue aussi le rapprochement ultérieur entre Pékin et Séoul, sur la base d'un pragmatisme économique non dénué, il est vrai, d'arrière-pensées anti-nippones. On pourrait en dire autant de la mue récente de l'Association des nations de l'Asie du Sud-Est (ASEAN), créée, en 1967, pour appuyer l'intervention militaire américaine au Vietnam, donc très anticommuniste à l'origine, et qui a effacé, en 1995, une frontière régionale de la guerre froide en admettant le Vietnam dans ses rangs.

Cette relative sérénité est, toutefois, trompeuse. Nouveau pôle de croissance économique, d'échanges et d'interdépendance, l'Asie orientale est aussi une région au fort potentiel d'instabilité. Elle doit s'accommoder d'un passé qui lui a légué des contentieux territoriaux, des querelles inassouvies, des blessures mal pansées et quelques haines viscérales. Les moindres îlots peuvent être une source de tension, ainsi que l'a démontré, ce mois-ci, la crise entre Tokyo et Séoul à propos de Takeshima. Que dire, en outre, des disputes mieux connues au sujet des Kouriles méridionales, entre le Japon et la Russie, ou

MÉMOIRE À VIF

Le président sud-coréen Kim Young-sam a ajouté au climat de tension en annonçant qu'il refusait de recevoir une délégation de parlementaires de la coalition gouvernementale japonaise en visite à Séoul, et qu'il pourrait annuler sa rencontre avec le premier ministre Hashimoto, en marge du sommet Euro-Asie qui se tiendra début mars à Bangkok. Des manifestations ont eu lieu pendant le week-end à Séoul, au cours desquelles le drapeau japonais a été brûlé. La presse japonaise souligne l'ébullition des médias coréens et relève la violence «sans précédent» des réactions coréennes. A Séoul, l'Assemblée nationale a adopté, mardi, une résolution demandant au Japon de présenter ses excuses pour avoir osé revendiqué la souveraineté sur l'île Tokdo...

Les relations nippo-coréennes sont traditionnellement délicates en raison du terrible souvenir qu'ont les Coréens de l'occupation de la péninsule (1910 à 1945) par le Japon. Mais apparemment on ne s'attendait pas à Tokyo à une telle poussée de fièvre. Quelle que soit la validité des prétentions de chaque partie à la souveraineté de ces îlots (le Japon s'en saisit à la suite de la guerre avec la Russie en 1904-1905, tandis que la Corée, qui y entretient depuis les années 50 une petite garnison de garde-côtes, revendique une souveraineté remontant au sixième siècle), il y a aussi dans cette affaire une bonne part de manipulation politique de la part de Séoul.

Les difficultés du chef de l'Etat sud-coréen (crise ouverte par les scandales dans lesquels sont impliqués ses prédécesseurs arrêtés) ne sont pas étrangères à son raidissement. Le parti gouvernemental doit affronter, en avril, des élections qui s'annoncent mal, et M. Kim a recours à la tactique toujours payante de mobilisation de l'opinion publique, en avivant l'animosité viscérale des Coréens contre l'ex-colonisateur nippon. A Tokyo, on s'efforce de ne pas jeter de l'huile sur le feu tout en affirmant que «la position japonaise sur la souveraineté des îles demeure inchangée». Le Japon pourrait néanmoins surseoir à sa décision de création de zone économique exclusive.

Le différend territorial entre le Japon et la Corée pourrait en réveiller un autre : celui portant sur les îles Senkaku (Diaoyu en chinois) dans la mer de Chine de l'Est, revendiquées cette fois par Pékin, Taïpeh et Tokyo. Evoquant le contentieux nippo-coréen, le porte-parole du ministère chinois des affaires étrangères a rappelé que les Senkaku appartenaient à son pays. La Chine poursuit actuellement des activités d'exploration pétrolières dans cette zone.

資料［原文］

〈フランスメディアの資料 1〉

Le Monde

Un contentieux autour d'îlots en mer du Japon provoque une poussée de fièvre entre Tokyo et Séoul

Des manifestations anti-nipponnes ont eu lieu en Corée du Sud

PHILIPPE PONS

1996.02.16.

La Corée du Sud a conduit, jeudi 15 février, des manoeuvres aéronavales au large des îles «Tokdo». Cette brève opération a été organisée après que Séoul eut repéré, mercredi, un patrouilleur japonais dans le voisinage de cet archipel revendiqué par les deux pays. Ce contentieux provoque une grave crispation dans les rapports nippo-coréens. A Séoul, des manifestants ont brûlé le drapeau japonais.

S'ajoutant aux gesticulations belliqueuses entre la Chine et Taïwan, les manoeuvres militaires sud-coréennes en mer du Japon, au large des îlots de Takeshima (ou Tokdo en coréen, appelés aussi Rochers Liancourt dans les Atlas occidentaux), dont la souveraineté est revendiquée par Séoul et Tokyo, ont ouvert un nouveau chapitre dans le dossier des divers contentieux territoriaux dans la région. L'opération aéronavale coréenne, qui a mobilisé un destroyer, un avion de surveillance maritime, quatre avions ainsi que plusieurs hélicoptères, a été brève mais, à la veille de la visite du premier ministre, Ryutaro Hashimoto, à Washington, où il doit rencontrer le président Clinton le 24 février, la dégradation du climat entre les deux principaux alliés des Etats-Unis dans cette partie du monde est jugée préoccupante par les Américains.

Cette nouvelle dispute territoriale (la question de la souveraineté des îles Spratlys, en mer de Chine du Sud, étant le plus connu des contentieux existants) a été provoquée par la décision de Tokyo d'instaurer, conformément aux traités sur le droit de la mer, une zone économique exclusive de 200 milles nautiques. Elle a aussitôt provoqué une réaction courroucée de Séoul, dénonçant une «inadmissible ingérence dans les affaires intérieures coréennes».

訳者あとがき

本書は東北亜歴史財団（ソウル）が刊行した『ヨーロッパの独島認識』〔原題〕（閔有基、崔在熙、崔豪根、閔庚鉉著、372頁、2011年）を日本語に翻訳したものである。本書の構成は原書とほぼ同じであるが、一部は配列順序を変えている。また、原書巻末の索引は割愛した。

一読すればお分かりのとおり、本書は「竹島」（韓国側の呼称では「独島」）をめぐる韓国と日本との葛藤や紛争の発生に対して、ヨーロッパの主要メディアが、これをいかに報じてきたかを調査・分析し、報道のもつ意味を論じたものである。分析対象は、フランス・英国・ドイツ・ロシアの主に新聞論評や記事であり、国による相違はあるが、1995年から2010年までの時期をカバーしている。

竹島（独島）の帰属問題を考えるにあたって、われわれ日本人は、これまで日韓双方の対立する主張にいくたびも接する機会があった。しかし、領土の帰属というデリケートな問題に直面すると、実際のところ「理性的な判断」をくだすのに苦慮させられることも多かった。

本書は独島（竹島）の帰属問題においては、直接的な利害関をもたないヨーロッパ四か国のメディアが、この島をめぐって生じた日本と韓国の葛藤や紛争を、いかに報道し、いかなる認識をしているかを追究している。四か国を担当した執筆者はいずれも韓国人の専門研究者だから、メディア報道の最終的な評価や位置づけにおいては、韓国政府の主張とほぼ符合するものになっている。けれども、そうした結論に達するまでの定性的や定量的分析を行う過程は、公正かつ客観的なもので納得のいくものである。

日本政府はこの問題の解決策として「国際司法裁判所への提訴」をしばしば主張している。だが、それをするに先立ち、当事者以外の第三者が「竹島（独島）問題」をいかに認識し判断しているかを知ることは欠かせない。そのためにも、ヨーロッパの主要メディアの視点・認識を確認しておくことが必要とされる。本書では各国の主要メディア報道の分析に加えて、報道記事や論評そのものを転載している。それだけに、本書は読者の知見を広め、判断の幅を広げるのに大切な役割を果たしてくれるだろう。

完成した本書を手にして、これらの問題を考える貴重な手がかりが得られたことを喜び、東北亜歴史財団と四人の執筆者の方々に深く感謝したいと思う。

本書を刊行までには、閏月社代表の徳宮峻さんと、同社スタッフの方々に細やかな目配りをしていただいた。記して感謝したい。

２０１４年11月10日

舘野晳

[執筆者紹介]

閔 有基（ミン　ユギ）

フランス現代史専攻 光云大学校 教授

主な著作に「西洋の4月革命認識とその世界史的な意味」（『サチョン』2010）、『都市理論とフランス都市史の研究』（シムサン刊、2007）、『フランスの情熱』（アカネット刊、2011、共著）、『記憶と戦争』（ヒューマニスト刊、2009、共著）、訳書に『都市と人間』（チェックワハムケ刊、2009）など。

崔 在熙（チェ　ジェヒ）

イギリス現代史専攻 高麗大学校 講師

主な著作に「20世紀初頭の英国での徴兵制論争の意味と影響」（『全南史学』2004）、『ヨーロッパの領土紛争と歴史紛争』（東北アジア歴史財団編、2008、共著）、『帝国主義時期の植民地人の「政治参加」比較』（ソンイン刊、2007、共著）、訳書に『イギリス労働党の祈願』（チピョン文化社刊、2001、共訳）など。

崔 豪根（チェ　ホグン）

ドイツ現代史専攻 高麗大学校　歴史研究所 研究教授

主な著作に『ドイツの歴史教育』（テギョ出版刊、2009）、『西洋現代史のブラックボックス ナチ大虐殺』（プルンヨクサ刊、2006）、『ジェノサイド』（チェッセサン刊、2005）、『記憶と戦争』（ヒューマニスト刊、2009、共著）など。

閔 庚鉉（ミン　キョンヒョン）

ロシア現代史専攻 高麗大学校 教授

主な著作に『ヨーロッパとアメリカの東アジア史教育』（東北アジア歴史財団編、2009、共著）、『修好と交渉の時期　韓ロシア関係』（ソンイン刊、2008、共著）、『近代東アジア歴史認識の比較』（ソンイン刊、2004、共著）、訳書に『ロシア文化史』（フマニタス刊、2002、共訳）ほか。

[訳者紹介]

舘野晳（たての あきら）

中国大連生まれ。法政大学卒、東京都庁勤務（定年退職）。社団法人出版文化国際交流会理事。日本出版学会会員。韓国関係の出版物の企画・翻訳に従事。著書に『韓国式発想法』（NHK出版、2003）、『韓国の出版事情ガイド』（出版メディアパル、2008、共著）、訳書に『分断時代の法廷』（岩波書店、2008）、『哭きの文化人類学』（勉誠出版、2003）、『韓国の政治裁判』（サイマル出版会、1997）、『韓国における日本文学翻訳の64年』（出版ニュース社、2012、共訳）、『ソウルの人民軍』（社会評論社、1996、共訳）、など。

ヨーロッパからみた独島
フランス・イギリス・ドイツ・ロシアの報道分析

2015年3月20日 初版第1刷発行

著 者 閔 有 基
崔 在 熙
崔 豪 根
閔 庚 鉉
訳 者 舘 野 晳
発行者 石 井 昭 男
発行所 株式会社 明石書店
〒101-0021 東京都千代田区外神田6-9-5
電 話 03(5818)1171
FAX 03(5818)1174
振 替 00100-7-24505
http://www.akashi.co.jp
装幀 明石書店デザイン室
編集・組版 有限会社閏月社
印刷・製本 モリモト印刷株式会社

(定価はカバーに表示してあります) ISBN978-4-7503-4117-0